clave

Wayne W. Dyer (1940-2015) fue un renombrado conferenciante y un autor conocido internacionalmente en el área de la autoayuda. Doctor en orientación educativa por la Universidad de Wayne y profesor en la Universidad de Nueva York, dedicó gran parte de su vida a dar conferencias, a impartir cursos y a escribir. De sus más de cuarenta obras publicadas cabe destacar *Tus zonas erróneas*, posiblemente el libro de autoayuda más leído del mundo con más de treinta y cinco millones de ejemplares vendidos.

WAYNE W. DYER

Tus zonas mágicas

Traducción de
Ramón Alonso

DEBOLS!LLO

Papel certificado por el Forest Stewardship Council®

Título original: *Real Magic*
Traducido de la edición original de HarperCollins Publishers, Inc., Nueva York, 1992

Quinta edición en esta colección: octubre de 2014
Decimoquinta reimpresión: junio de 2024

Printed in Spain – Impreso en España

ISBN: 978-84-9908-360-5
Depósito legal: B-7.337-2012

Impreso en Novoprint
Sant Andreu de la Barca (Barcelona)

P 8 8 3 6 0 C

A nuestro milagro espiritual, que aparéció en la forma de nuestra hija *Saje Eykis Irene Dyer* contra todo pronóstico y es dicha pura en acción.

Y a mis dos especialísimos amigos:

El *Dr. Deepak Chopra*, mi hermano espiritual, que me da la mano en el amor al tiempo que hacemos pública nuestra visión sin límites.

Michael Jackson, cuyas letras, música y amor nos recuerdan que sólo dando sobrevivimos.

¡Os quiero a todos!

¿Y si durmieras?
¿Y si,
en sueños,
soñaras?
¿Y si,
en el sueño,
fueras al cielo
y allí cogieras
una extraña
y hermosa flor?
¿Y si,
al despertar,
tuvieras esa flor
en la mano?

SAMUEL TAYLOR COLERIDGE

Índice

Introducción 11

PRIMERA PARTE
Cómo crear un camino interior que lleve a la realidad mágica

1. **Una visión trascendente de la magia y de los milagros** ... 19
   Tres caminos hacia la iluminación 21
   Cómo pasar al propósito 24
   Realidad mágica, milagros y propósito 28
   Cuando el alumno esté preparado 31
   Creer en los milagros y en la realidad mágica 35
   Siete creencias para la manifestación de realidad mágica ... 36

2. **Cómo convertirse en un ser espiritual** 43
   Más allá del escepticismo 43
   Nuestros más grandes maestros 49
   Seres espirituales frente a seres no espirituales: los doce
   rasgos de la espiritualidad 50
   Resumen de los doce rasgos de la espiritualidad 64
   Algunas sugerencias para convertirse en un ser espiritual .. 64

3. **Cómo crear un esquema mental favorable a los milagros** 77
   Catorce claves para crear un esquema mental milagroso ... 78
   Qué hacer mientras se medita 121
   Resumen de las catorce claves para un esquema mental
   favorable a los milagros 124

SEGUNDA PARTE
Cómo aplicar la conciencia de una realidad mágica
a tu vida cotidiana

4. La realidad mágica y tus relaciones 129
   La mente como clave para tus relaciones 130
   El uso de tus pensamientos para crear tus relaciones 132
   Da un propósito a tus relaciones 133
   Amor: el ingrediente central de una relación con propósito 135
   Otros cuatro ingredientes de las relaciones con propósito . 138
   Cómo funcionan las relaciones mágicas 143
   Aplicación del esquema mental milagroso a todas
   tus relaciones 148

5. La realidad mágica y tu prosperidad 161
   Cinco aspectos de una conciencia de prosperidad 164
   Propósito y prosperidad: tu billete a la realidad mágica ... 172
   Cómo llegar a «fluir» 176
   Cómo utilizar la mente para crear prosperidad 181
   Cómo aplicar los principios de prosperidad
   a la vida cotidiana 186

6. La realidad mágica y tu identidad personal 197
   La gran mentira 198
   Cómo superar la gran mentira 202
   Cómo crear tu propia personalidad 205
   Tu relación con tu propia muerte 216
   Cómo poner realidad mágica en tu personalidad 221

7. La realidad mágica y tu salud física 233
   Definición de tu milagro 234
   Cómo convertirse en un alumno dispuesto 236
   Siete pasos para manifestar realidad mágica en tu ser físico 239
   Cómo crear milagros de salud y curación 244
   Cómo crear milagros en tus capacidades físicas 249
   Algo acerca de las adicciones y los milagros 254
   Cómo hacer realidad milagros en tu reino físico 257

TERCERA PARTE
Cómo irradiar realidad mágica al mundo

8. **La realidad mágica y la revolución espiritual** 267
   Nos hallamos en una era de revolución espiritual 269
   Tu lugar en esta revolución espiritual 277
   Cómo irradiar tu nueva conciencia al exterior 279
   Cómo puedes crear un milagro en nuestro mundo 281

Introducción

Este libro trata de los milagros. No de los milagros de los demás sino de ti, lector, y de cómo puedes crear milagros para ti en tu vida. No habla de la suerte ni tampoco de los pocos elegidos en cuyas vidas se han producido milagros. Este libro ha sido escrito con la finalidad expresa de mostrarte el camino para la creación de lo que con anterioridad tal vez te pareciera imposible en tu vida.

Es éste un libro muy personal. Yo he visto en mi propia vida el camino que lleva a la realidad mágica y he dedicado gran atención a detallar lo que creo son los ingredientes esenciales para la creación de una vida llena de milagros. He ido más allá del «creer» en los milagros para llegar a algo que llamo «conocimiento».

El «conocimiento» es, en este sentido, algo que todos hemos experimentado. Por ejemplo, si no monto en bicicleta durante unos meses, soy consciente de mi conocimiento de la técnica cuando vuelvo a montar en ella. Hincho las delgadas ruedas y en marcha, en perfecto equilibrio sobre ellas, me desplazo sin esfuerzo por las calles, conduzco «sin manos» con plena confianza, doy la vuelta a las esquinas limpiamente y, por lo demás, me abro paso por las calles con total abandono. Lo que hay en mí cuando me subo a la bicicleta no es el *objetivo* de ser capaz de mantenerme de nuevo en equilibrio después de los meses transcurridos, no es el *creer* que puedo montarla, lo que hay en mí es un *conocimiento* interior, y procedo basándome en este poderoso conocimiento.

Lo mismo pienso en cuanto a tu capacidad para hacer surgir milagros en tu vida. Puedes aprender a ir mucho más allá de las creencias y los objetivos, hasta un nuevo lugar dentro de ti mismo que es el lugar del conocimiento. Es en este territorio de tu mente donde se producen los milagros.

En lo más profundo de ti hay un campo unificado de posibilidades sin fin. Cuando adquieras competencia en la marcha hacia ese fantástico lugar, descubrirás un reino de experiencia humana totalmente nuevo, donde todo es posible. Es ahí donde tiene lugar la realidad mágica y donde puedes empezar a manifestar todo lo que buscas en tu universo físico. Los límites no existen, y tienes la sensación de estar siempre en el lugar adecuado y en el momento justo y preciso. Es ahí donde estableces relaciones sincrónicas «increíbles» con los demás y puedes casi leer los pensamientos de quienes te rodean. Es ahí donde puedes encontrarte con la persona precisa e idónea para ayudarte en tu camino personal en el momento adecuado y preciso. Es ahí donde aparece lo que sea o quien sea necesario para traer prosperidad y abundancia a tu vida. Es ahí donde aparece la cura precisa para tus males o llega a tu vida el libro o la cinta adecuada, como guiados hasta ti por una fuerza invisible y misteriosa.

En este lugar de conciencia más elevada, empieza a desvanecerse el misterio, y tu propósito en la vida se te revela con toda claridad. Tus relaciones pasan milagrosamente a nuevos niveles de hermandad espiritual. Tus negocios empiezan a «fluir» y cada vez es menor el esfuerzo necesario para tomar decisiones. Empiezas a librarte de toxinas y a situar tu vida física en un plano de salud y no de enfermedad.

Este libro constituye mi aportación para mostrarte lo que debes hacer para alcanzar este nivel más elevado de conciencia. He escrito lo que considero un plan destinado a ayudarte a desarrollar esta conciencia y a aplicarla a todos los aspectos de tu vida, incluidas tus relaciones personales y tus relaciones con el mundo en general.

Parece que el plan de la naturaleza no es más que un lento y firme desdoblamiento de la conciencia. Una piedra está formada por átomos, igual que tú, pero carece de conciencia perceptible. Es inmune, no se siente pisoteada ni pulverizada. Es, simplemente, «inconsciente». Una planta es consciente de las condiciones del suelo, de las estaciones y de la humedad, y florece con el sol primaveral. Es consciente, pero de manera muy limitada.

Los animales, en comparación con los minerales y los vegetales, poseen niveles de conciencia mucho más desarrollados. Muchos animales muestran una conciencia de las estaciones cuando son capaces de migrar, o del peligro cuando son capaces de eludir a los predadores, y de una atención y un cariño profundos en sus relaciones con sus parejas y sus pequeños.

Y por fin estamos los seres humanos, que poseemos la conciencia última de la elección. Podemos optar por funcionar a un nivel de conciencia inferior y limitarnos a existir y a ocuparnos de nuestras posesiones, de comer, de beber, de dormir y de apañarnos en el mundo como peones de los elementos, o podemos alzarnos hasta nuevos y más altos niveles de conciencia que nos permitan trascender nuestro entorno y crear, literalmente, un mundo propio: un mundo de realidad mágica. Dentro de cada uno de nosotros está la conciencia última que ofrece cierta forma de victoria sobre el mundo material: la capacidad de hallar el equilibrio en todo conjunto de circunstancias. La lección de este libro es muy sencilla: *eres capaz de alcanzar el equilibrio perfecto de la mente.* Este camino exige un compromiso con tu propia transformación interior.

Tu transformación interior no puede lograrse desde una perspectiva intelectual o científica. Los instrumentos de limitación no van a revelar lo ilimitado. Se trata de un trabajo que deben realizar tu mente y tu alma, el sector invisible de tu ser que está siempre ahí, pero a menudo se ignora en favor de aquello que puedes captar con tus sentidos.

La primera parte de este libro proporciona las bases para que te sitúes nuevamente del lado del mundo invisible. Es ahí donde conseguirás el dominio sobre tu mente y prepararás el terreno para manifestar milagros en ese más alto estadio de conciencia cuyo conocimiento te corresponde. Una vez hayas aprendido a situarte del lado del mundo invisible, inicia el proceso que supone experimentar con este nuevo y milagroso esquema mental, y contemplar con asombro cómo tu mundo empieza a encajar en un orden perfecto.

La segunda parte de este libro está consagrada a llevar a la práctica real aquello a lo que tú te has comprometido mentalmente. Te guiará en la manifestación real de milagros y en el modo de vivir tu vida cotidiana en el más alto estado de equilibrio.

Durante los primeros años del programa espacial norteamericano, Werner von Braun fomentó en los empleados del centro espacial el conocimiento de que «hay un orden perfecto en el universo. El ser humano y sólo el ser humano puede comprender ese orden, y es bueno que el ser humano lo comprenda». Esta idea constituía un símbolo de gran fuerza cuando los problemas parecían insuperables. Tú, como parte de la humanidad, puedes comprender este orden perfecto y elegir, en efecto, ponerte de su lado. Éste es el contexto de *Tus zo-*

nas mágicas. Yo sé de ese orden perfecto y quiero que tú lo experimentes también.

El camino hacia la comprensión pasa por tu disposición a alcanzar tu propio estado más elevado de conciencia, utilizando esta conciencia para dar un propósito a tu vida e irradiándola a cuantos te rodean. Es, básicamente, un viaje mental, tan poderoso que puede afectar al mundo material con sus mágicos poderes milagrosos. Pero debes estar dispuesto a entrar en tu interior y descubrirlo por ti mismo. Mis palabras no van a hacerlo real. Sólo el experimentar aquello de lo que yo hablo lo convertirá en tu realidad.

Este invisible viaje mental supone disipar algunas falsas percepciones muy poderosas y llegar a un nuevo conjunto de conocimientos. Con tu nueva conciencia, pasarás:

- De saber que estás limitado a *saber que la realidad última y tu propio potencial son ilimitados.*
- De saber que estás controlado por la herencia, el entorno y las fuerzas sobrenaturales a *saber que tú creas tu propia realidad, que hay fuerzas innatas y divinas que actúan contigo y no independientemente de ti.*
- De saber que el conocimiento y la experiencia sólo los puedes conseguir a través de tus cinco sentidos a *saber que dispones de una guía intuitiva e invisible cuando alcanzas un estado de conciencia más elevado.*
- De saber que la existencia humana es peligrosa y mala a *saber que toda experiencia es una bendición, algo positivo.*
- De saber que unas personas son más afortunadas que otras a *saber que tú puedes crear tu propia suerte y que toda experiencia contiene una valiosa lección.*
- De saber que la vida es caótica a *saber que hay un orden en el caos y que no hay accidentes en un universo cuyo orden es perfecto.*

Sé que las cosas de las que hablo en este libro escandalizarán a algunos y serán rechazadas por muchos. Que sea así. Son la verdad, según yo la vivo, y salen de mi corazón. Sé que hay un orden divino en este universo, desde la más diminuta célula a la Galaxia entera y más allá. Esta espléndida conciencia es nuestro derecho de nacimiento y forma parte de todos y cada uno de nosotros.

Toma estas ideas y aplícalas, primero a tu propia vida, luego a las relaciones con tu familia y con tu círculo inmediato de conocidos y, por último, a las relaciones con el mundo entero. Una vez hayas descubierto la capacidad de realidad mágica que hay dentro de ti desearás compartir este conocimiento con otros y dotar al mundo entero de esa conciencia. Confío en que este libro te ayude en esa empresa. Ha sido un gozo escribir y un placer aún mayor vivir en la conciencia de la que hablo. Te deseo la misma realidad mágica en tu vida. Que Dios te bendiga.

Primera Parte

Cómo crear un camino interior que lleve a la realidad mágica

1

Una visión trascendente de la magia y de los milagros

> He sido todas las cosas impías, y si Dios puede actuar a través de mí, puede actuar a través de cualquiera.
>
> SAN FRANCISCO DE ASÍS

Según el ilustre mago Harry Houdini, se llega a la magia a través de la ilusión. Tenemos un ejemplo sencillo en la ilusión creada mediante el uso de humo y espejos. Se llama magia a esta ilusión por el solo hecho de que parece ser inexplicable. Sin embargo, años más tarde Houdini aludiría a algo que él experimentó y que llamaba «realidad mágica». Al parecer, había adquirido la capacidad de producir resultados que eran de hecho inexplicables. Estos resultados mágicos no podían explicarse ni siquiera como producto de la ilusión.

Escogí el título de este libro porque me atrajo la paradoja que hay en estas dos palabras: realidad y magia. Tú, como la mayoría de personas, probablemente estés convencido de que si algo es real no puede ser mágico y si es mágico no puede ser real. Sin embargo, en mi opinión, nuestra capacidad para experimentar nuestras dimensiones mágicas se ve inhibida cuando la paradoja nos desconcierta. Yo creo que experimentamos la realidad mágica cuando trascendemos la paradoja, y que una visión trascendente incluye la experiencia de la realidad mágica como algo efectivamente muy real y también mágico. En los últimos años, mi vida ha sufrido una increíble transformación. Me hallo en un camino que conduce a niveles de conciencia y a resultados que sólo podría describir como milagrosos. Son inexplicables en otros términos, eso es todo. Estoy convencido de que existe otro terreno para la experiencia cuando estamos dispuestos a trascender esta vida, a la que nos hemos acostumbrado. Es un terreno que desafía nuestras leyes de la ciencia y de la lógica, un espacio interior dentro de cada cual que está libre de las barreras, las normas y las limitaciones ordinarias. No se trata de un país de las maravillas, al que sólo se pueda acceder en la imaginación. Es real desde un punto de vista mágico, y está a la disposición de cada uno de nosotros cuando estamos preparados.

No puedo explicar cómo o por qué he llegado a este punto de mi vida. ¡Me sorprende estar hablando de ello! Tengo la sensación de que el experimentar y escribir acerca de la realidad mágica constituye mi propósito o misión en este momento de mi vida. Sea cual fuere la explicación, me siento lleno de temor y respeto ante esta parte inesperada del camino de mi vida.

Me intriga León Tolstoi, en parte por lo que considero paralelismos entre su vida y la mía. Fue un autor famoso en vida y un hombre que pasó gran parte de ella de manera hedonista, sin ninguna tendencia espiritual en sus primeros escritos, pero que experimentó un cambio que parecía tener lugar sin su consentimiento. Sus escritos empezaron a reflejar una tendencia espiritual, comenzó a hablar del viaje del alma, así como del mundo de la realidad mágica. Sin embargo, no estaba seguro de cómo o por qué se había producido esa transformación.

Recientemente, una mujer, una de las mayores expertas del mundo en literatura rusa me entregó una copia de una parte manuscrita del testamento de Tolstoi, redactado por él veinte años antes de su muerte. En este testamento, Tolstoi describía sus sentimientos en relación con la obra de su vida, sentimientos que se corresponden de manera exacta con los míos cuando contemplo mi vida:

Además, y en especial, pido a todas las personas próximas o lejanas que no me alaben (sé que lo harán, porque lo han hecho durante mi vida de la manera más obscena). Sin embargo, si es que desean estudiar mis escritos, que se fijen atentamente en aquellos pasajes en los que sé que el poder de Dios hablaba a través de mí y los utilicen para bien de sus propias vidas. Ha habido momentos en que he sentido que me estaba convirtiendo en el portador de la voluntad de Dios. A menudo he sido tan impuro, tan lleno de pasiones personales, que la luz de esta verdad se ha visto oscurecida por mi propia oscuridad, y, sin embargo, esta verdad ha pasado a veces por mí y ésos han sido los momentos más felices de mi vida. Dios quiera que estas verdades no se hayan visto corrompidas al pasar por mí y que las gentes puedan alimentarse de ellas a pesar de la forma superficial e impura que yo les he dado.

Así, también, este giro inesperado que ha dado mi propia vida se ha producido casi sin mi consentimiento. Yo no tenía planes grandiosos. No me planteaba tales metas u objetivos. Lo que sí tenía era una disposición, un estar abierto a ver las cosas de otro modo. Ahora que he sido testigo de milagros en mi propia vida personal, me siento obligado a compartir esta nueva conciencia mágica. Es posible que tú te hayas visto atraído hasta este libro por el mismo flujo natural de la vida que me ha movido a mí a escribir acerca de la realidad mágica.

TRES CAMINOS HACIA LA ILUMINACIÓN

Si miro atrás y observo el cuadro entero de mi vida, puedo ver desde la perspectiva del momento actual que todos y cada uno de los aspectos de ella han sido necesarios y perfectos. Cada paso conducía a un lugar más elevado, aun cuando estos pasos parecieran a menudo obstáculos o experiencias penosas. Todas las personas realmente felices y de éxito que yo me he encontrado confirman este conocimiento de que no existen en realidad los accidentes. Ven el universo como algo con un propósito, incluidos los llamados accidentes. Todos están de acuerdo en que todo acontecimiento único que tiene lugar en nuestras vidas conduce a un lugar más elevado. Como decía Henry Miller: «No hay que ordenar el mundo, porque el mundo es la encarnación del orden. Somos nosotros quienes debemos ponernos al unísono con ese orden».

Empieza ahora mismo a reconsiderar toda tu experiencia vital y a verla como un hermoso tapiz o viaje hacia una mayor conciencia. Hay un modo muy sencillo de hacerlo, y es imaginar la vida como un viaje con tres caminos ascendentes.

1. *Iluminación a través del sufrimiento*

En el primer camino de nuestro viaje, aprendemos a través de un proceso que yo llamo «iluminación a través del sufrimiento». En ese momento de la vida, que no tiene nada que ver con la edad cronológica, te preguntas: «¿Por qué a mí?», cuando ocurre algo doloroso o difícil. Si, por ejemplo, se trata de la ruptura no deseada de una relación, pasarás esos momentos sufriendo y preguntándote cómo y por qué puede haberte acontecido semejante desastre. Pasado un tiempo, cuando te recuperes, serás capaz de mirar atrás y decir: «Ahora sé por qué tuve que pasar por esa ruptura», y verás, con la ayuda de la visión retrospectiva y el sufrimiento, que ese hecho te ha permitido avanzar y pasar a otra experiencia vital importantísima. Desde la perspectiva que da el mirar atrás, te darás cuenta de que debías experimentar ese dolor a fin de trascenderlo.

Éste es el patrón de crecimiento que experimentan muchas personas: ocurren acontecimientos, el sufrimiento hace su aparición y a continuación surge la luz. Estos acontecimientos pueden ocurrir en prácticamente todas las áreas de la vida: adicciones, quiebras, enfermedades, vacío espiritual, despidos del trabajo, problemas fiscales y cualquier cosa entre una y la otra. La experiencia consiste en aprender a través de la visión retrospectiva, repitiendo una y otra vez este patrón de sufrimiento. Hay personas que prosiguen este ciclo a lo largo de toda su vida. Nunca abandonan el primer camino y nunca experimentan el estadio superior de la iluminación. Se pasan literalmente la vida sufriendo y, después de caminar mucho, pueden ver o no que cierto acontecimiento era necesario y que constituía en su momento una prueba que se les planteaba. Parece que nunca reciban el mensaje que nos dice que la vida nos hace exámenes y que, a menos que aprendamos de nuestros errores, estamos condenados a repetirlos. Por ejemplo, se pasan la vida preguntándose: «¿Por qué a mí, Dios mío?; ¿por qué me ocurre esto a mí?». Para las personas de esta categoría, la realidad mágica es inalcanzable.

2. *Iluminación a través de los resultados*

Si reconoces en el primer camino un patrón existente en tu propia vida, probablemente es que has pasado del sufrimiento como medio de aprender a la «iluminación a través de los resultados». En este nivel, aprendes a dejar de preguntarte: «¿Por qué a mí, Dios mío?», y desarrollas en ti un conocimiento que dice: «No hay accidentes, todo lo que experimento es de algún modo necesario para que pueda avanzar y pasar a la siguiente etapa». En lugar de hacerte la pregunta: «¿Por qué a mí?», empiezas a preguntarte: «¿Qué hay en esta experiencia que yo pueda utilizar para mi beneficio, aun cuando no comprenda en estos momentos por qué ocurre?».

Es éste un cambio de enorme importancia. Cuando la mente está concentrada en lo que se puede aprender de una experiencia, no se regodea en pensamientos que puedan conducir al sufrimiento, pensamientos como: «¿Por qué a mí?», «¡Qué espantoso!» o «¡Qué mala suerte tengo!». El cambio producido en la mente permite contemplar el resultado del acontecimiento o de la experiencia y lo que se puede aprender de él. En lugar de compadecerte, adoptas una actitud más positiva. Te preguntas: «¿Cómo puedo crear el resultado que deseo a través de esta enfermedad que estoy sufriendo en estos momentos?», o bien: «¿Qué puedo aprender acerca de mí mismo y cuánta fuerza puedo reunir para hacer frente de manera eficaz a este problema?».

Muchas personas se pasan la vida entera recorriendo este segundo camino. Han superado el sufrimiento como estilo de vida. Se preguntan siempre: «¿Cuál será el resultado en relación conmigo?». Son éstas las personas con objetivos, concentradas en derechos y ambiciones concretos con vistas a los cuales trabajan de manera asidua; ven oportunidades en los obstáculos. Vivir para los resultados es muy superior a vivir el sufrimiento. Da sentido a la vida y nos mantiene motivados para fijarnos metas cada vez más elevadas. Elimina prácticamente el dolor que nace de la autocompasión. Para muchas personas que viven su vida para los resultados, no existe lugar superior. Están centradas en los resultados y, cuando los logran, buscan resultados nuevos y más grandes. Sin embargo, a sus vidas les falta la posibilidad de experimentar la realidad mágica y la capacidad para hacer que se produzcan milagros. Para ello hay que pasar al tercer camino de este viaje metafórico.

3. *Iluminación a través del propósito*

«Nada puede ayudar más a una persona a superar o soportar los pesares que la conciencia de tener una tarea en la vida.» Victor Frankl escribió estas palabras mientras soportaba la locura y la brutalidad del campo de concentración nazi de Auschwitz durante la Segunda Guerra Mundial. Aprender que tienes una misión heroica y ponerte a la altura de esa misión es el tercer paso que te recomiendo cuando empieces a introducir realidad mágica en tu vida. Llamo a este camino «iluminación a través del propósito». Todo en el universo tiene un propósito. De hecho, la inteligencia invisible que fluye a través de todo con un fin determinado fluye también a través de ti. A fin de experimentar la realidad mágica es necesario efectuar un cambio espectacular y pasar de los resultados a los propósitos. Se empieza a lograr esto viendo nuestra presencia aquí desde una nueva perspectiva. Prueba brevemente este nuevo modo de pensar acerca de ti mismo y ve si tiene sentido y si te parece adecuado. Si te parece absurdo y no crees que vaya a ser adecuado para ti, vuelve a los resultados o al aprendizaje a través del sufrimiento.

CÓMO PASAR AL PROPÓSITO

He aquí un modo de iniciar el proceso de pasar al propósito. Piensa primero en el concepto de eternidad. Admitamos que ésta es una idea confusa para nuestra mente, pero piensa simplemente en lo que significa la palabra eternidad. No hay principio ni fin, igual que en el concepto de Dios o de naturaleza o de universo. Pero para siempre. Al contemplar el concepto de eternidad, ten en cuenta que lo haces desde dentro de una forma física, tu cuerpo, que sí ha empezado y sí terminará. Este yo físico puede considerar un concepto que desafía los comienzos y los fines, pero no puede experimentarlo directamente. Esto es cosa de la mente. Sin embargo, el concepto de eternidad es algo que sí puedes aceptar. Sabes que el universo no termina en ningún punto en concreto. Sabes que había algo llamado vida que existía antes de tu concepción. Si eres capaz de considerar la eternidad desde el interior de tu cuerpo efímero, ello ha de ser debido a algo existente dentro de tu yo no físico.

Intenta ver tu vida como un paréntesis en la eternidad. Este paréntesis se abre en el momento de tu concepción y se cierra en el instante de tu muerte. El espacio dentro de este paréntesis es tu vida, rodeada de algo que se llama eternidad. Este algo que llamamos eternidad no se experimenta físicamente y, sin embargo, existe de manera misteriosa en el interior de la mente. Hay algo que forma parte integral de nosotros y que es invisible. Llamémoslo mente, pensamiento, conciencia, alma, incluso Louise, si quieres. El nombre que se le dé no importa. El yo invisible, esa parte que no es tu yo sensorial físico, es la parte capaz de contemplar la eternidad. Si aceptas, aun levemente, la idea de eternidad, ésta es real para ti. Si eres capaz de convivir con la idea de eternidad, a ti te corresponde explorar esta idea. Y si te hallas en el punto en que eres capaz de considerar la eternidad o la ausencia de fin al menos por curiosidad, podrás utilizar esta curiosidad para ayudar a dar un propósito a tu vida. Puedes hacerlo de la manera siguiente: recuérdate primero a ti mismo que todo existe por alguna razón, como parte de la inteligencia perfecta que es el universo. A continuación, aquí y ahora y tengas la edad que tengas, retrocede diez años con el pensamiento y entonces imagínate a ti mismo. Examina lo que pensabas en ese momento, cómo vestías, lo que sentías y a quién admirabas. ¿Cuántas cosas de las que viviste entonces te han llevado adonde estás hoy? Retrocede ahora diez años más en tu mente y ve cómo todas y cada una de las experiencias y los aprendizajes te han llevado al punto siguiente y luego al siguiente, hasta hallarte de nuevo en la actualidad.

Si eres sincero, descubrirás que cada experiencia de tu vida era absolutamente necesaria para conducirte al punto siguiente y luego al siguiente, hasta este mismo momento. Este ejercicio mental es muy útil en el desarrollo de la capacidad de contemplar y meditar. En última instancia, puedes volver a ser un niño en el pensamiento. Verás que las experiencias de la infancia, fueran éstas cuales fuesen, ayudaron a esa personita que fuiste a hacerse mayor y llegar a ser el adulto que eres hoy. No te estoy pidiendo que juzgues, que muestres tu agrado o tu desagrado, que apruebes o desapruebes. Simplemente tienes que ver que cada experiencia te ha llevado a la siguiente y te ha ofrecido algo para seguir o no creciendo. Era necesario que tuvieras esas experiencias, y la prueba de ese punto de vista es que las tuviste. Así de sencillo. ¡Las tuviste! Pasaste luego a la experiencia siguiente y luego a la siguiente, todas entrelazadas de manera invisible y todas conducentes al ahora. Puedes haber vivido para el sufrimiento o para los resultados, pero tuviste en todo caso esas experiencias y eso nada podrá cambiarlo.

Si vuelves a tu infancia con el pensamiento, desde la perspectiva del momento actual, y echas un vistazo en serio a todas las experiencias de tu vida, las buenas y las malas, las terribles y las sublimes, empezarás a saber al instante que corre por el interior de tu vida física una especie de fuerza invisible que lo conecta y une todo. En algún lugar de todo ello hay un sentido, y todo acontecimiento aislado de tu vida está de algún modo relacionado con el acontecimiento siguiente. Está la persona que pareció entrar en tu vida por pura coincidencia, que te presentó a otra persona, que te condujo hasta algo, que dio un vuelco total a tu existir. Te darás cuenta de que sin esa extraña casualidad no habrías conocido por ejemplo a la compañera o al compañero de tu vida, no habrías tenido los hijos que has tenido, no habrías asistido a la escuela en la que estudiaste o no habrías puesto en marcha el negocio que se ha convertido en tu medio de vida. Vistos desde la perspectiva del ahora, acontecimientos insignificantes, al parecer sin relación ni sentido, te han llevado todos ellos hasta el preciso momento en que lees estas líneas.

Viajando mentalmente puedes volver hasta la infancia, puedes volver hasta tus mismos comienzos. Tu mente racional te dice que hubo un instante, un ápice de tiempo, en que fuiste concebido Sin perder de vista los dos componentes esenciales de este ejercicio —el hecho de que la eternidad es un concepto que puedes contemplar en un cuerpo no eterno y de que el universo es perfecto y tiene un propósito—, contempla mentalmente el ápice de tiempo inmediatamente anterior a tu concepción en que formabas todavía parte de la eternidad, ese instante de la eternidad justo antes de que se iniciara tu paréntesis. Tuvo que haber un instante así, un instante en que, por la razón que fuera, pasaste de lo que llamamos la nada (ausencia de fronteras, de normas, de límites, de forma) a «el algo». La pregunta que te planteo es: «¿Por qué?», ¿por qué pasaste de la no forma a la forma y apareciste en este cuerpo humano para vivir durante un período de tiempo y luego regresar a la eternidad, de nuevo a la ausencia de forma?

Podríamos especular todo el día acerca de por qué iniciamos semejante viaje. Algunos creen que fue suya la elección de entrar en el mundo físico de los límites y las fronteras. Otros ven en este hecho la voluntad divina. Y otros lo ven como un accidente monstruoso y sin sentido, simplemente una coincidencia cósmica. Pero, creas lo que creas en definitiva, sabes que ocurrió. Yo sugiero que tu presencia en el mundo de la forma tiene una gran misión y que puedes descubrir y empezar a pensar, a sentir y a comportarte de acuerdo con esa misión.

Yo, Wayne W. Dyer, he vuelto atrás en el tiempo con mis meditaciones y he descubierto por qué aparecí en esta forma, por qué fui concebido, allá en 1939. Para mí está muy claro. He preguntado a Dios (u otro nombre que queramos darle a esa parte invisible de nosotros mismos) y he recibido respuestas. Conozco mi gran misión y el sentido que yo le doy. Acepto el hecho de que nací en 1940 para lograr ciertas cosas y que todas y cada una de mis experiencias vitales desde la concepción me han llevado hasta este fin. Creo que tuve y sigo teniendo el poder de elegir la concordancia con este orden perfecto y que, cuando no estuve de su lado, fue también por un motivo. Mi propósito me ha sido claramente revelado a través del proceso de la oración y la meditación. No me importa cómo puedan ver los otros mi conducta al dar un propósito a mi vida. El conocimiento que tengo me ha sido revelado de la manera más clara y profunda. Mi propósito es dar, servir y promover la paz y la prosperidad, amar de manera total e incondicional a los demás. Willa Cather resume así mis palabras:

> Donde hay un gran amor hay siempre milagros. Los milagros no se apoyan tanto en los rostros, las voces o los poderes curativos que nos llegan de lejos como en el refinamiento de nuestra percepción, que hace que, por un momento, nuestros ojos puedan ver y nuestros oídos oír lo que está siempre ahí a nuestro alrededor.

Sí, siempre hay algo a nuestro alrededor.

Tener un propósito en la vida, entrar en nuestro interior, descubrir que el propósito tiene que ver con el amor incondicional, y el servir y el contacto con lo que está siempre a nuestro alrededor, altera de manera espectacular nuestra visión del mundo. Hacer milagros está entonces a la vuelta de la esquina. El sufrimiento disminuye notablemente, porque deja de ponerse el énfasis en el «¿Por qué?». Sabes que la vivencia de ese momento es necesaria y valiosa en un sentido que probablemente no comprendas en el momento de su acontecer. Sin embargo, la aceptas. Si pudiera definir en breves palabras la iluminación, yo diría que es «la tranquila aceptación de lo que es». Sin juzgar, sin ira ni amargura, sin hostilidad ni remordimiento, sólo una tranquila disposición a aceptarlo en lugar de combatirlo.

Cuando vas más allá de los resultados en la vida ves que no te preocupa lo que ésta pueda depararte. Pensamientos, sentimientos y conducta se concentran cada vez más en la realización de tu propósito. Dejas atrás el éxito, el logro y el rendimiento como indicadores de la misión de tu vida y, en lugar de ello, vives cada uno de los momentos con plenitud y amor. Las posesiones materiales dejan de dominar tus pensamientos, lo cual no quiere decir que desaparezcan, sino que dejan de constituir el punto central de tu vida. Se afianza en cambio tu propósito y alcanzas una sensación de alegría y armonía interiores al saber que estás cumpliendo de manera divina tu razón para estar aquí. Como tan escuetamente dijo Michel de Montaigne: «La obra maestra más grande y gloriosa del hombre es cómo vivir con un propósito».

El alcanzar el propósito en la vida tiene un matiz enormemente irónico. Las cosas que con anterioridad considerabas tan importantes pierden su atractivo. No te importa ya lo que puedas encontrarte por el camino y, sin embargo, compruebas que esas mismas cosas llegan a tu vida en cantidad cada vez mayor. La alegría, sin embargo, no se halla en la llegada de esas «recompensas», sino en la experiencia que representa pensar y actuar con un propósito. Dar se hace más importante que recibir, porque dar está de acuerdo con tu propósito. Rechazas ahora la carga que representa coleccionar, clasificar, asegurar y preocuparte por las posesiones. Conoces el significado de las palabras de Satya Sai Baba: «Los muchos deseos del hombre son como las pequeñas monedas de metal que lleva en el bolsillo. Cuantas más tiene, más lo abruma su peso». Sabes con toda certeza cuándo has alcanzado el propósito. No necesitas que te lo diga nadie. Lo sabes, porque no te cuestionas ya el sentido de tu vida. Sabes que todo cuanto haces está en sincronía con la obra de Dios, porque te hallas en armonía y todas y cada una de las actividades de tu vida están destinadas a la realización de tu propósito.

¿Estás dispuesto a dar un propósito a tu vida? ¿Estás preparado para volver en tu mente al momento anterior a tu concepción y preguntar a tu yo superior «¿Por qué vine aquí?»? Cuando recibas la respuesta, que te hablará de dar y no de recibir sea cual fuere tu vocación, tu energía vital empezará a desplazarse automáticamente y a pasar del sufrimiento al propósito. Cuando inicies el viaje hacia una vida basada en el propósito, estarás entrando en el reino de la realidad mágica.

REALIDAD MÁGICA, MILAGROS Y PROPÓSITO

Cuando tienes un propósito fluyes de hecho con la vida y experimentas una especie de armonía que procede del hecho de que no tienes ya que luchar por otra cosa. En pocas palabras, te iluminas, de manera figurativa y literal. Ello se debe al nuevo conocimiento que te permite dedicarte a la labor de tu vida libre de pensamientos inquietantes. Presientes que estás siendo observado y tus acciones derivan de esta bienaventuranza interior, hecha de rectitud y equilibrio. Cuando actúas a partir de ese conocimiento interior, que te recuerda constantemente que tienes un propósito y que confías en ti mismo para llevar a la práctica ese propósito, sólo puedes hacer lo que hay que hacer.

El libro más sagrado de la fe hindú se llama el *Bhagavad Gita* (*La canción del Señor*). Es la historia de Arjuna, el más famoso guerrero de su tiempo, y Khrishna (Dios), que se aparece a Arjuna en el campo de batalla, cuando Arjuna se está preparando para el combate. Khrishna se revela en la forma física del auriga de Arjuna. En dieciocho breves capítulos, Khrishna habla con Arjuna acerca de la esencia contenida en el hecho de ser un ente humano divino y con un propósito. Tomando este libro como guía modeló su vida Mahatma Gandhi. Resumido brevemente, el mensaje del *Gita* es: que tu conducta esté de acuerdo con el amor y la armonía, no tomes apego en modo alguno a los frutos de tu trabajo. Si logras alcanzar este estado de gracia tu vida será milagrosa y apacible. Vive tu vida totalmente para un propósito y renuncia a cualquier forma de recompensa que puedas encontrarte por el camino debido a tus acciones. Sé firmemente consciente de la necesidad de servir a Dios y de servir a los demás en todas y cada una de tus acciones. Así se comporta el hacedor de milagros.

Quizás estés pensando que esta filosofía es muy hermosa pero demasiado simple para el mundo agresivo y competitivo del siglo XX. Reconozco y respeto tus reservas. De hecho, yo he vivido la mayor parte de mi vida con un escepticismo similar. Tuve que pasar por el sufrimiento para aprender las lecciones de la vida. Me fijaba solamente en los resultados y no creía en cuestiones metafísicas ni estaba dispuesto a hacer caso cuando se me hablaba de renunciar a los resultados de mis esfuerzos. Luchaba por ellos. Me concentraba en el destino y no en el viaje. Las cuestiones vitales eran para mí las recompensas, el dinero, el prestigio y los logros. Si bien esto era desde luego un «éxito» en un sentido convencional, no sabía que se pudiera ir más allá de estas cotas extremas, ni sabía acerca de la realidad mágica. Sólo puedo decir que los milagros y la realidad mágica empezaron a aparecer en mi vida cuando me consagré a un propósito. Sólo cuando dejé de preocuparme por lo que me encontraba en mi camino fui capaz de alcanzar un estado de gracia. He aquí un extracto de una carta que recibí recientemente de una lectora de Goodlettsville, Tennessee, en la que ésta describe cómo se siente al estar preparada para descubrir su propósito en la vida.

Querido Wayne:

Sentada junto al fuego en mi guarida, en mi estancia favorita, me siento llena de paz. Se suceden las cosas habituales. Nueve de la noche, tres niños que se van a la cama, mi esposo que hace las maletas para el viaje a Phoenix, etcétera.

Yo estoy sentada aquí en la misma estancia y vestida con la misma ropa. Sé que tengo el mismo aspecto y, sin embargo, no soy la misma persona. Todos los días paseo por el parque que hay delante de mi casa y escucho tus cintas en mi walkman. Es «mi hora». Sin teléfono, sin niños, sin ruidos, sólo tu voz en mis oídos y el hermoso parque que tanto he llegado a amar. Me pregunto por qué no te oí hace diez años o hace cinco años, cuando era tan desgraciada. Me doy cuenta de que en aquellos momentos no habría escuchado, al menos no como escucho ahora. Ahora es el momento de que oiga tu mensaje. Ahora escucho de verdad y amo lo que oigo. Mañana pasearé de nuevo y probablemente terminaré de escuchar *The Awakened Life*. No me canso de pasear mientras te escucho, y me siento llena de paz. Gracias desde el fondo de mi corazón. Mi vida es ahora un milagro que se desarrolla día a día. Tengo un propósito.

Para esta mujer, su vida es un milagro aunque nada externo haya cambiado. Sigue teniendo los niños, las faenas de la casa y su empleo, pero ahora tiene un propósito y no le preocupa cuáles puedan ser los resultados. Éste es el estado que espero ayudarte a ti a conseguir.

Sí, puedes crear cambios milagrosos en tu vida. Sí, tienes dentro de ti el poder de hacer realidad lo que podía parecer imposible hace muy breve tiempo. Sí, puedes conocer lo que significa la realidad mágica en tu vida. El marco para hacer que ésta sea tu realidad está dentro mismo de ti. Ponte a tono con tu propósito. Descubre el gozo y la paz de dar en lugar de recibir; de contribuir en lugar de adquirir; de hacer en lugar de competir o ganar. ¿Por qué? Porque no hay nada que conseguir, en realidad. El mensaje de tu vida está en lo que das. Apareces sin nada y te vas sin nada. Lo único que realmente puedes hacer con esta vida de la forma es darla. El propósito es siempre dar. Cuando conozcas la experiencia de dar, servir, amar y promover la armonía te sentirás distinto por dentro. Así lo resumió magníficamente André

Gide en su diario: «La posesión completa sólo se demuestra dando. Todo cuanto no podemos dar nos posee».

Al prepararte para esta exploración de la realidad mágica, quizá te preguntes: «¿Cómo voy a hacerlo?», «¿Y si necesito ayuda?». Se trata de preguntas sensatas, y quiero ayudarte a que encuentres tus respuestas.

CUANDO EL ALUMNO ESTÉ PREPARADO

La primera vez que leí el *Bhagavad Gita* fue como si un rayo hubiera iluminado mi vida. Una experiencia similar tuve cuando leí las cartas de san Pablo en el Nuevo Testamento. Estas dos sabias y antiguas obras habían formado parte de mi biblioteca durante más de treinta años. Debía de haberlas mirado centenares de miles de veces, y probablemente las había hojeado también de niño y cuando asistí a la universidad. Y, sin embargo, no tuvieron ningún sentido para mí hasta que estuve preparado, hasta el momento en que me guiaron hacia descubrimientos milagrosos y me ayudaron a dar un propósito a mi vida.

Un antiguo proverbio zen dice: «Cuando el alumno esté preparado aparecerá el maestro». Cuando estés realmente decidido en tu mente a experimentar la realidad mágica y a vivir todos y cada uno de tus días con un propósito, se te mostrará el modo de lograrlo. Examinemos las cuatro palabras clave de este proverbio zen.

Alumno. Sé un alumno. Permanece abierto y dispuesto a aprender de todos y cada uno. Ser alumno significa tener espacio interior para un nuevo saber. Cuando estás verde creces y cuando estás maduro te pudres. Permaneciendo verde, evitarás la maldición que representa ser un experto. Cuando sepas de corazón que cada persona que encuentras en la vida tiene algo que enseñarte, podrás aprovechar al máximo lo que ésta te ofrezca. La capacidad de crear realidad mágica supone en primer lugar el ser un alumno de la vida.

Preparado. Sé un alumno dispuesto. Tu nivel de preparación para crecer y convertirte en tu propio hacedor de milagros no es más que un estado mental. Como alumno, sabes que todos y todo pueden de algún modo ser tus maestros. Como alumno dispuesto, ansías lo que todos y todo pueden ofrecerte. El «giro equivocado» que te lleva a un lugar nuevo e inesperado es una oportunidad para crecer. Cuando eres un alumno preparado, el extraño que te habla de cómo superó su adicción hace años se convierte en un guía que se te envía para ayudarte a hacer frente a tu propia adicción personal.

Cuando estuve preparado, preparado de verdad, para dejar atrás el alcohol, se me apareció el maestro en una meditación con estas palabras: «No necesitas mirar más. Hazlo ahora, tendrás toda la ayuda que estés dispuesto a recibir». Yo había oído estas palabras miles de veces, pero mi falta de disposición era siempre un obstáculo. Esta vez, estaba preparado y pude alejarme del alcohol sin volver a mirar atrás. En casi todos los artículos de revistas que leí en los días siguientes parecía hablarse de gente que encontraba el valor necesario para dejar atrás el alcohol y las drogas. Es posible que esas historias personales hubiesen estado ahí siempre, pero no me sirvieron como poderosos recordatorios hasta que estuve realmente preparado.

Preparado significa dispuesto. Disposición genuina y auténtica. Cuando estés así dispuesto, descubrirás a tu propio maestro personal.

Maestro. El maestro está en todas partes. La ayuda que necesitas te será facilitada por el universo en cuanto conviertas tu preparación en disposición. En cuanto estés dispuesto, encontrarás maestros en cada rincón de tu vida.

El maestro puede muy bien ser un alma experimentada dispuesta a ayudarte y guiarte hacia los milagros que buscas. Puedes interpretar la aparición de esa persona en tu vida ahora, en el momento mismo en que estás preparado, como un accidente o una ruptura divina por tu parte. Pero de un modo u otro, ese alma sabia ha estado siempre a tu disposición. Es tu disposición la que hace que el maestro pueda ayudarte.

Los maestros aparecen bajo diversas formas. El tuyo puede ser una cinta que alguien ha dejado «por accidente» en tu coche y que tú, «por accidente», pones en el momento preciso. Es posible que la semana pasada la hubieras oído durante dos minutos y hubieses rechazado su contenido; ahora, tu disposición permite su presencia como maestro. Tu maestro puede también ser un libro o un artículo que te haya recomendado un amigo. Puede ser tu asistencia imprevista a una conferencia o un servicio en la iglesia para el que alguien te ha dado su entrada porque tenía que salir de la ciudad; el mensaje del orador parece estar dirigido de manera específica a ti. El maestro puede ser un niño que te coge de la mano y te hace una pregunta en la que tú no habías pensado hasta ese momento, y la respuesta que le das al niño es la respuesta que te das a ti mismo. Tu maestro puede ser invisible y aparecer en forma de un pensamiento que viene a tu mente en un momento tranquilo, de contemplación, y te anima a seguir una dirección determinada.

Centenares de veces se me han presentado personas después de pronunciar yo una charla y me han contado cómo se habían presentado «por accidente» en uno u otro acontecimiento determinado y habían oído exactamente lo que necesitaban oír en ese momento. Por ejemplo, una mujer escuchaba una cinta mía mientras se dirigía a su casa en coche. En la cinta, yo hablaba del tema del que hablo antes: «Cuando el alumno esté dispuesto aparecerá el maestro». De repente, cuando pasaba por delante de la Iglesia unitaria,* donde yo debía hablar, la mujer vio mi nombre en la marquesina anunciando mi aparición esa noche a las siete. Eran las siete menos cuarto. La mujer dejó el coche en el aparcamiento, compró una entrada y asistió al acto. Al término de la charla, se acercó a mí en el escenario, temblorosa, para hablarme de este incidente.

—Nunca he hecho esto en el camino a casa, nunca. Iba en el coche de mi amiga y ella había dejado por casualidad en la platina esa cinta en la que habla usted; estaba sonando cuando he puesto en marcha el coche. He pensado mucho últimamente en hacer cambios interiores en mi vida, y después de oírle esta noche, sé que se ha presentado aquí en Chicago precisamente para que yo pudiera hacerlo. Estaba preparada y he sido enviada directamente para oírle esta noche.

Me han repetido historias de este tipo centenares, si no miles, de veces. «Necesitaba oírle a usted hoy, y sé que ha venido aquí para mí.» Sin embargo, yo he dado seminarios públicos de varias sesiones por todo el país durante veinte años, en casi todas las grandes ciudades. Esas personas me habían visto anunciado anteriormente, pero su falta de disposición impedía la aparición del maestro aun cuando éste quizás apareciera en la puerta de la vecina.

Cuando tú, el alumno, estés preparado y dispuesto, el maestro aparecerá. Sólo tienes que echar un vistazo en derredor, mirar con ojos nuevos y preguntarte en silencio: «¿Quién es mi maestro?».

* Confesión protestante que rechaza el dogma de la Trinidad. Surgió en Inglaterra en el s. XVIII y desde principios del s. XIX se estableció en EE. UU. *(N. del E.)*.

Aparecerá. El maestro hace su aparición en todo y en todos cuantos lugares te encuentras. Como ya hemos dicho, no existen en realidad los accidentes. El universo tiene un propósito. Si el maestro estaba allí y tú lo has pasado por alto, ello formaba parte de la perfección en ese momento en concreto. El maestro estaba allí antes que tú, pero no estaba allí para ti. Aquello era entonces y esto es ahora. Hoy, cuando estás dando un propósito a tu vida y adquiriendo la capacidad de hacer aparecer milagros en tu vida, reconocerás al maestro.

Cuando el insecto herido, moribundo, te recuerde la necesidad de ser compasivo, es que el maestro ha aparecido. Cuando la persona sin hogar, con su aspecto desastrado y la mano extendida, te recuerde la necesidad de ser piadoso, es que el maestro ha aparecido. Cuando el soldado cargado con sus instrumentos mortíferos y dispuesto a matar al enemigo asignado te recuerde la necesidad de enviar amor y paz allí donde éstos son más difíciles, también es que el maestro ha aparecido.

Cuando te hagas la pregunta «¿De qué manera va a aparecer el maestro?», medita sobre este pequeño sonsonete de James Broughton y tendrás la respuesta:

> *Esto es Ello*
> *y yo soy Ello*
> *y tu eres Ello*
> *y así es*
> *y él es Ello*
> *y ella es Ello*
> *y ello es Ello*
> *y eso es.*

¡Eso es! La aparición del maestro está en todas partes y, sin él, te verás andando a tientas.

Es cierto que ningún ser humano es una isla. Estamos todos relacionados y todos aprendemos y crecemos juntos en este viaje. En tu preparación para hacer milagros y para la realidad mágica, contarás con toda la ayuda que necesites.

Has examinado ya la idea de dar un propósito a tu vida y de prepararte para la ayuda que vas a necesitar en esta empresa. Sin embargo, la principal premisa de este libro es la de que hay un reino de existencia humana que trasciende lo que hemos llegado a considerar como normal o posible. Yo llamo a esta dimensión realidad mágica. Una vez te sientas auténticamente abierto a vivir tu propio propósito aquí y estés abierto a la recepción de cualquier ayuda divina que puedas requerir siendo un alumno dispuesto, estarás en disposición de creer en tu capacidad para convertirte en tu propio hacedor de milagros.

CREER EN LOS MILAGROS Y EN LA REALIDAD MÁGICA

Cuando hablo del mundo de la realidad mágica y de los milagros no me refiero al desarrollo de un talento para convertir las piedras en oro, resucitar a los muertos o hacer que se abran los mares. Cuando hablo de hacer milagros me refiero a cualquier cosa que hayas podido considerar más allá de tu capacidad para crear para ti, debido a las limitaciones que creas tener. Más adelante describiré las principales áreas de la vida en las que disponemos de realidad mágica. Por ahora, quiero que cultives las bases para la creación de realidad mágica en cualquier área que se te antoje. Si has vivido en la creencia de que ciertos logros o niveles de logro eran imposibles para ti, deberás empezar por examinar el enfoque y las creencias de tu vida antes de intentar poner en práctica estrategias de realidad mágica.

Para convertirte en tu propio hacedor de milagros es esencial que des un propósito a tu vida y crees en ti un estado de apertura a la ayuda. Aparte de estas cualidades de propósito y apertura, hay pautas para que te sitúes en el marco mental adecuado. Estas creencias, o «conocimientos», son necesarios para ayudarte a entrar en tu interior y manifestar, literalmente, lo que antes creías imposible. Aludiré a esos «conocimientos» a lo largo de las páginas de este libro.

Yo he tenido que recorrer a lo largo de mi vida una serie de pasos, todos ellos dentro de mi mente, a fin de llegar al punto en que puedo decir que me siento confiado en mi capacidad para hacer aparecer lo que sólo puedo llamar milagros. Les doy este nombre porque hasta hace poco tiempo, antes de que yo experimentara este despertar interior, las cosas que ahora soy capaz de crear y manifestar me parecían imposibles. Ofrezco esta secuencia de pasos en la creencia de que, si ello ha sido posible para mí, lo será a buen seguro para cualquier otra persona.

35

Recuerdo las palabras de Jesucristo acerca de sus propios milagros: «Aquel que cree en Mí hará también las obras que yo hago; y hará obras aún mayores que ésas...». De algún modo, en lo más profundo de ti, sabes que tienes este tipo de poder. Aun cuando no tengas ni idea de cómo utilizarlo o de cómo empezar a enfocarlo, sabes en todo caso que dentro de cada uno de nosotros hay una presencia divina e invisible relacionada en cierto modo con la creación de un estado que sólo podemos describir, paradójicamente, como realidad mágica.

Luego, Jesucristo decía: «... Pero lo conocerás; porque Él habita contigo y estará dentro de ti». Exacto, dentro de ti está esa presencia mágica e invisible de la que yo hablo aquí. No es algo que esté fuera de ti y cuya búsqueda requiera toda una vida. Habita dentro de ti, en esa parte invisible de tu yo donde no cuentan las mismas reglas que cuentan en el mundo físico. En tu alma, en tu espíritu o en tu yo superior, en tu mente o en tu pensamiento o como quieras llamarlo radica ese portal de entrada al mundo de la realidad mágica.

Cuando domines el camino interior de concienciación que presento en la primera parte de este libro, no te mostrarás escéptico respecto a la aplicación de esta conciencia ni dudarás que, a través de esa presencia divina interior, te hablo directa e inequívocamente a ti.

SIETE CREENCIAS PARA LA MANIFESTACIÓN DE LA REALIDAD MÁGICA

Yo he identificado siete creencias o conocimientos que pueden ayudarte a poner en práctica el poder de la realidad mágica. Las presento en forma de secuencia y, una vez te halles en posesión del conocimiento interior que deriva de la adopción de estas creencias, estarás en buen camino para convertirte en tu propio hacedor de milagros.

1. *Hay dentro de ti una fuerza vital invisible pero cognoscible*

Intenta cultivar la conciencia de la fuerza vital invisible que impregna toda forma del universo, incluido tu cuerpo físico. Se trata de la misma inteligencia universal que hace que una rosa sea una rosa, un escarabajo un escarabajo, los planetas se alineen y se muevan por el espacio y tú seas tú.

Esta fuerza invisible carece de límites y dimensiones, al igual que tus pensamientos, sentimientos, imaginaciones, sueños, fantasías y emociones. Esta fuerza vital universal, que forma parte de ti, es inmortal. La muerte supone un final y ese final supone fronteras. Para este primer paso, sabes simplemente que esa fuerza poderosa y divina, pero invisible, está dentro de ti. Confía totalmente en su presencia. Ella es, de hecho, la que te permite percibir y vivir tu cuerpo físico y este mundo físico en el que te albergas temporalmente.

2. *Tus pensamientos son algo que tú controlas y que tiene su origen en ti*

En *La fuerza de creer*,* dediqué toda una sección al poder de los pensamientos. Aquí te animo simplemente a que te des cuenta de que el pensamiento es nuestro modo de registrar y procesar nuestra experiencia humana. El pensamiento se origina a partir de una nada de tu interior y te da tu condición humana. Todo tu pasado, así como tu futuro, están dentro de ese reino del pensamiento. Tus pensamientos crean tu vivencia de la salud, de la riqueza y de todos los detalles de tu mundo.

Ralph Waldo Emerson nos recordaba lo siguiente: «El antepasado de toda acción es el pensamiento». Vivimos la vida que imaginamos estar viviendo. Cuando dejas de imaginar, fantasear o pensar, cesa tu participación activa en tu mundo físico. Como paso hacia el despertar de la vida de la realidad mágica deberás tener en cuenta de qué modo tus pensamientos han contribuido a tener un enfoque no milagroso y limitador de la vida. Sabrás entonces que eres también capaz de producir lo contrario. Si, en efecto, los milagros están a la disposición de cualquiera, tú puedes ser una de esas personas que los viven. Pero ello tiene su comienzo en ese antepasado de todas tus acciones que son tus pensamientos.

3. *No hay límites*

Todas las cosas que has llegado a considerar con convencimiento como límites son producto del modo en que has aprendido a pensar. Probablemente te enseñaron que la lógica y la comprobación científica dictan lo que es posible y lo que no lo es. Antes de la invención del microscopio, casi nadie creía en la existencia de vida microscópica. Las personas que creen sólo en lo que pueden ver o demostrar científicamente se ven limitadas por el actual nivel de complejidad de nuestros dispositivos de medición.

* Publicado por Grijalbo en esta colección.

Sabes que en algún momento del futuro volaremos de un lugar a otro de este planeta en minutos y no en horas, y que los viajes interplanetarios serán una realidad de la vida. La capacidad para ello la tenemos ya. Es decir, existe ya la fuerza universal atemporal, sólo falta la tecnología. ¿Crees ahora en esa posibilidad, o debes esperar hasta la llegada de esa tecnología para poder creer en ella? Hace sólo veinte años la idea de un control remoto que nos permitiera cambiar de canal de televisión era una imposibilidad. Alquilar una película era impensable. Cocinar la comida en el microondas en unos instantes no formaba en absoluto parte de nuestra conciencia. Aunque la capacidad para crear estos milagros la teníamos ya en tiempos de Aníbal, los dispositivos llegaron sólo en su momento. Conviértete en una persona que no acepta límite alguno en su mente. ¡Ninguno!

4. *Tu vida tiene un propósito*

El universo entero constituye un sistema inteligente. El universo que es tu cuerpo físico es una multitud de sistemas, todos los cuales funcionan con asombrosa perfección, y es también un sistema inteligente. Las partes invisibles de tu ser, tus pensamientos y sentimientos, forman también parte del sistema que eres tú. Esa inteligencia es invisible y podemos describirla como nos plazca y darle el nombre que nos plazca; se han inventado miles de términos para describirla. Pero la inteligencia no es la etiqueta, del mismo modo que la estatua no es el santo ni el menú es el almuerzo. Tú eres esa inteligencia de la cual nunca puedes separarte, y tienes un propósito.

He explicado la necesidad de dar un propósito a tu vida y de emprender ese camino, el camino que te marca ese propósito. Lo que aquí te pido es simplemente que lo sepas. Cuando sepas que tienes un propósito estarás en el buen camino para poder crear milagros en tu vida en cualquiera y cada una de las áreas que escojas.

5. *Se supera la debilidad dejándola atrás*

No se pueden superar la debilidad o las limitaciones pensando. No llegarás al lugar de armonía interior necesario para crear realidad mágica esforzándote por superar tus viejas conductas negativas. Lo que sí puedes aprender es a dejar atrás esa etapa de tu vida y cruzar la puerta que lleva a un nuevo modo de ser.

Este proceso que consiste en dejar atrás las viejas costumbres empieza en tu dimensión invisible, es decir en tu pensamiento. Te ves a ti mismo liberándote realmente de los obstáculos que te habías puesto en la vida, te imaginas a ti mismo sin necesidad ya de apoyarte en esos esquemas negativos. Entonces está completa la parte que corresponde al pensamiento. Avanzas ahora hacia un nuevo tú. Dejas atrás la creencia de que no puedes cambiar o de que no puedes crear el milagro que deseas para ti, y dejarás atrás la actividad física que apoyaba esa creencia. Imagínatela atrás, mírala y sabrás que ya no vives de ese modo.

Yo también puedo verme a mí mismo, en un momento lejano, con esas viejas conductas. Y sonrío para mis adentros, sabiendo que he dejado atrás esa parte de mi ser. Todo empezó con un pensamiento al que siguió una acción basada en ese nuevo pensamiento, y esto es para mí un milagro que vivo ahora día tras día. No lo conseguí intentando constantemente eliminar el problema pensando ni tampoco burlándolo poco a poco, sino dejándolo atrás.

Así es como se efectúan todos los cambios milagrosos, cuando se llega a la pregunta: «¿Qué debo hacer para cambiar?», o bien: «¿Qué debo hacer para crear el milagro que deseo en mi vida?».

Después de tantas palabras, consejos, grupos de apoyo, medicinas, elixires, exhortaciones e instancias por parte de los demás, en definitiva hay que dejar atrás lo que es autodestructivo o constituye un obstáculo para el crecimiento. Toda persona que haya superado alguna dificultad o efectuado algún cambio positivo en su vida, al enfrentarse a lo que ha sido su vida ha tenido que dejar atrás el viejo hábito por propia voluntad. En cuanto sepas que esto es una verdad, verás qué pronto estás creando realidad mágica en tu vida.

6. *Examinando lo que crees imposible, podrás luego cambiar tus creencias*

Haz un inventario de lo que crees que no puede suceder en tu vida. Tanto si tiene relación con tus logros físicos como con tus relaciones, tu salud o tu economía, haz la promesa de, como mínimo, librarte de esas creencias. No te pido que seas iluso o caigas en el autoengaño. Lo que te pido es que crees en ti una actitud abierta a la posibilidad, en lugar de seguir suscribiendo la imposibilidad. Nada más que eso. Sólo que estés abierto a una nueva idea. Y recuerda que no tienes por qué hacer nada distinto en tu vida en ese momento, sino sólo dar la vuelta a algunas imágenes mentales. Un nuevo pensamiento te llevará en última instancia a conductas nuevas y milagrosas.

Sabemos de quien ha superado alguna vez un diagnóstico «terminal», y sabemos por lo tanto que existe dentro de nosotros esa capacidad. Sigue presente la fuerza o energía universal que una vez creó un milagro. La fuerza en sí no ha desaparecido, aunque hayan desaparecido los milagros. Stuart Wilde dice en *Miracles*: «... porque la ley universal es indestructible y por lo tanto infinita, podemos suponer que el poder que utilizaban los hacedores de milagros en el pasado debe existir todavía hoy». Y, si todavía existe, te pido que creas que está ahí, esperando a que te acerques a él. Esa ley universal que creó milagros no ha sido ni será nunca revocada. Todo este libro trata del modo de ayudarte a adoptar una posición tal que esa fuerza o energía universal sea algo que puedas llegar a conocer íntimamente y a utilizar en tu vida, aunque nadie a tu alrededor sepa lo que estás haciendo ni crea en tus palabras cuando hables de milagros. Una vez conozcas y decidas utilizar esta fuerza, tu vida tendrá el sabor de la realidad mágica. Te lo garantizo.

No te pido en este punto que utilices ese poder y empieces a realizar milagros. Sólo te pido que te abras a un nuevo sistema interior de creencias que dice que tal vez, sólo tal vez, ello represente una posibilidad para ti. Cualquiera que se haya alzado desde la miseria para crear abundancia personal (incluido yo) ha tenido que utilizar la energía universal de su mente antes de que ello pudiera hacerse realidad en el mundo físico. Si ese poder de hacer milagros ha estado al alcance de cualquier alma desfavorecida, estará a la disposición de tu alma desfavorecida si decides que ésa es tu verdad.

Debes saber que si alguien ha podido pasar de la enfermedad a la salud, de la obesidad a la delgadez, de la adicción a la pureza, de la pobreza a la riqueza, de la torpeza a la agilidad, de la desdicha a la felicidad, del descontento a la satisfacción, es que esa capacidad forma parte de la condición humana universal. Aun cuando sólo una persona lo hubiera logrado, ello significaría que es posible. Y, aun cuando no hubiera sido posible antes —como ocurría con la cura para la polio antes de 1954 o con los viajes aéreos en 1745—, el ser humano no necesita para estar abierto a la posibilidad más que el hecho de que un solo y único individuo sea capaz de concebirla en su mente. Sustituye la creencia de que algo que puedes imaginar mentalmente es imposible por la creencia de que es posible. Ponte a trabajar en esa idea en seguida, en este mismo instante, que es la única realidad física que tienes.

7. *Puedes ir más allá de la lógica*

Aunque es posible que no te sientas del todo cómodo apoyándote en algo que no sea la lógica y el pensamiento racional, de la que penetre en ti la idea de que existe otra dimensión que forma parte integral de tu ser y que no tiene nada que ver con la lógica o la validación científica. Nunca has visto, tocado, olido ni sentido físicamente un pensamiento o un sueño o un sentimiento, y, sin embargo, sabes que éstos existen. No hay una prueba racional de la existencia de la intuición y, sin embargo, sabes que ésta existe dentro de ti. Hasta hace unos años no teníamos pruebas físicas de la presencia de vida microscópica y, sin embargo, ésta existía. Y lo mismo ocurre con esa parte de tu ser que llamo tu alma. Si bien no hemos inventado un «animascopio» que demuestra racionalmente la existencia del alma, tenemos, sin embargo, la noción de que dicha dimensión persiste como parte de nuestra condición humana. Hay quienes nunca creerán en ello si no la ven. Otros la verán porque creen en ello.

Éstas son las siete creencias que puedes utilizar como pasos mentales destinados a ajustar tu giroscopio interior a la realidad mágica. Hay quienes vivirán su vida entera contentándose con las limitaciones de sus cinco sentidos. La realidad mágica y el hacer milagros no entran en su agenda vital. Otros, como tú y yo, aun sabiendo que la parte física de nuestro ser es en sí misma un hermoso milagro, sabemos también que hay una dimensión espiritual más allá del ámbito y de los límites de nuestro universo físico. Son muchas las diferencias entre estas dos conciencias: la conciencia sólo física frente a la conciencia espiritual y física. En el siguiente capítulo describo con mayor detalle cuáles son estas diferencias específicas y cómo podemos servirnos de los beneficios de la realidad mágica y de los milagros cambiando nuestra conciencia de modo que incluya el lado espiritual.

2

Cómo convertirse en un ser espiritual

Nacemos al mundo de la Naturaleza; cuando
nacemos por segunda vez, es al mundo del espíritu.

BHAGAVAD GITA

Pocos de nosotros hemos tenido preparación o educación sobre el
modo de utilizar el poder de nuestra mente. Hemos sido educados a
base de una constante dieta de lógica y racionalismo, en la mentalidad
de que hay que creer sólo aquello que se ve. En pocas palabras, se nos
ha educado para creer sólo en aquellas cosas que podemos comprender y comprobar. La mente racional no puede comprender los milagros, que son un desafío a la lógica. Los milagros no pueden ser
«comprendidos» mediante las formas de pensamiento a las que estamos condicionados. Así pues, para entrar en el mundo de la realidad
mágica deberás aprender cómo ir mucho más allá de tu mente racional y entrar en la dimensión espiritual.

MÁS ALLÁ DEL ESCEPTICISMO

La preparación espiritual mínima que hayas podido recibir probablemente te ha llegado a través de alguna organización religiosa. El
don maravilloso que nos hace la religión es la enseñanza de que so-

mos espirituales por naturaleza y de que tenemos todos un alma como parte de nuestra condición humana. El principal inconveniente de la religión es la enseñanza según la cual el alma debe adaptarse a las reglas y normas, y el hecho de que estas restricciones anímicas procedan directamente del dogma de una religión en particular y de sus representantes. Pero el alma no se conforma a ninguno de los límites o de las leyes que se le han atribuido. No tiene dimensiones ni forma, y es invisible. Incluso hablar acerca de ella es muy difícil, porque las frases deben llegar a su fin mientras que el alma no lo tiene.

Probablemente, debido a tu preparación formal, hayas adoptado una actitud escéptica en relación con la espiritualidad. Para poder participar en el alto drama de los milagros y de la realidad mágica, debes creer en tu yo espiritual, algo que no tiene absolutamente nada que ver con tu afiliación religiosa. Sea cual fuere el nombre que des a esa inteligencia superior que impregna tu forma, sea cual fuere el nombre de tu maestro espiritual, su denominación no influirá en tu potencial para hacer milagros. Yo simplemente te animo a desarrollar un auténtico conocimiento de esta parte de tu condición humana. Maurice Nicoll escribió en *Living Time* las siguientes palabras, que considero muy apropiadas en relación con esta cuestión:

> No captamos el hecho de que somos invisibles... no comprendemos el hecho de que la vida, antes que cualquiera de sus definiciones, es un drama de lo visible y lo invisible. Creemos que sólo el mundo visible posee realidad y estructura, y no concebimos la posibilidad de que el mundo interior que conocemos como pensamiento, sentimiento e imaginación posea una estructura real y existente en su propio espacio, aunque éste no sea el espacio con el que estamos en contacto a través de nuestros órganos sensoriales.

De acuerdo con las palabras de Nicoll, es mucho lo que tienes que superar para desarrollar tu conocimiento interior de la verdad. Se te pedirá que creas en lo incognoscible, contrariamente a lo que te han enseñado. Y, sin embargo, está siempre ahí, como tan acertadamente nos dice H. L. Mencken: «Al penetrar en tantos secretos dejamos de creer en lo incognoscible. Pero ahí está, lamiéndose tranquilamente el lomo». Efectivamente, está ahí mismo y, sin embargo, no puedes tocarlo con los dedos ni siquiera por un instante. Convertirse en un ser espiritual supone olvidarse de nuestros cinco sentidos, incluido el dedo que no puedes posar, y desarrollar una tranquila sensación de confianza en lo que te impregna —lo sabes—, pero que nunca puedes demostrar mediante la lógica o mediante nuestros actuales dispositivos de medición.

Una vez poseas la experiencia de esta dimensión invisible y conozcas ese lugar superior al que puedes ir mentalmente y del que puedes recibir guía y, sí, incluso la ayuda necesaria para crear realidad mágica en tu vida, habrás pasado de ser una persona exclusivamente física, un ser humano con experiencia espiritual, a ser un ser espiritual con experiencia humana. Por supuesto, ello no constituirá en absoluto un rechazo de tu yo físico. De hecho, el paso que te llevará a ser un ser espiritual ampliará y mejorará tu vida física en muchísimos sentidos. El lugar para la creación de realidad mágica estará en tu despertar espiritual pero se manifestará aquí y ahora, en este mundo físico donde tú te hallas día tras día.

Es preciso que tu capacidad ampliada para hacer milagros se manifieste en la realidad que llamas tu vida física. Cuando este conocimiento especial se haga realidad para ti y sea algo a lo que puedes recurrir y en lo que puedes confiar en tu interior, serás tan poderoso que te sentirás como el rico que, haga lo que haga, siempre tiene dinero. Te reconfortará saber que nunca puedes perder tu contacto espiritual una vez lo has logrado, y sabrás que éste forma para siempre parte de ti.

Del mismo modo que yo te pido aceptes este mundo invisible cuya existencia conoces pero que, como dice Nicoll, no puedes identificar con tus sentidos, hay muchos y respetables miembros de la comunidad científica que se esfuerzan denodadamente por intentar demostrar científicamente la existencia del alma. Aunque mi intención en este libro no es demostrar ni refutar nada desde el punto de vista científico, unas palabras acerca de estos estudios te ayudarán a ponerte en movimiento en la dirección que lleva primero al ser espiritual y luego al ser físico consecuencia de tu espiritualidad.

En el fascinante libro *Recovering the Soul*, el doctor Larry Dossey ofrece un cuadro completo de las pruebas que apoyan la teoría no local de la mente humana. Esta teoría dice que la mente humana no se limita a un cuerpo o a un cerebro sino que, de algún modo, existe en el tiempo y en el espacio en concierto con el cuerpo físico. Esta visión no local de la mente abre enormes posibilidades. En palabras del doctor Dossey:

Supongamos por un momento que pudiéramos demostrar que la mente humana no es algo local; que es en última instancia independiente del cerebro y del cuerpo físicos y que, a modo de correlación, trasciende el tiempo y el espacio. Esto, a mi modo de ver, ocuparía un lugar en importancia que iría mucho más allá de cualquier cosa que se haya descubierto, en el pasado o en la actualidad, acerca del organismo humano. Este descubrimiento pulsaría una esperanzadora cuerda acerca de nuestra naturaleza interior, una cuerda que se ha visto silenciada en una era científica; fomentaría una nueva visión del ser humano, triunfante sobre la carne y la sangre. Anclaría de nuevo el espíritu humano de lado de Dios en lugar de ponerlo del lado del azar, la casualidad y el deterioro. Espolearía a la voluntad humana llevándola hacia la grandeza y no hacia la conveniencia y el egoísmo... y, una vez más, podríamos recuperar algo que se ha visto en gran medida ausente en nuestra experiencia de los últimos tiempos: el alma humana.

Esta idea del alma como algo atemporal y no local es realmente fascinante. Está siendo objeto de investigaciones por parte de científicos de diversas especialidades, y yo estoy seguro de que pronto tendremos pruebas irrefutables de su ubicación no local. Imaginemos la diferencia que supondría una prueba semejante para nosotros en tanto que seres humanos. Saber que el alma sobrevive a la muerte del cuerpo físico ayudará a cambiar nuestro modo de relacionarnos entre nosotros mientras nos hallamos aquí en la Tierra. Afectará de manera drástica a nuestro ejercicio de la medicina. Como señala el doctor Dossey:

> El propósito último del moderno curador no sería ya impedir la muerte y el deterioro físico, puesto que éstos perderían su estatus absoluto si la mente fuera en última instancia trascendente en relación con el cuerpo físico... Por otro lado, si la humanidad creyera realmente en la realidad de una mente no localizada, entrarían en juego unas bases totalmente nuevas para la conducta ética y moral que ofrecerían al menos la posibilidad de apartarnos radicalmente del modo demente en que los seres humanos y las naciones-estado se han comportado desde siempre unos con otros; y además, toda la premisa existencial de la vida humana se desplazaría hacia lo moral y lo ético, hacia lo espiritual y lo sagrado.

Dentro de este contexto te pido que procures con denuedo convertirte tú en un ser espiritual, ya que dentro de él es donde se conocen los milagros y la realidad mágica. Una vez hayas desarrollado el conocimiento interior de tu yo espiritual, no local, cualesquiera datos científicos externos carecerán de importancia. Sin embargo, a fin de ayudarte a superar tu falta de fe, he aquí unas cuantas opiniones de pensadores científicos contemporáneos sobre este tema.

Robert Herrman, científico, director ejecutivo de la Afiliación Científica Norteamericana y autor de *The God Who Would Be Known*, dice así: «Mires adonde mires en el campo de las ciencias, cada vez es más difícil comprender el universo sin Dios». Cuando se ven en la obligación de definir a Dios, teólogos y científicos se ponen extrañamente de acuerdo. Saben que, de algún modo, en un mundo físico de causa y efecto, era necesario algo para que todo el conjunto se pusiera en marcha. Saben también que hay alguna forma de fuerza invisible que mantiene unido el conjunto, incluida toda la materia. En lugar de ver a Dios como una deidad situada en algún punto de la lejanía celeste, lo ven como una presencia que impregna el Universo. De ahí la idea bíblica que dice: «En Él vivimos, y nos movemos y tenemos nuestro ser».

Entre la comunidad científica, que vive de y se deleita con las pruebas contundentes, reina un gran desacuerdo sobre esta cuestión del alma y de Dios como presencia en el conjunto de la vida. Y sin embargo, los científicos saben que existe algo en toda forma de vida que desafía a la lógica. Un corazón empieza a latir dentro del útero de una madre a las seis o siete semanas de la concepción, y el proceso entero es un gigantesco misterio, incluso para nuestras mentes científicas más sutiles. Hace cuarenta años la respuesta a la pregunta «¿Cree usted en Dios?» era normalmente «Claro que no, soy científico». Hoy en día, y cada vez más, la respuesta del científico a la misma pregunta es: «Naturalmente, soy científico».

Los que se dedican a la nueva física de la mecánica cuántica están ahora empezando a demostrar lo que la metafísica (más allá de la física) había venido indicando durante siglos. Hay una conexión entre todos los seres, una fuerza invisible en el universo que impregna toda la vida. Aún más sorprendente, según informaba John Gliedman en *Scientifc Digest* hace diez años (julio de 1982), es el hecho de que «varios grandes teóricos han llegado a las mismas y sorprendentes conclusiones: su labor parece indicar la existencia de un mundo espiritual oculto dentro de todos nosotros». Gliedman, con sarcasmo, llamaba a esto «el espíritu de la máquina». Es esta presencia dentro de todos nosotros —esta dimensión de nuestra condición humana que desafía a la medición y a las reglas de causa y efecto— la que sigue confundiendo a los científicos. Y sin embargo, muchos de ellos han llegado a la conclusión de que el «alma» —ese «espíritu de la máquina»— existe. El artículo de Gliedman, titulado «Scientists in Search of the Soul» (Científicos en busca del alma), cita a muchos de los más respetados y distinguidos científicos de todo el mundo. Algunos llegan a la conclusión de que es nuestro yo inmaterial (invisible) el que constituye nuestros rasgos humanos de conciencia de nosotros mismos, libre albedrío, identidad personal, creatividad y emociones. Indican que esa presencia invisible ejerce una influencia física sobre nosotros y, lo que es aún más sorprendente, que ese yo inmaterial sobrevive a la muerte del cerebro físico.

Otra idea inquietante es la de John von Neumann, un matemático y científico de quien el premio Nobel Hans Bethe decía que tal vez fuera «el hombre más inteligente que jamás haya existido». Bethe observó una vez lo siguiente: «Me he preguntado a veces si un cerebro como el de John von Neumann no indica la existencia de una especie superior a la del hombre». Y ¿cuáles eran las conclusiones de Von Neumann?: «Que la realidad física era una invención de la imaginación humana y que la única verdadera realidad era el pensamiento». Eugene Wigner, que obtuvo del premio Nobel de Física en 1963 y que estudió las formulaciones de Von Neumann, manifestó públicamente lo siguiente: «Es posible que el hombre tenga una conciencia inmaterial capaz de influir en la materia».

Dicho en mis palabras, en tanto que no laureado con el premio Nobel: tú tienes la capacidad de crear milagros y vivir una vida de realidad mágica si utilizas tu yo invisible para influir en tu realidad física. Cuando realmente pasas a ser primero un ser espiritual y luego un ser físico y sabes cómo vivir y respirar en esta nueva concordancia, te conviertes en tu propio hacedor de milagros.

Para ser justos, digamos que Gliedman habla también extensamente de los muchos y distinguidos científicos que adoptan la posición contraria, según la cual no tenemos pruebas de la existencia del alma. Podemos ver en esas personas a miembros de la misma fraternidad que, a lo largo de toda la historia de que tenemos constancia, han declarado que no había pruebas: y así, la vida microscópica no existe, las máquinas voladoras son imposibles y la Tierra no es redonda. Para mí, la existencia del alma no necesita de ninguna validación científica. Yo sé lo que sé acerca de mí mismo y para mí la prueba está en mi propia experiencia. Los metafísicos y los poetas han expresado para mí verdades de especial relieve en relación con la cuestión de la existencia del alma. Escuchad los *Auguries Of Innocence*, de William Blake:

> *Ver el Mundo en un grano de arena*
> *Y el Cielo en una flor silvestre,*
> *Tener el Infinito en la palma de la mano*
> *Y la Eternidad en una hora...*
> *Nos vemos llevados a creer en una mentira*
> *Cuando vemos con y a través de los ojos*
> *Lo que nació en una noche para perecer en una noche*
> *Mientras el Alma dormía en rayos de luz.*

¡Qué magnífica visión! Tener el infinito en la palma de la mano. Efectivamente, nos vemos llevados a creer una gran mentira: que no somos más que estos cuerpos que envejecen. Blake nos recuerda en cambio que nuestra alma, nuestro ser espiritual, no muere ni nace, sino que es eterna y sin forma como un rayo de luz.

Haz que ocupe un lugar destacado en tu pensamiento el hecho de que convertirse en un ser espiritual supone ser capaz de tocar nuestro yo interior y saber que constituye el secreto para nuestra capacidad última de convertirnos en hacedores de milagros. Este yo interior y sin forma es tu imaginación. Albert Einstein, en quien se unían las cualidades del poeta y del científico, resumió esto de manera soberbia: «La imaginación es más importante que el conocimiento». Si examinamos las vidas de las personas que más han influido de entre quienes se han paseado por entre nosotros, descubriremos un hilo que las une a todas ellas. Se han puesto primero del lado de su naturaleza espiritual y, sólo luego, del de su yo físico.

NUESTROS MÁS GRANDES MAESTROS

Todos nuestros grandes maestros sin excepción, así como aquellos que han causado un impacto más grande sobre la humanidad, han sido seres espirituales. No estaban en modo alguno limitados por sus cinco sentidos. Todos los grandes maestros y doctrinas, como son el cristianismo, el budismo, el judaísmo, el Islam, el sufismo y el confucianismo, nos han dejado un mensaje parecido. Penetra en tu interior, descubre tu yo superior e invisible, reconoce a Dios en el amor que hay en ti.

Todos estos maestros espirituales fueron hacedores de milagros. Vinieron para enseñarnos el increíble poder que reside dentro de cada uno de nosotros. Parece irónico que, como personas, hayamos estado obsesionados con aquello que nos divide, con la guerra y la construcción de sistemas cada vez más poderosos destinados a difundir el odio y la muerte, cuando las enseñanzas más influyentes y veneradas del mundo contienen todas un mensaje de amor. Por ejemplo:

Cristianismo: Dios es amor y aquel que se rige por el Amor se rige por Dios, y Dios habita en él.

Budismo: aquel que no ama no conoce a Dios, porque Dios es amor.

Judaísmo: el Amor es el principio y el final de la Torah.

Confucianismo: el Amor pertenece a la alta nobleza del Cielo y es el hogar tranquilo donde debe morar el Hombre.

Sufismo: cuerdos y locos, todos lo buscan a Él heridos de Amor, igual en la mezquita que en el templo o en la iglesia. Porque sólo Dios es el Dios único del Amor. Y el Amor llama desde ellos, que son todos Su hogar.

Convertirse en un ser espiritual equivale a convertirse en un hacedor de milagros y conocer la bendición de la realidad mágica. Hay una enorme diferencia entre las personas no espirituales, o «sólo físicas», y aquellas a quienes yo llamo seres espirituales. Examinemos el siguiente perfil del modo en que estos seres viven con sus yoes invisibles, sus mentes. Si quieres de veras conocer este algo ideal al que yo sigo llamando realidad mágica, tu tarea consiste en ponerte del lado del pensamiento de los seres espirituales.

SERES ESPIRITUALES FRENTE A SERES NO ESPIRITUALES: LOS DOCE RASGOS DE LA ESPIRITUALIDAD

Utilizo los términos espiritual y no espiritual en el sentido de que un ser espiritual tiene un conocimiento consciente tanto de la dimensión física como de la invisible, mientras que el ser no espiritual sólo es consciente del reino de lo físico. Ninguna de estas dos categorías, en el sentido en que yo las utilizo, supone en modo alguno ateísmo u orientación religiosa. La persona no espiritual no es incorrecta ni mala sólo porque viva el mundo sólo de manera física.

Vienen a continuación los «doce rasgos de la espiritualidad», doce creencias y prácticas para que las cultives, al tiempo que desarrollas tu capacidad para hacer aparecer milagros en tu vida. Es totalmente imprescindible que te conviertas en un ser espiritual de acuerdo con estos rasgos si tu propósito en esta vida es la realidad mágica.

1. *El ser no espiritual vive exclusivamente dentro del marco de los cinco sentidos, en la creencia de que si no puede ver, tocar, oler, oír o gustar algo es que ese algo no existe. El ser espiritual sabe que, más allá de sus cinco sentidos físicos, hay otros sentidos con los que se puede experimentar el mundo de la forma*

A medida que trabajas para convertirte en un ser espiritual al mismo tiempo que un ser físico, empiezas a vivir de manera cada vez más consciente dentro del reino invisible del que he hablado en este capítulo. Empiezas a darte cuenta de que hay sentidos más allá de este mundo físico. Aun cuando no seas capaz de percibirlo a través de uno de los cinco sentidos, sabes que eres un alma con un cuerpo y que tu alma carece de límites y desafía al nacimiento y a la muerte. No se rige por ninguna de las reglas y normas que gobiernan el universo físico. Ser espiritual significa permitirse la posibilidad de ser multisensorial. Se abre, pues, todo un universo nuevo. Como dice Gary Zukav en *The Seat of the Soul*: «Las experiencias del hombre multisensorial son menos limitadas que las del hombre pentasensorial. Proporcionan más oportunidades para el crecimiento y el desarrollo y también más oportunidades para eludir dificultades innecesarias».

2. *El ser no espiritual cree que estamos solos en el universo. El ser espiritual sabe que no está nunca solo*

Un ser espiritual se siente cómodo ante la idea de tener a su disposición en todo momento maestros, observadores y guía divina. Si creemos que somos almas con cuerpo y no cuerpos con alma, siempre podremos recurrir a la parte eterna e invisible de nuestro ser en busca de ayuda. Una vez esta creencia está bien asentada y es inconmovible, jamás se puede dudar de ella, sean cuales fueren los argumentos racionales que esgrimen aquellos que viven exclusivamente en el plano físico. Para algunos, esto se llama rezar con intensidad, para otros es Dios, es inteligencia o fuerza universal y omnipresente, y, para otros, es guía espiritual. Lo que importa no es el nombre que demos a este yo superior ni cómo éste se pronuncie ya que está más allá de toda definición, más allá de las etiquetas y del mismo lenguaje.

Para el ser no espiritual, todo esto es bazofia. Aparecemos sobre la Tierra, tenemos una sola vida que vivir y nadie tiene espíritus ni dentro ni fuera a los que recurrir. Para el ser no espiritual es éste un universo puramente físico, y el propósito consiste en manipular y controlar el mundo físico de todas las maneras posibles. El ser espiritual ve en el mundo físico un campo donde crecer y aprender, con el propósito específico de servir y evolucionar hacia niveles más elevados de amor.

Los seres no espirituales aceptan la existencia de un ser supremo o Dios no como una fuerza universal que llevamos dentro, sino como un poder aparte, que un día tiene que pasarnos cuentas. Son seres más temerosos que amorosos. No consideran que cuenten con ayuda o que posean un yo superior, a menos que conozcan el tipo de experiencia directa de una presencia divina de que nos hablan san Pablo o san Francisco de Asís.

Los seres espirituales saben, a través de la experiencia personal de haber estado en contacto con su propia guía divina, que no están solos y que pueden recurrir a esa guía para llegar a hacer milagros en sus vidas.

3. *El ser no espiritual se consagra al poder exterior. El ser espiritual se consagra a la adquisición de poder interior*

El poder exterior se halla en el dominio y en el control sobre el mundo físico. Es el poder de la guerra y del poderío militar, el poder de las leyes y de las organizaciones, el poder de los negocios y de los juegos de Bolsa. Es el poder de controlar todo cuando es externo a uno mismo. El ser no espiritual se consagra a este poder exterior.

El ser espiritual, en cambio, se consagra a elevarse él y elevar a los demás a niveles cada vez más altos de conciencia y realización. El uso de la fuerza sobre otro no entra dentro de lo posible para este ser espiritual. No está interesado en acumular poder, sino en ayudar a otros a vivir en armonía y a experimentar la realidad mágica. Se trata de un poder del amor, de un poder que no juzga. No hay en este poder hostilidad ni ira. El fin está en capacitarse realmente para saber que se puede vivir en el mundo con otros que tengan diferentes puntos de vista y no tener necesidad de controlarlos o vencerlos para hacer de ellos sus víctimas. Un ser espiritual conoce el enorme poder que representa la capacidad de manipular el mundo físico con la mente. Una mente en paz, una mente centrada y no consagrada a hacer daño a los demás es más fuerte que ninguna fuerza física del universo. Toda la filosofía del *aikido* y de las artes marciales de Oriente se basa no en el poder exterior sobre el contrario, sino en convertirse en uno con esa energía externa a fin de eliminar la amenaza. Adquirir poder es el gozo interior de saber que la fuerza exterior no es necesaria para estar en armonía con uno mismo.

El ser no espiritual no conoce otro camino. Hay que estar constantemente preparado para la guerra. Aun cuando los líderes espirituales a los que a menudo rinden pleitesía se manifiesten en contra de ese empleo del poder, el ser no espiritual es incapaz de ver otra alternativa.

El auténtico poder consiste en rendirse a aquello que hay de amoroso, armonioso y bueno en nosotros y no permitir la presencia de enemigos en nuestra conciencia. Se trata de una concordancia con el alma, una concordancia que es nuestra razón misma para estar aquí.

Una vez no necesites ya dominar a los demás, adquirir más posesiones o controlar el entorno que te rodea habrás desplazado tu interés desde el poder exterior al poder interior. Verás que el tener poder interior no te reduce en modo alguno al servilismo ni a ser víctima de los demás. Muy al contrario. Verás que ni siquiera percibes a los demás como agresores potenciales. Rechazarás esas amenazas y, de hecho, ni siquiera las percibirás como tales. Además, la ausencia de la necesidad por tu parte de demostrar cuán grande es tu poder te dará la oportunidad de dar poder a otros.

Cuando llegues a la etapa de dar estarás en concordancia con tu propósito, y te hallarás en el punto desde el que puedes hacer milagros. No pedirás nada de los demás, no porque seas orgulloso u omnipotente, sino porque serás una luz para ti mismo. Así se comporta el ser espiritual, y sólo cuando renuncies a la necesidad de poder exterior y te pongas del lado de tu propósito anímico estarás preparado para la realidad mágica.

4. *El ser no espiritual se siente separado y distinto de todos los demás, un ser para sí mismo. El ser espiritual sabe que está en relación con todos los demás y vive la vida como si cada persona con quien se encuentra compartiera con él la condición humana*

Cuando una persona se siente separada de todos los demás se vuelve egocéntrica y mucho menos preocupada por los problemas ajenos. Quizá se compadezca de las personas que mueren de hambre en otra parte del mundo, pero en su vida cotidiana reaccionará así: «No es problema mío». La personalidad separada, el ser no espiritual, está consagrada básicamente a sus propios problemas y a menudo siente que los demás se interponen en su camino o intentan conseguir lo que él desea, por lo que debe «reducir» al otro antes de que lo reduzcan a él. El ser espiritual sabe que estamos todos relacionados y es capaz de ver la plenitud de Dios en cada persona con la que establece contacto. Este sentimiento de conexión elimina gran parte del conflicto interior que experimenta el ser no espiritual, que juzga constantemente a los demás, los clasifica según su aspecto físico y su conducta y luego busca cómo hallar el modo de ignorarlos o aprovecharse de ellos para su propio beneficio. El hecho de estar relacionados elimina la necesidad de conflicto y confrontación. El saber que la misma fuerza invisible que fluye por su interior fluye a través de todos los demás permite al ser espiritual atenerse realmente a una conducta recta. El ser espiritual piensa: «El modo en que trato a los demás es esencialmente el modo en que me trato a mí mismo, y viceversa» El significado de «Ama a tu prójimo como a ti mismo» está claro para el ser espiritual, mientras que es considerado como una tontería por el ser no espiritual. No es posible el juicio negativo cuando nos sentimos relacionados con todos los demás. El ser espiritual sabe que con sus juicios no puede definir a los demás, sino sólo definirse a sí mismo en tanto que persona que juzga.

La investigación en el campo de la cuántica subatómica revela la existencia de una conexión invisible entre todas las partículas y todos los miembros de una especie determinada. Esta unidad se está demostrando en notables descubrimientos científicos. Los hallazgos muestran que la distancia física, lo que consideramos espacio vacío, no impide una conexión por parte de fuerzas invisibles. Evidentemente, existen conexiones invisibles entre nuestros pensamientos y nuestras acciones. No negamos este hecho, aun cuando esa conexión sea impermeable a nuestros sentidos. El ser no espiritual no puede realizar este salto, pero el ser espiritual sabe que esa fuerza invisible lo pone en relación con todos los demás y, por lo tanto, trata a todos los demás como si fueran parte de sí mismo. Es una cuestión de conocimiento. El ser no espiritual sabe y actúa como si fuera una isla, separado y distinto de los demás, sin relación con ellos. El ser espiritual conoce la verdad que hay en estas famosas líneas de John Donne:

> Ningún ser humano es una isla, cerrada en sí misma, sino que todo hombre es una parte del continente, un pedazo de la tierra firme; si un terrón de tierra es arrastrado por el mar, Europa se ve disminuida, igual que si se tratara de un promontorio, igual que si se tratara de la mansión de tus amigos o de tu propia mansión; la muerte de todo hombre me disminuye, porque yo tengo que ver con la humanidad; no preguntes, pues, nunca por quién doblan las campanas: doblan por ti.

No es posible una mejor descripción del ser espiritual, que se ocupa desde luego de la humanidad y vive su vida cada día de acuerdo con ello. Dicho llanamente, los milagros y la realidad mágica no están al alcance de aquellos que se creen islas en el mar de la humanidad.

5. *El ser no espiritual cree exclusivamente en una interpretación de la vida basada en causas y efectos. El ser espiritual sabe que hay un poder superior que actúa en el universo, más allá de una simple relación de causa y efecto*

El ser no espiritual vive exclusivamente en el mundo físico, donde rigen causa y efecto. Si planta una semilla (causa), verá el resultado (efecto). Si tiene hambre, buscará alimento. Si está airado, se desfogará. Se trata realmente de un modo de pensar y comportarse racional y lógico, ya que la tercera ley del movimiento (por cada acción hay una reacción igual y opuesta) está siempre en funcionamiento en el universo físico.

El ser espiritual va más allá de la física de Newton y vive en un reino totalmente distinto. Sabe que los pensamientos salen de la nada y que, en nuestro estado onírico (una tercera parte del total de nuestra vida física), donde nos hallamos en un estado de pensamiento puro, causa y efecto no desempeñan ningún papel. En el estado onírico podemos tener cuarenta años en un momento determinado y doce al momento siguiente, podemos subir a un coche y volar por encima de nuestro hogar de la infancia. Thoreau resumió muy bien esa experiencia con esta provocativa observación: «Yo no sé distinguir entre la vigilia y el sueño. ¿Acaso no vivimos siempre la vida que imaginamos vivir?».

Así, el ser espiritual sabe que los pensamientos no están sujetos a las leyes de la física clásica y que con nuestros pensamientos creamos la realidad. Cuando se vive puramente de acuerdo con las leyes de causa y efecto, no se puede esperar crear milagros, porque los milagros y la realidad mágica están más allá de la lógica de la física. Los milagros tienen su origen en el poder de nuestra mente y, de este modo, causa y efecto son sustituidos por una creencia en los efectos resultantes de lo que llamamos nada o vacío.

Nuestros pensamientos y creencias son milagros en sí mismos, y las únicas herramientas que tenemos para procesar este mundo físico. Desafían la lógica de causa y efecto, ya que nuestros pensamientos no parecen proceder de ninguna parte; así pues, nuestra capacidad para hacer milagros tiene también su origen en ese lugar divino de la nada. Cuando se necesita una explicación de causa y efecto se es incapaz de entrar en el mundo de la realidad mágica. Nuestros pensamientos, al igual que todos los sonidos que proferimos, proceden del vacío silencioso, y nuestra capacidad para hacer milagros es un poder que tiene su origen en el espacio vacío y silencioso de nuestro auténtico ser.

6. *El ser no espiritual está motivado por el logro, el rendimiento y las adquisiciones. El ser espiritual está motivado por la ética, la serenidad y la calidad de vida*

Para el ser no espiritual, lo importante es aprender con el fin de subir en el escalafón, avanzar y adquirir posesiones. El propósito del deporte es la competición. El éxito se mide por etiquetas externas como la posición, el rango, las cuentas corrientes y las recompensas. Estas cosas, que forman parte importante de nuestra cultura y no son desde luego de despreciar, no constituyen sin embargo el eje en torno al cual se mueve la vida del ser espiritual.

Para el ser espiritual, el éxito se alcanza poniéndose del lado del propio propósito, que no se mide por el rendimiento ni por las adquisiciones. El ser espiritual sabe que estas cosas externas entran en su vida en cantidades suficientes y que llegan como consecuencia de una vida con propósito. El ser espiritual sabe que vivir con un propósito supone servir con amor. La madre Teresa, que ha pasado muchos años de su vida cuidando de los más desposeídos de entre nosotros en los arrabales de Calcuta, definía así el propósito en *For the Love of God*:

El fruto del amor es el servicio, que es compasión activa. La religión no tiene nada que ver con la compasión, lo que importa es nuestro amor a Dios, ya que hemos sido todos creados con el único propósito de amar y ser amados.

La realidad interior y exterior del ser espiritual se experimenta de este o parecido modo. No es necesario convertirse en un santo que cuida de los desheredados para ser espiritual. Lo único que hay que saber es que en la vida hay mucho más que el logro, el rendimiento y las adquisiciones y que la auténtica medida de una vida no estará en lo que se haya acumulado, sino en lo que se haya dado a los demás. El ser espiritual sabe que apareció aquí sin nada material y que se irá del mismo modo. Lo único que puede hacer por tanto es dar de lo que tiene en este instante metafísico que llamamos su vida, su paréntesis en la eternidad. Si bien el ser espiritual puede alcanzar y rendir a altos niveles e incluso adquirir muchas posesiones, el principio organizador que guía su vida no es el de esta motivación. En el centro de su ser está el vivir de una manera ética, moral y serena, en concordancia con un propósito espiritual. No se puede conocer la realidad mágica cuando el objetivo es conseguir más para sí mismo, especialmente si ello es a costa de los demás. Cuando experimentes una sensación de serenidad y calidad en tu vida y sepas que es tu mente la que ha creado ese estado, sabrás también que de ese estado mental surge la magia capaz de hacer milagros.

7. *El ser no espiritual no tiene un lugar en su conciencia para la práctica de la meditación. El ser espiritual no puede imaginar la vida sin ella*

Para el ser no espiritual, la idea de mirarse tranquilamente hacia dentro y estar sentado solo durante un período de tiempo —repitiendo un *mantra*, vaciando la mente y buscando respuestas en concordancia con el yo superior— bordea la locura. Para esta persona, las respuestas se buscan trabajando duro, luchando, perseverando, fijándose metas, alcanzando esas metas para luego fijarse otras y compitiendo en un mundo salvaje.

El ser espiritual conoce el enorme poder de la práctica de la meditación. Sabe que la meditación le vuelve más alerta y le capacita para pensar con mayor claridad. Conoce el efecto muy especial que tiene la meditación en el alivio del estrés y de la tensión. Las personas espirituales saben, porque han estado allí y lo han experimentado de primera mano, que se puede obtener guía divina alcanzando la paz y la tranquilidad y pidiendo respuestas. Saben que son multidimensionales y que es posible utilizar la mente invisible a niveles cada vez más elevados a través de la meditación, o como sea que llamemos a la práctica de quedarse solo y vaciar la mente de los frenéticos pensamientos que ocupan gran parte de la vida cotidiana. Saben que, meditando profundamente, se puede abandonar el cuerpo y entrar en una esfera de magia que constituye un estado tan beatífico como el que pueda proporcionar temporalmente cualquier droga.

El gran científico francés Pascal nos proporciona esta visión: «Todas las desdichas del hombre derivan del hecho de que no es capaz de estar sentado tranquilamente, solo, en una habitación».

Uno de los grandes gozos que proporciona el convertirse en un ser espiritual es el aprender la existencia de este nuevo mundo de los fenómenos. Te sentirás, en efecto, más ligero, más dichoso y también, irónicamente, más productivo que nunca. El ser no espiritual percibe como una huida de la realidad lo que, para el ser espiritual, es una introducción a toda una nueva realidad, una realidad que incluye una apertura en la vida que llevará a los milagros. (En el capítulo 3 se ofrece más información acerca de la meditación, así como algunas técnicas útiles.)

8. *Para el ser no espiritual el concepto de intuición puede reducirse a una corazonada o a un pensamiento azaroso que, ocasional y accidentalmente, le viene a la cabeza. Para el ser espiritual, la intuición es mucho más que una corazonada. La ve como una guía o como la palabra de Dios, y nunca se toma a la ligera o pasa por alto esta percepción interior*

Sabes por propia experiencia que cuando haces caso omiso de tus acicates intuitivos acabas lamentándolo o teniendo que aprender a las duras. Para la persona no espiritual, la intuición es totalmente impredecible y se produce al azar, con ocurrencias puramente fortuitas. A menudo la rehúye o desdeña en favor de un comportamiento habitual. El ser espiritual se esfuerza por ser cada día más consciente de su intuición. Presta atención a los mensajes invisibles y sabe en el fondo de su ser que hay en ellos algo que es mucho más que una simple coincidencia.

Los seres espirituales tienen conciencia del mundo no físico y no se reducen exclusivamente a un universo limitado al funcionamiento de sus cinco sentidos. De ahí que todos los pensamientos, por invisibles que sean, constituyan algo a lo que hay que prestar atención. Pero la intuición es mucho más que un pensamiento acerca de algo, la intuición es casi como si recibiera un suave empujoncito que nos lleva a comportarnos de determinada manera o a eludir algo que puede ser peligroso o insano. Aunque inexplicable, la intuición es realmente un factor en nuestras vidas.

Para la persona no espiritual, la intuición es simplemente una corazonada, no algo a estudiar o a lo que hay que prestar más atención. La persona no espiritual piensa: «Esto pasará. Lo que ocurre es que mi cabeza funciona a veces a tontas y a locas». Para la persona espiritual, estas expresiones intuitivas interiores son casi como sostener un diálogo con Dios.

Yo veo en mis intuiciones, tengan éstas relación con lo que sea, a Dios que me habla. Presto atención cuando «siento algo» con intensidad, y siempre sigo esa inclinación interior. Hubo un tiempo en mi vida en que no le hacía caso, pero ahora he cambiado de actitud, y estos sentimientos intuitivos siempre, siempre, me guían en la dirección del crecimiento y el propósito. A veces mi intuición me dice adónde debo ir a escribir, voy allí y la escritura surge siempre de manera espontánea y fluida. Cuando no he hecho caso de mi intuición, he tenido que luchar como un condenado y he echado la culpa al «bloqueo del escritor». He llegado al punto en que no sólo confío en esa guía cuando quiero escribir, sino que me apoyo en ella en prácticamente todas las áreas de mi vida. He llegado a tener una relación privada con mi intuición: desde lo que debo comer hasta el tema sobre el que debo escribir, pasando por la relación con mi esposa y con los otros miembros de mi familia. Medito sobre ella, confío en ella, la estudio y procuro ser más consciente de ella. Cuando no le hago caso lo pago, y luego me repito a mí mismo la lección para la próxima vez no se me olvide confiar en esa interior.

Imagino que si puedo hablar con Dios y llamar a esto rezar, en la creencia de una presencia divina tan universal, no es ninguna locura que Dios hable conmigo. Todas las personas espirituales de las que tengo noticia comparten un sentimiento similar. La intuición es una guía llena de amor, y esas personas son lo bastante prudentes como para no despreciarla.

9. *El ser no espiritual odia el mal y está decidido a erradicar lo que cree malo. El ser espiritual sabe que todo aquello que odia y combate le debilita y que todo lo que defiende, todo lo que apoya, le da fuerza*

El ser no espiritual está siempre luchando; se pone del lado de los instrumentos de poder en una guerra contra aquello que cree maligno. Esta persona sabe lo que odia, y lo que percibe como males provoca en ella un gran torbellino interior. Gran parte de su energía, tanto mental como física, está consagrada a lo que percibe como malo o malsano.

Los seres espirituales no organizan sus vidas para el combate. No están contra el hambre, están en favor de dar de comer a la gente y ocuparse de que todo el mundo tenga satisfechas sus necesidades alimentarias. Trabajan en aquello de lo que están en favor en lugar de combatir aquello de lo que están en contra. Luchar contra el hambre sólo debilita al que combate y le provoca ira y frustración, mientras que trabajar para que la población esté bien alimentada da poder a la persona. Los seres espirituales no están contra la guerra, sino por la paz, y dedican sus energías a trabajar para la paz. No hacen la guerra a las drogas o a la pobreza, porque las guerras requieren guerreros y combatientes y no es así como se solucionan los problemas. Los seres espirituales están en favor de una juventud bien educada, que sepa cómo estar eufórica, vital y alegre sin necesidad de recurrir a sustancias externas. Trabajan en esta dirección, la de ayudar a los jóvenes a conocer el poder de sus propios mente y cuerpo. No luchan contra nada.

Cuando combates el mal utilizando los métodos del odio y la violencia pasas a formar parte del odio y la violencia del mal, por muy justa que creas tu posición. Si toda la gente del mundo que está contra el terrorismo y la guerra cambiara de perspectiva y pasara a apoyar la paz y trabajar para ella, el terrorismo y la guerra se verían eliminados. Por cada dólar que gastamos en la paz gastamos dos mil en la guerra. En el conjunto del planeta, gastamos aproximadamente veinticinco millones de dólares cada minuto en la industria bélica y en aumentar nuestra capacidad para matar, mientras que, en ese mismo minuto (y cada minuto de cada día), cuarenta niños aproximadamente mueren de hambre. Es como si cada diez minutos se estrellara un Boeing 747 cargado de niños y matara a todos los pasajeros. ¿Cuánto cuesta dar de comer a cuarenta niños? ¿Quién va a dar marcha atrás a estas significativas estadísticas? ¿Los habitantes espirituales de nuestro planeta? ¿O los no espirituales? Por muy convencidos que estemos de que estas cosas son irreversibles, contribuimos al problema en tanto optamos por ser combatientes en lugar de personas que saben lo que defienden y cuál es su propósito aquí en la Tierra, en este breve período de tiempo, y trabajan para dar oportunidades aun viendo que son muchos los que hacen otra cosa.

De algún modo, las prioridades están claras. Los seres espirituales no se ponen del lado del odio. Se consagran con fe a lo que defienden y trasladan esto a la acción. Los seres espirituales mantienen sus ideas de amor y armonía frente a cosas que les gustaría por cambiar. Todo aquello que combatimos nos debilita. Todo aquello que defendemos nos da fuerza. A fin de poder hacer aparecer milagros, debes concentrarte totalmente en aquello que defiendes. La realidad mágica se producirá en tu vida cuando hayas eliminado el odio que pueda haber en ella, incluso el odio que sientas contra el odio.

10. *La persona no espiritual no tienen ningún sentido de responsabilidad en relación con el universo, y no ha desarrollado por lo tanto una veneración por la vida. El ser espiritual siente por la vida una veneración que alcanza a la esencia de todos los seres*

Como dice Zukav, el ser no espiritual cree «que nosotros somos conscientes y el universo no». Cree que su existencia terminará con esta vida y que no es responsable ante el universo. El ser no espiritual se ha vuelto arrogante.

El ser espiritual se comporta sin perder de vista el Dios que existe en toda forma de vida, y tiene un sentimiento de responsabilidad frente al universo. Respeta con fervor esta vida y el hecho de poseer una mente con la cual puede procesar el universo físico. Ese temor reverencial le lleva a mirar hacia fuera, a la vida y al entorno, con un sentido de apreciación y veneración, a comprometerse con la vida misma a un nivel más profundo que el del simple mundo material. Para el ser espiritual, debemos acercarnos a los ciclos de la vida como representantes del infinito, con una deferencia que honre realmente la vida. Es el suyo un enfoque delicado y amable hacia todo cuanto existe en nuestro mundo, un reconocimiento de que la Tierra misma y el universo más allá de ella poseen una conciencia, de que nuestra vida, de alguna manera invisible, está relacionada con toda la vida actual y pasada. La inteligencia invisible que impregna toda forma es parte de nosotros y, así, sentir veneración por toda forma de vida es saber que hay un alma en todo. Esa alma merece ser honrada.

La persona espiritual es consciente de la necesidad de no tomar de la Tierra más de lo necesario y de restituirlo de algún modo al universo para aquellos que habitarán el planeta después de ella. La capacidad de hacer milagros surge de una fuerte veneración por toda forma de vida, incluida la nuestra, y por ello, para conocer la realidad mágica, hay que aprender a pensar y actuar de un modo congruente con nuestro ser espiritual y reverente.

11. *El ser no espiritual se encuentra lleno de resabios, hostilidad y necesidad de venganza. En el corazón del ser espiritual no hay espacio para estos impedimentos a los milagros y a la realidad mágica*

El ser espiritual sabe que todos los maestros espirituales han hablado de la importancia del perdón. He aquí algunos ejemplos sacados de nuestras principales enseñanzas religiosas:

Judaísmo: lo más hermoso que puede hacer un hombre es olvidar el mal.

Cristianismo: Pedro se acercó entonces a él y dijo: «Señor, ¿cuántas veces tendrá que pecar mi hermano contra mí, y yo perdonarlo? ¿Acaso siete veces?». Y Jesús le dijo: «Te digo que no siete veces, sino setenta veces siete».

Islam: perdona al criado setenta veces al día.

Sijismo: allí donde hay perdón está presente Dios.

Taoísmo: recompensa el agravio con bondad.

Budismo: el odio jamás disminuye por el odio, sólo disminuye por el amor:

he aquí una ley eterna.

Para el ser espiritual, es esencial ser capaz de «actuar de acuerdo con las palabras». No podemos profesar una fe determinada y luego comportarnos de manera incongruente con sus enseñanzas. El perdón es un acto del corazón. (Todo un capítulo de *La fuerza de creer* está dedicado a esta cuestión.)

Si llenas tu yo interior e invisible de amargura y deseo de venganza hacia los demás, no quedará en él espacio para la armonía y el amor necesarios para experimentar la realidad mágica en tu vida. De una postura de odio hacia los demás saldrá más odio y falta de armonía. Es evidente que no se pueden manifestar milagros en ningún área de la vida cuando se está inmerso en una negatividad tan grande como son el odio y el deseo de venganza hacia una persona o una cosa. Perdonar a los demás es el componente esencial de una de las oraciones más citadas de la religión cristiana: «Perdónanos nuestras deudas así como nosotros perdonamos a nuestros deudores». El ser espiritual sabe que esto no son simplemente palabras vacías para recitar en un ritual antes de acostarse. Constituyen, en efecto, un ingrediente necesario para convertirse en un ser espiritual.

12. *El ser no espiritual cree que hay limitaciones reales y, aunque pueda haber pruebas de la existencia de los milagros, las ven como acontecimientos fortuitos que viven algunos afortunados. El ser espiritual cree en los milagros y en su propia capacidad única para ser guiado con amor y conocer un mundo de realidad mágica*

El ser espiritual sabe que los milagros son muy reales. Cree que las fuerzas que han creado milagros para otros siguen presentes en el universo y se pueden utilizar. El ser no espiritual tiene una visión totalmente distinta de los milagros. Los considera como accidentes y, por lo tanto, no tiene ninguna fe en su propia capacidad para participar en el proceso de hacer milagros.

Estos doce rasgos de la espiritualidad requieren muy poco por tu parte. No son difíciles de entender ni requieren una preparación o adoctrinamiento largos por tu parte. Pueden alcanzarse en este mismo instante en que estás leyendo.

El proceso que lleva a la conversión en un ser espiritual tiene lugar en ese yo invisible del que he hablado. Independientemente de cómo hubieras elegido ser hasta el momento, trabajar para convertirte en un ser espiritual puede ser ahora tu elección concreta. No necesitas adoptar unos principios religiosos específicos ni sufrir una transformación religiosa; sólo tienes que decidir: «Así es como me gustaría vivir el resto de mi vida». Con esta forma de compromiso interior estarás en el camino.

Sin embargo, es muy importante que sepas que la realidad mágica es totalmente inalcanzable para aquellos que eligen la vida no espiritual. La capacidad de hacer que sucedan milagros es básicamente resultado del lado en el que te alinees, del modo en que decidas utilizar tu mente y de la fe que tengas en tu capacidad para utilizarla de modo que ello incida en el mundo físico.

Doy a continuación un breve resumen de los doce rasgos de la espiritualidad. Consúltalo a menudo y sepas que la diferencia entre ser espiritual y no espiritual no se halla en tu forma material ni en las circunstancias físicas de tu vida. Se halla situada dentro de la dimensión invisible de tu ser.

ALGUNAS SUGERENCIAS PARA CONVERTIRSE EN UN SER ESPIRITUAL

Recuerda, ¡el antepasado de toda acción es el pensamiento! He aquí algunas sugerencias prácticas para entrar en contacto contigo mismo en tanto que ser espiritual.

- *Para demostrarte que eres algo más que un ser con cinco sentidos*, toma nota de todas las cosas que experimentes dentro de ti y que estén más allá de los sentidos del gusto, de la vista, del oído, del olfato y del tacto. Lleva durante un día un diario de tu pensamiento y toma nota de las percepciones de tu mundo interior. Observa cualesquiera corazonadas intuitivas y toma nota de ellas para tu satisfacción personal. Siguiendo la pista de tus acciones en el mundo físico aprenderás que eres un ser físico, pero siguiendo la pista de lo que ha provocado esa acción verás que tus acciones proceden de algo que no es en absoluto físico.

Ser espiritual	Ser no espiritual
1. Utiliza el pensamiento multidimensional	Sus creencias y pensamientos se limitan a los cinco sentidos
2. Cree en la posibilidad de ser guiado con amor	Cree que estamos siempre solos
3. Se consagra al auténtico poder interior	Se consagra a la consecución de poder exterior
4. Se siente en relación con toda la humanidad	Se siente separado de todos los demás
5. Conoce una dimensión más allá de la causa y efecto	Cree en la causa y efecto
6. Motivado por la ética, la serenidad y la calidad de vida	Motivado por el logro, el rendimiento y las adquisiciones

Ser espiritual	Ser no espiritual
7. Practica la meditación	Rechaza la meditación
8. Ve en la intuición la palabra de Dios	Ve en la intuición corazonadas impredecibles
9. Ve la respuesta violenta al mal como una participación en dicho mal. Se consagra a aquello que defiende	Odia el mal y lucha contra él. Se consagra a aquello que combate
10. Tiene sentido de responsabilidad con y de pertenencia al universo. Siente un respeto reverencial por el hecho de hallarse aquí	No tiene sentido de responsabilidad con o de pertenencia al universo
11. Vive una vida de perdición	Guarda rencor y busca la venganza por lo que considera agravios
12. Cree en la capacidad de manifestar milagros	Los milagros son acontecimientos impredecibles y afortunados

• *Para que te ayude a conocerte como ser multisensorial, pon a prueba* el poder de tu mente con algo que te parezca difícil. Imagínate haciendo algo como puede ser mejorar un golpe de golf, no beber en un cóctel, hacer *jogging* durante media hora, preparar por primera vez un pastel al horno o pasar el sábado por la tarde en el cine con tu hija de cinco años. Imagina cualquier cosa que te parezca inusitada o difícil de realizar para ti. Créate una imagen mental en la que estés tú realizando esa tarea difícil. Descríbela detalladamente por escrito o grábala en una cinta. Haz esto varias veces y ve si puedes luego manifestar la visión en tu mundo físico. Cuando lo consigas habrás atravesado el límite de tus cinco sentidos. La imagen está más allá de tus sentidos y es invisible a ellos, y la acción procede de esa parte invisible de tu ser. Llega a conocer esa parte superior de ti mismo que desea realmente trascender los muchos límites en los que crees cuando funcionas exclusivamente como ser con cinco sentidos.

• *Para conocer la realidad de tu mundo invisible,* cuestiona la pura prueba física que te muestran tus cinco sentidos. Tus sentidos te dicen que el mundo es plano, y esto es una ilusión. Tus sentidos te dicen que el mundo está quieto y eres tú quien se mueve sobre él. Pero tú sabes que el mundo viaja a velocidades pasmosas, girando sobre su eje y atravesando miles de kilómetros por el espacio cada hora. Tus objetos te dicen que son sólidos, pero echa una mirada a través del microscopio y verás que esos objetos son espacio vacío y una danzante actividad. Confiar en las limitaciones de tus sentidos es vivir una ilusión. Conoce la realidad de tu mundo invisible empezando a cuestionar la pura prueba física aportada por tus cinco sentidos. Comprueba en qué medida tus cinco sentidos te engañan acerca de tu propia realidad y luego pregúntate por qué depositas tanta fe en esos sentidos.

• *Para establecer contacto con una guía divina o espiritual*, deja en suspenso por un día tu escepticismo. Regálate un lugar tranquilo y una hora de tranquilidad para ti solo. Inicia este experimento sin escepticismo ni dudas. Pide ayuda en un área que te preocupe y esfuérzate por vaciar tu mente de cualesquiera pensamientos que puedan distraerte. Ve si eres capaz de crear una imagen en la que te encuentres recibiendo ayuda de un guía que se ocupe de ti y desee ofrecerte amor. En este estado de tranquilidad, con la mente vacía de distracciones, sabrás en tu interior que la respuesta que buscas está en camino y que no estás solo. Debes saberlo, y sentirte a ti mismo recibiendo esa ayuda. No te pido que oigas voces o veas apariciones, sino simplemente que te sientas muy, muy en paz. Lleva un registro de lo que sientes al término de esa hora y de las corazonadas que hayas tenido, o de la ayuda que hayas recibido. Puedo garantizarte que, si haces de esto un hábito regular, empezarás a acudir a ese mágico lugar interior de manera regular y recibirás la guía que antes se mostraba tan evasiva.

¡Adelante, pruébalo! No es preciso que le cuentes a nadie lo que intentas hacer. Estarás estableciendo un contacto directo con tu yo interior, con esa inteligencia divina que te acompaña siempre por mucha resistencia que se le ofrezca.

• *Para conectar con esa dimensión invisible que llamamos muerte*, sigue la pista de tus sueños durante un breve tiempo, en especial de esos sueños en los que estabas en presencia de alguien que formó parte de tu vida pero que ahora ya no está. Cuando vayas a acostarte y entres en el mundo invisible del pensamiento, en el que creas con tu mente todos los personajes que deberán aparecer en tu sueño, recuérdate a ti mismo que nadie muere, que sólo la forma cambia. Sé entonces consciente de la guía que esa aparición en tu sueño te haya proporcionado. Deberás estar dispuesto a conversar con ese alma en tu estado onírico sin forma. Hazle preguntas y comprueba por ti mismo que posees la capacidad humana necesaria para ello. Si, efectivamente, somos almas con cuerpo y no cuerpos con alma, es que todas las almas siguen viviendo después de lo que llamamos muerte en una dimensión invisible. Esas almas aparecerán como algo muy real y muy vivo, mientras te halles en tu dimensión invisible y sin forma de pensamiento puro.

Cuando seas capaz de establecer contacto con esas almas en tus sueños y de experimentar lo real de su presencia, verás que el envejecimiento y la muerte son realidades sólo para el mundo de los cinco sentidos. Una vez sepas esto y hayas establecido ese contacto, serás consciente de tu propia inmortalidad y tendrás una visión totalmente nueva de la muerte. Sabrás en el corazón que esos a quienes has querido y que ya no están no han desaparecido en verdad de tu vida. Están ahí y puedes disponer de ellos. Ábrete y disponte a ese contacto, y lo experimentarás junto con toda la guía que puede proporcionarte.

• *Para ampliar el sentimiento de que hay una guía en tu vida*, empieza por saber que no es necesario dormir para establecer contacto con un alma. Si eres capaz de establecer contacto con la dimensión invisible en tu sueño, trabaja la creencia de que esa misma conexión, esa misma guía amorosa, está a tu disposición para cuando decidas reconocerla. Empezarás a buscar esa guía con mayor frecuencia y con menos dudas. La oración adoptará un nuevo significado. No será un ritual de comunicación silenciosa y unilateral. Se convertirá en una transformación práctica en la que llevarás a tu cerebro a un estado superior y participarás literalmente con Dios en las idas y venidas de tu vida. Escucha en silencio y está dispuesto a oír comunicaciones que vendrán hacia ti en forma de sentimientos abrumadores. Muéstrate agradecido y apreciativo por cualquier ayuda que puedas recibir. Haz siempre la pregunta: «¿Cómo puedo ayudarte a ti y a otros en la solución de esta cuestión a la que me enfrento?». Si en tus comunicaciones interiores te concentras en ayudar a los demás y en seguir fiel a tu propósito, recibirás realmente las respuestas que buscas.

• *Para hallar modelos y compañeros para tu viaje*, lee acerca de las experiencias personales de las personas a las que admiras. Al hacerlo, busca la dimensión espiritual de sus viajes personales. Hallarás invariablemente que las personas a las que más admiras suelen entrar en sí mismas en momentos de dificultad y han recibido en su momento la guía y la ayuda que buscaban. Los grandes científicos manifiestan a menudo sentir una especial conexión espiritual con guías interiores en el curso de su carrera. La mayoría de autobiografías muestran que las personas de gran éxito atribuyen ese éxito al establecimiento de una conexión con una parte superior de sí mismos y a que han sentido la presencia de una ayuda divina en momentos muy angustiosos de su vida. Ya sean estos héroes atletas, escritores, sacerdotes, astronautas, músicos, artistas, hombres de negocios u otra cosa, prácticamente todos los líderes realmente inspirados en su campo han alcanzado un punto en su vida en el que se sentían guiados. Sabían que no estaban solos y empezaron a confiar en la guía divina para alcanzar niveles que no creían poder conseguir de otro modo.

Una vez sepas que la mayoría de personas que alcanzan los niveles más elevados de éxito en sus campos profesionales ha sentido eso mismo, no te resultará tan trabajoso admitírtelo a ti mismo, e incluso lo buscarás. Pronto, como yo, saldrás «a la luz pública». En cuanto a aquellos que consideren esto absurdo y «exagerado», dales tu amor y concéntrate en tu propósito. Su camino actual es el escepticismo, como lo fue el mío y el tuyo. Queda en paz.

• *Para aprender nuevos modos de relacionarte con los demás*, examina tu conducta hacia aquellas personas de tu vida a quienes sientes la necesidad de dominar o controlar. Ya se trate de la esposa, de los niños, de los colegas, de los empleados, de las secretarias, del personal de servicio, etcétera, procura poco a poco relacionarte con ellos de manera distinta mirando más allá de su forma física hasta ver en ellos la plenitud de Dios. Es éste un gran ejercicio para pasar a una conciencia espiritual, ya que no habrá en ti la necesidad de controlar, juzgar o dominar. Por el contrario, estarás intentando otorgar poder a aquellos a quienes antes veías como subordinados tuyos. Una vez empieces a ver más allá de la forma física de quienes te rodean, empezarás a entrar en relación con esa misma fuerza invisible que fluye a través de ti y de ellos.

Yo empecé a hacer esto con mis hijos hace muchos años. Intento ver los afectuosos pensamientos que hay detrás de sus acciones, ver más allá de sus rostros y de sus pequeños seres para contemplar el alma que albergan dentro de su cuerpecito. Cuando desaparece en mí la necesidad de tener poder y control, doy poder a mis hijos para que controlen ellos sus propias vidas y veo en ellos lo que en realidad son:

pequeñas almas con cuerpo, que también tienen una finalidad por la que están aquí. Cuando desaparece en mí la necesidad de dominar a alguien ayudo a esa persona a seguir adelante con su propósito en la vida, mientras yo permanezco fiel también a mi propósito.

• *Para practicar una vida que no esté consagrada al control*, intenta ayudar a alguien a hacer algo por sí mismo en lugar de lo que hacías antes, darle instrucciones sobre el modo de hacerlo. En lugar de darle una orden, intenta hacerle esta pregunta: «¿Qué hace falta para que demuestres que puedes hacerlo tú mismo?», y luego di: «Trabajemos juntos para que sea así». Una simple oferta de ayuda en lugar de una toma de control o de una orden infundirá en ti auténtico poder, en lugar de que tengas que confiar en métodos de poder externos. Esto será especialmente útil cuando puedas ayudar a alguien con quien tengas un conflicto.

La mayoría de conflictos surgen de la necesidad de controlar a alguien o de demostrar que tú tienes razón y la otra persona se equivoca. Si eres capaz de renunciar a la necesidad de este control, así como a la necesidad de tener razón sólo por una vez en tu sesión privada de práctica, serás capaz de otorgar crédito a la otra persona de manera irrepectible. La renuncia a la necesidad de dominar es esencial para ser una persona espiritual. Sustituye la búsqueda de poder externo por un auténtico y genuino poder, cual es la capacidad de dar poder a otros para que tomen el control de sus propias vidas.

• *Para demostrarte que no estás solo*, imagínate conectado por hilos invisibles a todo el mundo con quien te encuentres. Verás que cuando te desplaces hacia la derecha, aquellos a quienes estás conectado se desplazan también hacia la derecha. Cuando empujes, se tambalearán. Así pues, cuando te encuentres con otra persona, imagina esa conexión. Empezarás de este modo a tratar a los demás como si formaran realmente parte de ti. Tenderás a ofrecer amor y ayuda en lugar de a sentir enemistad y competitividad.

Siempre me ha encantado la historia del hombre a quien se ofreció una visita al cielo y al infierno. En el infierno vio un gran caldero de sopa. Los únicos utensilios eran una serie de enormes cucharas. Sin embargo, todos los mangos eran más largos que los brazos de las personas, lo que no permitía a éstas alimentarse. Todo el mundo estaba en diferentes etapas de muerte por inanición, ya que no podían doblar el brazo. En el cielo, el hombre vio una escena idéntica. Sin embargo, todo el mundo estaba sonriente y evidentemente bien alimentado. Cuando el hombre preguntó, su guía le dijo: «Oh, en el cielo la gente ha aprendido a alimentarse una a la otra». Siempre encuentras tu propósito en el dar a los demás. Es el cielo en la Tierra.

• *Para darte cuenta de en qué medida se te ha enseñado a odiar*, empieza por reelaborar el concepto de enemigo y odio. Toma nota mentalmente de todos los pueblos a quienes consideras como enemigos. Date cuenta de que se te ha enseñado a quién odiar, y de que estas lecciones son sólo consecuencia del accidente geográfico de tu nacimiento. En los últimos años, se dijo a los occidentales que odiaran a los iraníes; luego, éstos pasaron a ser nuestros amigos oficiales; luego los iraquíes, que eran anteriormente nuestros amigos, pasaron a ser enemigos.

Esto sigue y sigue, y son muy pocas las personas que llegan a comprender este simple mensaje: el enemigo es el odio en sí. Líbrate de este odio y de esa lista de pueblos a quienes se te ha dicho que odiaras, y busca la armonía. Una vez te conozcas y sientas amor por dentro, sólo ofrecerás armonía a todas las personas, aun cuando se te hubiera dicho que debías odiarlas. De hecho, nunca formarás parte de esa gran masa de gentes tan dispuestas a odiar y a matar con la sola base de lo que sus líderes gubernamentales les han hecho creer.

Intenta imaginar que todo el mundo —sí, todas las personas, sea cual fuere el bando que defiendan en una cuestión— sabe que no se puede elegir el lado del que se está cuando se vive en un planeta redondo. Imagina que todas las personas se niegan a odiar o a tener lo que llamamos enemigos. Tú puedes ser uno de los que ayudan al mundo a alcanzar la paz negándote a tener tu lista de odios y viendo a cualquier miembro de cualquier conflicto como una víctima. Esto no significa que debas ser víctima de las malas acciones de otros. Sólo significa que no debes abrigar odio y muerte en el corazón. Debes entender que estamos todos relacionados. Cuando prodigas ira y odio, no sólo estás dañando a tu supuesto enemigo sino a ti mismo y a toda la humanidad. Si este mensaje te turba, recuerda que constituye la base de todas las religiones y que ha sido alentado por todos los maestros espirituales desde el comienzo de la historia escrita.

• *Para ponerte en contacto con el universo no físico*, familiarízate con el concepto de la nada. Tus pensamientos proceden del espacio vacío y silencioso de tu mente. De la nada a un pensamiento. A partir del silencio, emites de repente un sonido. Efecto sin causa, en el sentido puramente físico. Date un tiempo de contacto con este fenómeno de la nada. Intenta vaciar tu mente de pensamientos y luego observa mientras éstos surgen. Una vez sepas que hay una dimensión más allá del mundo de la forma que no obedece a las leyes del movimiento, podrás aceptar el mundo inmaterial. Debes demostrarte de algún modo que puede crearse cualquier cosa a partir de la nada y que esto, de hecho, ocurre constantemente. Los milagros no precisan de una causa física, pero debes familiarizarte con esta idea permitiéndote experimentar el fenómeno que consiste en la aparición de «algo a partir de la nada». Podrás lograr esto cuando te des cuenta de que tú mismo eres en realidad y casi en tu totalidad espacio vacío. Examinando tu cuerpo con un microscopio de alta potencia podrás ver que tu cuerpo físico no es más que partículas separadas por espacio vacío. Con un microscopio aún más potente descubrirás que esas partículas están a su vez subdivididas en otras partículas que fluctúan separadas por un espacio. Visto desde una perspectiva distinta, casi todo cuanto consideras tu cuerpo físico es espacio vacío. Así pues, tu mente constituye una gran lección en lo que hemos venido en llamar la nada.

Familiarízate con este concepto de la nada y te hallarás en un lugar desde donde puedes crear milagros. Sigue la pista de tus pensamientos durante una parte del día y recuérdate que no tienen nada que ver con lo que llamas causa y efecto. ¿De dónde vienen? Una vez te familiarices con esta idea, serás capaz también de ver milagros procedentes de ese mismo «lugar».

• *Para ponerte en contacto con tu yo inmaterial*, apártate del mundo físico durante un breve período de tiempo. Si te es posible, practica la inmersión en un depósito de privación sensorial, en el que perderás todo contacto con tus sentidos y experimentarás sólo la nada de tu mente. Si no tienes acceso a una instalación semejante en tu lugar de residencia, entonces, tranquilamente, dentro de tu mente, libérate de cada uno de tus sentidos en este ejercicio. Sin tacto, sin gusto, sin oído, sin vista, sin olfato. Cuando te hayas liberado de estos sentidos (como ocurre todas las noches al dormir), observa lo que le ocurre a tu cuerpo. Cuanto más te sea posible librarte de tu dependencia del cuerpo a través de tu mente omnisciente y todopoderosa, menos utilizarás tu estado físico como medio de evaluar tu vida. Se llama a esto entrar en contacto con el auténtico yo, el yo invisible, y constituye la clave para convertirse en un ser espiritual.

• *Para concentrarte en el propósito y no en los resultados*, haz que tu mente, tu cuerpo y tu alma se hallen unidos en el propósito en el momento de tu actividad. Seis millones de personas juegan al tenis todos los días en Norteamérica. Tres millones de ellas no ganan. ¿Significa esto que hay todos los días tres millones de perdedores? En todas tus actividades, detente un instante y pregúntate: «¿Por qué hago esto, en realidad?». Verás que el resultado (ganar, la recompensa) es tan fugaz como los momentos en que participas en esa actividad. Atente al propósito en todas tus actividades en lugar de concentrarte en la recompensa final. Las ganancias o las pérdidas llegarán de todos modos, pero verás que viajas con el piloto automático puesto. Aunque por un rato estés parado, acabarás accediendo automáticamente a un nivel superior. Deslígate del resultado de tus acciones y, paradójicamente, tu nivel de rendimiento aumentará.

• *Para librarte de la preocupación por cosas insignificantes*, replantéate tu actitud en relación con las posesiones. Haz un inventario de cuanto posees. ¿Hay en ese inventario algo por lo que estarías dispuesto a morir? Piensa ahora en tus valores, en tus ideales y en tus seres queridos y hazte la misma pregunta. Tú sabes cuáles son tus prioridades, todas ellas relacionadas con lo que piensas y crees, y no con lo que posees. Deslígate de esas posesiones y da un propósito a tu vida, lo cual equivale a hacer que los pensamientos y acciones diarios de tu vida vayan encaminados hacia aquello que te importa de verdad. Estás aquí por un motivo, que no es el de acumular un montón de cosas materiales. Viniste aquí sin esas cosas y pronto te irás sin ninguna de ellas. Lo que perdurará es el modo en que hayas servido a tus ideales y a aquellos con quienes has entrado en contacto. Sé fiel a ese propósito y verás cómo, automáticamente, empiezas a dar un enfoque espiritual a tu vida.

• *Para conducirte en un plano espiritual*, empieza por vivir de día en día haciendo hincapié en la ética y no en las normas. Haz un inventario de todas las normas que con tanto fervor sigues. En lugar de intentar conducirte de acuerdo con las normas de otro, procura tener un «día ético» para ti. Basa toda tu conducta —incluidos la comida, el vestido, el trabajo, la vida hogareña y todo lo que hagas ese día— en la ética y no en las normas. Pregúntate qué es lo que debes hacer desde un punto de vista moral y afectivo, teniendo en cuenta tu propósito y no qué dicen las normas. De este modo, tu conciencia se alejará de los resultados y se encaminará hacia el propósito. Ten en cuenta que algunas de las conductas humanas más despreciables han tenido lugar en nombre de esta idea: «Sólo sigo las leyes». Las leyes decían que los negros debían sentarse en la parte trasera del autobús, las leyes decían que las mujeres no podían votar y las leyes decían que estaba bien poseer una metralleta. La gente que vive de acuerdo con una ética se ha apartado de esas normas arcaicas que sólo crean víctimas. Tú debes hacer lo mismo. Por un día. Deja a un lado las normas y vive éticamente, digan lo que digan estas normas.

• *Para estar más en paz contigo mismo y con el mundo*, tómate un rato de tranquilidad y soledad al día durante una semana. Esto es de una importancia extrema, y probablemente te resulte difícil. Yo te animo a que te hagas este maravilloso regalo al mismo tiempo que te regalas un billete para la realidad mágica. El mejor momento es a primeras horas de la mañana, después de una rápida ducha y antes que los demás se levanten. Tómate media hora de soledad, entra plácidamente en tu interior y tranquiliza tu mente. Siéntate en una postura cómoda, cierra los ojos y concéntrate en vaciar tu mente y cobrar una intensa conciencia de tu respiración Pronto observarás que te embarga la paz y, aun cuando no consigas nada más, comprobarás que ello te ayuda enormemente a reducir el estrés y la tensión de tus días. Si sigues este y algunos de los consejos de los que hablaré en el siguiente capítulo, te garantizo absolutamente, sin lugar a dudas, que descubrirás una parte de ti mismo que te proporcionará toda la amorosa guía que puedas necesitar en cualquier área de tu vida. Más que ninguna otra cosa, la meditación romperá la ilusión de separación.

• *Para favorecer tu intuición y cultivarla al mismo tiempo*, trata esos acicates interiores que surgen en tu mente como invitados bien recibidos en lugar de decir que no son nada más que corazonadas fortuitas. Intenta hacer una pausa durante el próximo episodio intuitivo, trate éste de lo que trate, y toma nota mentalmente de lo que está ocurriendo. Ahora en lugar de despreciarla o hacerla a un lado, pregunta a esa parte intuitiva de tu ser: «¿Por qué me empuja mi mente en esa dirección?». Desarrolla un diálogo con esa voz intuitiva y toma nota de lo que de resultas de él aprendes, o de lo que ocurre en los siguientes días. Aprendiendo a tener diálogos interiores aprenderás a confiar en tu intuición y, en última instancia, a descubrir su amorosa presencia y la valiosa contribución que hace a tu mente. Analiza esta antigua historia:

> Dos monjes estaban discutiendo acerca del estandarte del templo. Uno decía que el estandarte se movía y el otro decía que se movía el viento. El maestro Eno... oyó la conversación y dijo: «No es ni el viento ni el estandarte, es vuestra mente la que se mueve». Los monjes se quedaron sin habla.

La próxima vez que tengas una idea intuitiva y estés a punto de hacerla a un lado, opta en cambio por seguirla. Debes aprender a cultivar el hábito de confiar en tu intuición. Observa el resultado de esa acción intuitiva. Empieza a observar todos los resultados beneficiosos que aporta a tu vida el seguir tu voz intuitiva. Esas conversaciones interiores, esos debates acerca de lo que debes hacer y del curso que debes tomar, pueden resolverse preguntando simplemente: «¿Cuál es la elección que se aviene con mi propósito?». Sigue entonces esa dirección paso a paso. Pronto tu intuición será tu compañera más fiable, una compañía que valorarás y celebrarás cuando aparezca en tu mente.

• *Para concentrarte en aquello que defiendes en la vida y no en aquello a lo que te opones,* haz un inventario de todo aquello a lo que te opones en la vida y luego haz una nueva lista que refleje aquello que defiendes. En lugar de combatir el mal, defiende el amor. En lugar de luchar contra el hecho de que tu hijo tenga malos hábitos de estudio, defiende el que sea un joven autodisciplinado. A medida que apartes tu pensamiento de aquello a lo que te opones, tu inclinación dejará de combatir esas cosas y apoyará las de tu lista «a favor». Es éste un método excelente para eliminar gran parte del torbellino y el estrés interiores que revela tu lista de «enemigos». Recuerda que todo aquello que combates te debilita y todo aquello que defiendes te da fuerza.

• *Para desarrollar una actitud amorosa y enriquecedora hacia ti mismo*, define ahora de manera afirmativa y positiva todo cuanto te desagrada acerca de tu modo de ser. En lugar de atacar tu pereza, defiende el tener más energía. Defendiendo tu energía tomarás acciones para corregir tu pereza. Luchando contra tu pereza sólo estarás enfadado y furioso contigo mismo, y debilitarás así tu resolución con vistas a un cambio. Esto puede aplicarse a la gordura, a las adicciones, al conjunto de tus problemas fisiológicos y a todas tus «malas costumbres». Defínelas de nuevo en función de lo que te gusta y de aquello de lo que eres capaz y te facultarás automáticamente a ti mismo para corregirlas.

• *Para entrar en un estado de iluminación*, pasa algún tiempo cada día en estado de asombro. Sí: en completo, total asombro. Da las gracias por tu hígado, por tus manos, por tu cerebro y por tu mente invisible, incomprensiblemente digna de asombro. Asómbrate ante el hecho de haber aparecido en este mundo, en especial teniendo en cuenta las posibilidades matemáticas. Observa las funciones de tu cuerpo y los billones de células que trabajan juntas para hacer que siga en marcha. Este sentido del asombro es algo que debes practicar a diario. El aire que respiras, el agua cuya existencia das por sentada, el alimento que crece a partir de semillas infinitesimales y te nutre. La atmósfera, el ozono, todo. Muestra tu agradecimiento y tu consideración y ten también un sentido de responsabilidad en relación con el universo. Trata toda la vida con veneración y respeto, y sabe que toda ella funciona con un propósito. Unos minutos al día en total asombro contribuirán a tu despertar espiritual más que ningún curso sobre metafísica. La iluminación no es más que la callada aceptación y consideración de lo que es. Puedes en este mismo instante entrar en ese estado mental agradeciendo la mente y las herramientas gracias a las cuales lees estas palabras y dándote cuenta de cuán magníficamente funcionan. Debes sentir asombro e iluminación. Cuando llegues a la iluminación, los milagros serán algo natural en tu vida.

• *Para dejar atrás la ira y la amargura*, aísla en tu mente a una persona que sientas te ha agraviado en algún momento de tu vida, alguien que no haya pagado una deuda vencida hace mucho tiempo. Quizás un esposo o una esposa que te abandonó o agravió de alguna manera, un padre o una madre o un viejo amor que te dejó plantado.

Aísla a esta persona en tu pensamiento. Ahora, por unos instantes, en lugar de sentir odio y amargura, intenta imaginar que le prodigas amor. Intenta captar la idea de que entraron en tu vida para ayudarte a aprender una lección y de que, por dolorosa que fuera esa lección, aparecieron en tu vida con una intencionalidad. Cuando seas capaz de prodigarles amor en lugar de odio, no sólo estarás en proceso de curación, sino que habrás emprendido el camino que lleva hacia el ser espiritual.

Piensa en el mal que se te ha hecho como si se tratara de una mordedura de serpiente. Cuando te muerde una serpiente, son dos las fuentes de dolor. Una es la mordedura en sí, y ahí no hay vuelta atrás. Ocurrió, dolió y tienes la señal que lo demuestra. Partes entonces de ahí y aprendes a eludir a las serpientes en tu vida. La segunda fuente de dolor es el veneno que circula ahora por tu organismo. Éste es el que mata. Nadie ha muerto nunca de una mordedura de serpiente, lo fatal es el posterior ataque por parte del veneno que circula por el cuerpo. Lo mismo ocurre con el odio y con el perdón. El hecho ocurrió. No puedes hacer marcha atrás en tu mundo físico. Pero lo que mata son el odio y la ira que siguen circulando por tu organismo como si fueran veneno, mucho después de que la herida de la mordedura haya sanado y desaparecido. Tú, y sólo tú, tienes el poder de expulsar este veneno de tu cuerpo; el que siga presente dentro de ti es elección tuya. Recuerda las sabias palabras de Buda: «No serás castigado por tu ira, pero la ira te castigará». No podrás experimentar la capacidad de hacer milagros si tus entrañas están envenenadas por la amargura hacia los demás.

Empieza por afirmar hoy mismo: «Sé que tengo dentro de mí el poder de crear una vida de realización y gozo. Soy un milagro y, por lo tanto, un creador de milagros». Un mensaje primordial de este capítulo es el que explica cómo pasar a ser un ser espiritual con experiencia humana en lugar de un ser humano con experiencia espiritual. Este capítulo puede también resumirse en las palabras de un hombre sencillo que recorrió el país a comienzos del siglo veinte propagando la sabiduría popular. He aquí lo que nos recordaba a todos Will Rogers: «Vive de tal modo que no te avergüence ofrecer el loro de la familia al chismorreo de la calle». ¡Un buen consejo espiritual, ciertamente!

3

Cómo crear un esquema mental favorable a los milagros

Nuestra causa es nueva,
nuevo pues debe ser
nuestro modo de pensar y de actuar.

ABRAHAM LINCOLN

La tarea final en el viaje hacia la realidad mágica es la de poner a tu mente, a tu yo invisible, en el camino que lleva a los milagros. En el capítulo precedente hemos examinado la idea de un universo con propósito y de ti en tanto que entidad con un propósito dentro de ese universo. Has examinado el modo de poner tus pensamientos y acciones del lado del propósito divino que te ha traído desde un estado sin forma en la eternidad a este mundo de forma. Tu conciencia reconocerá ahora también la existencia de una guía amorosa, que está a tu disposición y que sólo necesitas saber utilizar sabiamente. Tal vez entiendas las palabras de Hazrat Inayat Jan cuando dijo: «El místico hace algo más que citar escrituras, no sólo dice "busca primero el reino de Dios", sino que su vida entera está inmersa en esa búsqueda».

Se trata de un embebimiento vital total que, sin embargo, no supone que haya que retirarse del mundo o cambiar de vida o de situación laboral. Lo que sí vas a cambiar es esa realidad invisible que es únicamente tuya.

Lo que sigue en este capítulo es una guía para que cambies de esquema mental a fin de experimentar un mundo donde la realidad mágica no sólo sea posible sino que constituya tu derecho de nacimiento. Con este cambio, el hacer milagros se convertirá en algo no sólo en lo que creerás sino que manifestarás en tu vida cotidiana. Yo he estudiado y pasado tiempo con personas a quienes considero como hacedores de milagros, y sé por sus experiencias y las mías que éste es el paradigma de la mente que una y otra vez crea ese esquema mental milagroso.

CATORCE CLAVES PARA CREAR UN ESQUEMA MENTAL MILAGROSO

He aquí catorce claves para crear un entorno en el que puedan florecer los milagros y la realidad mágica. Aunque se trata en realidad de intenciones para tu mente, esa parte invisible de tu ser, hay cosas reales y específicas que puedes practicar también. Después de cada clave doy una lista de sugerencias para poner en práctica este esquema mental milagroso en el mundo físico y visible.

1. *Resérvate tu juicio y tu incredulidad*
   Como a la mayoría de nosotros, con toda probabilidad te han enseñado a ser escéptico en relación con todo cuanto no puedas ver o tocar. Necesitas superar esa incredulidad, al igual que lo haces cuando ves una película o lees una novela.
   Cuando estás viendo una película o leyendo una novela no te cuesta un gran esfuerzo eliminar la incredulidad. De este modo, te es posible disfrutar de la historia que se narra sin recordarte constantemente a ti mismo que no puede ser cierta. Y lo mismo ocurre con el mundo de la realidad mágica. Eliminas de buena gana tu incredulidad y penetras temporalmente en un mundo de posibilidades infinitas. Si éste no te gusta, puedes en cualquier momento interrumpir la actividad y volver a entrar en el mundo del escepticismo y la incredulidad. Deja que comparta contigo una experiencia que tuve recientemente.
   En el libro de Shirley Maclaine *Going Within* hay una descripción de un caballero brasileño llamado Mauricio Panisset. La autora lo describe como un hombre poseedor de poderes milagrosos, hasta un punto para mí desconocido cuando leí el libro. De hecho, toda mi preparación me hacía considerar tales alegatos con duda y escepticismo. He aquí un extracto:

Mauricio Panisset nació el 6 de marzo de 1930 en Minas Gerais, Brasil. Era el tercer hijo de una familia cuyo padre, un pastor metodista, se interesaba también por la metafísica. Pero pronto la madre de Mauricio se vio incapaz de manejar la incontrolable rebeldía de su hijo. Desesperados, cuando el niño tenía nueve años, los padres lo enviaron a vivir con su abuela en una granja... El niño iba a menudo al bosque, donde, según diría (más tarde), era seguido por unas «luces». Estas luces aparecían en forma de bolas que despedían un resplandor y «le hablaban» siempre que las veía... Cuando llegó a la pubertad, las luces desaparecieron. En 1949, a la edad de diecinueve años, entró en el ejército; una noche, mientras se hallaba de guardia, las luces aparecieron de nuevo... En 1969 las luces adquirieron tal fuerza que empezaron de nuevo a «hablar». El 19 de abril de 1969 una de las luces habló con tal intensidad que Mauricio no pudo hacer caso omiso de ella. La luz decía: «Debes utilizar tu propia luz para curar a los enfermos. Debes ir al hospital y empezar».

Me intrigaba este Mauricio, pero debo confesar que pensé si Shirley no sería objeto de un truculento engaño o incluso si no «se estaría pasando». Al fin y al cabo, todos *sabemos* que las luces no hablan ni actúan como ella describe en su libro. La oportunidad para eliminar mi incredulidad llegaría el verano siguiente.

Hacia finales de nuestra estancia de todos los veranos en Maui, Hawai, fui invitado a hablar en la iglesia unitarista de Maui. Es esto algo que hago todos los años antes de partir, y es mi modo de devolver algo a ese paraíso hermoso y espiritual del océano Pacífico donde he recibido tanta inspiración y guía divina.

Después de la charla se me acercó una mujer y nos invitó a mi esposa, Marcie, y a mí a reunirnos con ella, su esposo y un pequeño grupo de amigos en su casa de la ciudad de Lahaina. La mujer, Gail Longhi, y su esposo Bob son propietarios de uno de los más famosos y concurridos restaurantes de Hawai. Gail explicó que tenía un invitado muy especial, alguien de quien Shirley Maclaine había escrito en *Going Within*. Este invitado se llamaba Mauricio y ella creía que, a juzgar por mis palabras en la iglesia, nos encantaría tener una charla privada con ese notable personaje. Recordé inmediatamente mi reacción al leer lo que decía Shirley de las dotes de Mauricio y acepté de buena gana la invitación. Marcie y yo estuvimos de acuerdo en que era una buena oportunidad para conocer de primera mano la magia de este maestro y, lo que era igual de importante, dejar de lado nuestras incredulidades y nuestros prejuicios.

Cuando llegamos, nos dijeron que Mauricio se reuniría con nosotros pasados cuarenta y cinco minutos. Mauricio tenía una sesión con la madre de Gail en un dormitorio cuya ventana daba al patio. De repente, mientras estábamos fuera en el patio, vimos en el dormitorio lo que parecían relámpagos (la estancia parecía explotar con enormes estallidos de luz multicolor, todo un auténtico espectáculo de luces). La madre de Gail bajó la escalera poco después. Pasó por delante de nosotros con una mirada vacía y apacible y desapareció en otra parte de la casa. Unos minutos más tarde bajó la escalera Mauricio, cuya camiseta sin mangas estaba empapada de sudor. Nos juntamos con él en la cocina, donde estaba ingiriendo grandes cantidades de agua. Parecía tener casi cincuenta años. Era de poca estatura, con una magnífica cabellera blanca y una constitución robusta y gloriosamente sereno y humilde. Pidió disculpas y explicó que necesitaría otros quince o veinte minutos antes de poder vernos. Le dimos las gracias y, en un inglés entrecortado, contestó:

—No, no, gracias a mí no. Es obra de Dios, no mía.

Pasaron unos veinte minutos; en este espacio de tiempo Bob se encargó de asegurar a todos los presentes que no había la menor posibilidad de fraude. Explicó que el espectáculo de luces había tenido lugar en su dormitorio, que él había escoltado a Mauricio personalmente hasta la estancia y había tenido con él una primera sesión. Nos dijo incluso que había registrado la estancia. Yo esperaba simplemente con la mente abierta y dispuesto a superar mi incredulidad.

Mauricio nos pidió que subiéramos la escalera tras él. Marcie y yo habíamos decidido tener esta sesión juntos a fin de poder corroborar mutuamente nuestra experiencia y compartir lo que presenciáramos. Nos tendimos sobre la cama en diagonal, con las cabezas juntas y sin soltarnos las manos ni por un momento. Mauricio puso en marcha un casete y la estancia se llenó de una música de flauta a bajo volumen, para la meditación. Se nos acercó por detrás y posó los dedos sobre la frente de Marcie. Pronunció luego en voz alta las palabras «Energía, energía, energía» y otras palabras en portugués que no pudimos entender. Apartó los dedos de la frente de Marcie y los chasqueó con fuerza, repitiendo una y otra vez «Energía, energía». De pronto, milagrosa y literalmente, la estancia se iluminó. Emanaba luz de sus manos, era como si un rayo hubiese dado en plena estancia. Marcie tenía los ojos cerrados, pero podía ver la luz a través de los párpados. Yo no cerré los ojos ni por un instante, y quedé paralizado.

Luego, Mauricio me tocó la frente con los dedos. Tenía la mano muy caliente. De nuevo, «Energía, energía, energía» seguido de otras palabras en portugués. Yo me sentí temporalmente transportado a otra dimensión. Eran una luz y una energía eléctricas. Todo mi cuerpo era presa de un enorme *shock* y sufría convulsiones. La estancia estaba encendida. ¡De la total oscuridad a una brillante luz que surgía de las manos de este hombre!

Permanecimos en el dormitorio más de veinte minutos. Durante este tiempo Mauricio posó una mano sobre mi rodilla y la otra sobre mi tobillo, que me había dañado la semana anterior al caer sobre unas rocas resbaladizas. Yo sentía un enorme calor; de nuevo la luz emanaba de Mauricio e iluminaba la estancia. Esto se repitió de doce a quince veces durante la sesión. Luego, Mauricio abandonó la estancia y bajó la escalera empapado de sudor. Antes de marcharse, nos pidió que permaneciéramos tendidos en la cama unos momentos para dejar que la experiencia nos impregnara, y explicó que tal vez nos sintiéramos mareados.

Permanecimos unos minutos tendidos sobre la cama, cogidos de la mano y sintiéndonos más cerca el uno del otro que nunca en nuestra vida juntos. No necesitábamos hablar. Bajamos lentamente la escalera, mirando más allá de las otras siete u ocho personas congregadas en la estancia.

Mi esposa es muy cariñosa con nuestros hijos. Se consagra totalmente a ellos, y parece estar cada vez más unida al nuevo bebé que nace, de los siete que ha tenido. La noche de nuestra cita con Mauricio, nuestra hija Stephanie, ya crecida, estaba cuidando de nuestra pequeña Saje Eykis, que tenía nueve meses y estaba sometida a lactancia completa. Marcie bajó la escalera después de nuestra sesión casi en trance, con una expresión totalmente distinta y apacible en el rostro. Unos minutos más tarde sonó el teléfono; era Stephanie para decirnos que tenía problemas con la niña, que no paraba de llorar y armar jaleo. En cualquier otro momento, una llamada como ésta habría hecho que nos fuéramos inmediatamente para que Marcie pudiera amamantar a la niña y darle el consuelo que sólo ella podía proporcionarle. Pero después de la experiencia de las luces, Marcie estaba en otro mundo. Su respuesta a Stephanie me sorprendió de tal modo que salí de mi propio trance.

—Lo siento, Stephanie, vas a tener que ocuparte tú. No tardaremos mucho, pero entretanto haz lo que tengas que hacer para que pare de llorar.

Era una Marcie distinta de la que yo había conocido hasta entonces o de la que haya podido conocer después. Cuando volvíamos a casa en coche, estuvimos de acuerdo en que acabábamos de vivir una experiencia muy especial e indescriptible.

Al día siguiente, observé que el molesto grano que tenía desde hacía años en la clavícula había desaparecido por completo y la pierna que me había herido ya no me dolía. De hecho, las costras habían casi desaparecido y apenas había rastro de la herida.

Cuando tuvo lugar este acontecimiento yo llevaba varias semanas meditando acerca de escribir este libro. En mi meditación, oía constantemente cómo se me aseguraba que iba a recibir todas las pruebas necesarias para poder escribir un libro sobre la manifestación de milagros. Se me aseguraba una y otra vez que las dudas desaparecerían y que yo sabría. La presencia de Mauricio y la experiencia de las luces parecían una prueba convincente de que la realidad mágica es verdaderamente real.

Creo que experimenté la realidad mágica porque había dejado de lado sin esfuerzo mi incredulidad. Estoy convencido de que el primer paso para preparar nuestra mente para hacer milagros es la eliminación de la incredulidad. Te animo a que cultives una actitud abierta, nueva y franca, hacia cualquier cosa que represente para ti una posibilidad.

Este acertijo del matemático Douglas Hofstadter constituye un rápido test para comprobar hasta qué punto está abierta tu mente:

> Un padre y su hijo se dirigen en coche a un partido de rugby. Empiezan a cruzar un paso a nivel y, cuando están a medio cruzar, el coche se cala. Al oír un tren a lo lejos, el padre, presa del desespero, intenta poner de nuevo el motor en marcha. No lo consigue y el tren arrolla el automóvil. El padre muere al instante, pero el hijo sobrevive y es llevado apresuradamente al hospital para una operación del cerebro. El cirujano, al entrar en el quirófano, palidece y dice: «No puedo operar a este chico. Es mi hijo». La pregunta es: ¿cuál es la relación entre el chico y el cirujano? Reflexiona unos minutos antes de mirar la respuesta, que escribo con las letras al revés: le onajuric are al erdam led ocihc.

Tener una mente abierta y dejar de lado nuestra incredulidad nos permite experimentar nuevas perspectivas, mientras que una mente cerrada y una falta de disposición a librarnos de nuestras incredulidades nos mantiene atrapados en nuestros viejos modos de pensar y ver. La realidad mágica sólo está al alcance de aquellos capaces de imaginar cualesquiera posibilidades, dejando que el cómo venga por sí solo. No te pido aquí más que hagas eso. Nada más. Simplemente, abre tu mente y deja de lado tu incredulidad. Así comienza la realización de milagros.

Sugerencias para poner en práctica este esquema mental

• *Practica afirmaciones interiores en las que te des a ti mismo permiso para adoptar nuevas ideas.* Deberás decirte a ti mismo: «Mantendré la mente abierta», «Me niego a juzgar a nadie ni a ninguna idea», «Estoy abierto a un infinito número de posibilidades que están en la actualidad a mi alcance», «El hecho de que yo no lo acabe de ver o de entender no significa su no existencia», «Hoy, por un día, dejaré de lado mi incredulidad y estaré abierto a la posibilidad de cualquier cosa», «Actuaré de acuerdo con esta nueva actitud abierta y no de acuerdo con mi viejo escepticismo».

• *Mantén abierto un pequeño rincón de tu mente a la realización de milagros.* Investiga las vidas de personas que hayan experimentado milagros. Debes saber que eso te es posible a ti también. Habla con tus amigos y nuevos conocidos y pregúntales si han experimentado alguna vez lo que tú considerarías un milagro. Lee libros y artículos que traten de personas que han tenido este tipo de experiencias. Permitiéndote ser receptivo a esas historias y a esas experiencias auténticas, abrirás tu mente y harás tuyas esas mismas posibilidades.

2. *Crea en tu mente una zona de realidad mágica*

Una vez empieces a dejar de lado tu incredulidad y tu escepticismo, podrás comenzar a adecuar tu mente a la realización de milagros. Haz de esto una parte muy privada de tu vida. Reserva una pequeña parte de tu conciencia para el fin exclusivo de probarte a ti mismo en esta área. Yo he sido capaz de manifestar lo que constituye milagros en mi vida teniendo esta zona privada.

Un día, mientras me estaba duchando y meditaba tranquilamente, pensé en dejar por completo el alcohol. La bebida no constituía para mí un gran problema, pero sí era algo cotidiano: sólo unas cervezas después de correr, pero, de todos modos, era algo que, intuitivamente, yo no creía que me favoreciese. Me pregunté (o pregunté a mi guía,

Eykis): «¿Puedo dejar el alcohol a partir del primero de enero del año que viene?». Una simple pregunta reflexiva en mi mente. La respuesta fue clara como el cristal: «No bebas hoy, y vuelve a preguntar mañana. Sólo hoy. ¡Ya! No tienes que mirar más allá». Mi zona mágica privada está reservada a preguntas como ésta sobre la dirección que debía tomar en relación con el alcohol. Nunca me falla. Te recomiendo que reserves tu propia zona invisible y sin forma en tu mente y que la consideres como tu rincón de libertad. Retírate a ella a menudo para pedir la ayuda amorosa y la guía que se te puede brindar.

Sugerencias para poner en práctica este esquema mental

• *Afírmate a ti mismo en voz alta cada día que eres un ser espiritual con experiencia humana y que en este reino espiritual no hay limitaciones.* Afirma en voz alta que la inteligencia universal que fluye a través de toda forma del universo fluye también a través de ti y que la ley universal que ha permitido la aparición de un milagro en cualquier momento de la historia de este planeta no ha sido abolida. Sigue funcionando y actuando hoy, y está a tu disposición. Esta afirmación te ayudará a abrirte a ti mismo para poder utilizar las fuerzas universales en lugar de seguir siendo un escéptico que jamás permite a éstas actuar en su vida. Haz primero esta afirmación y luego empieza a actuar de acuerdo con ella.

3. *Afírmate en tanto que persona sin límites*
(Cuando hayas desarrollado esta zona de realidad mágica en tu mente y confíes en que puedes acudir a ella a voluntad, empieza a afirmarte en privado que no hay literalmente límite alguno para los poderes que posees. He aquí una gran regla general: si puedes concebirlo en tu mente, puedes también sacarlo al mundo físico.

Hace un tiempo yo no me creía capaz de dar un revés en tenis y, mientras lo creí así, ése fue el resultado. Hoy, el revés es mi golpe más certero. Cambié de creencia y mi forma siguió esa creencia. Créeme, cuando doy un revés de campeonato en un partido de tenis, eso es para mí un milagro. La creencia en cualquier limitación, y digo cualquier limitación, será un punto en tu contra en el deseo de experimentar la realidad mágica.

La cuestión es que tú y sólo tú tienes la capacidad de crear magia en tu mente. La elección te corresponde siempre a ti. No tiene nada que ver con la suerte, sino con el hecho de que creas en ti mismo como parte de la fuerza divina que impregna toda forma del universo.

Probablemente, cuando eras niño tenías buenas relaciones con esa magia invisible que hay dentro de ti. Creabas en ti lo que en realidad eran fantasías: podías andar a gatas, podías caminar, podías subir a un árbol. Podías nadar, por difícil que esto pareciera. Sabías que lo ibas a hacer, y el acto se ponía en marcha en tu mente. A los pensamientos invisibles seguía cualquier cosa que fuera necesaria en el mundo material. Aprendías a montar en bicicleta, aun cuando fueras tambaleándote todo el rato y cayeras al suelo una y otra vez. No había limitaciones en tu mente. Todos tus logros empezaban con una fe. No eras físicamente distinto en el momento en que te soltabas del borde de la piscina y te ponías a nadar solo. Tu yo físico era exactamente el mismo cuando «nadabas» que cuando «no nadabas». La diferencia estaba en la fe. Lo mismo puede decirse de cuando andabas y cuando no andabas. De cuando subías al árbol y de cuando no subías. No te parabas a decir: «No, nunca podré permanecer de pie, seguiré aquí sentado siempre. Creo que no he heredado los genes necesarios para estar de pie». No había en tu mente espacio para la duda acerca de tu grandeza en esas áreas. Concebías primero la idea imposible en tu mente y luego actuabas en consecuencia.

En algún punto del camino empezaste a dudar de tu capacidad para crear magia en tu vida. No dudes ni por un instante de que poder caminar, desde el punto de vista del niño que anda a gatas, es realmente un milagro. Perdiste la capacidad de ampliar esta fe a nuevos milagros más «imposibles». Empezaste a adoptar las incredulidades de aquellos que te rodeaban, personas «de muchos límites», y que decían: «Debes aprender tus limitaciones»; o bien: «Eso no puedes hacerlo»; o «Eres igual que tu padre, y él tampoco podía hacer eso». La lista era interminable, como lo eran las limitaciones.

A fin de recobrar esa magia de la infancia y convertirte en tu propio hacedor de milagros, deberás cambiar los pensamientos que crearon tu mundo de límites y fronteras. Esto tiene lugar primero dentro de tu mente, y, como sea que los pensamientos tienen su origen en ti, tienes la capacidad de recrear tu propia imagen de lo que va a ser tu vida a partir de ahora. ¿Por qué no incluir también la presencia de la realidad mágica en tu vida?

Sugerencias para poner en práctica este esquema mental

• *Haz una lista de aquellos límites que crees ver y que te has convencido son ciertos en tu caso.* Examina luego cada uno de ellos a la luz del modo en que otros los han trascendido. Una vez te des cuenta de que tienes el poder interior de ir más allá de estas autodefiniciones, estarás en el buen camino para crear la realidad mágica de la que hablo a todo lo largo de este libro.

4. *Desarrolla un nuevo esquema mental en relación con el concepto de intuición*

Debes familiarizarte con la idea de que las fuertes «súplicas interiores» y «corazonadas repentinas» son en verdad voces interiores que te ofrecen guía. Como he dicho en el capítulo 2, ve en tu yo intuitivo la palabra de Dios que te habla a ti en privado, del mismo modo que tú hablas en privado con Dios y lo llamas oración. No es descabellado pensar en una respuesta, especialmente si crees que hay allí una inteligencia universal a la que te diriges. Recuerda, lo importante no es el nombre que des a esa inteligencia universal. Yo utilizaré aquí la palabra Dios, pero si tú prefieres otra, utilízala. No es la etiqueta lo que importa. Lo importante es saber que esa inteligencia está ahí y que forma parte de ti y de toda la vida.

Familiarízate con tus voces intuitivas y óyelas en tanto que guías amorosas procedentes del mundo inmaterial y espiritual. Mi propia fórmula personal es: si lo siento, es que es real; y, porque es real, me niego a ignorarlo. He aquí dos ejemplos.

En un viaje de vacaciones a Panama City, Florida, mi esposa conducía el coche mientras mi hija Tracy y su prima dormían en el asiento trasero. Yo echaba un sueñecito después de haber conducido durante seis horas. De repente, una abrumadora sensación hizo que me incorporara y pude ver que el coche que tenía delante estaba a punto de chocar de frente con el coche de delante de él. Mi esposa no podía ver por encima del coche que teníamos delante y no se daba cuenta de lo que iba a ocurrir cuando el conductor del automóvil giró bruscamente hacia la grava del borde de la carretera para evitar el choque. Al mismo instante que el coche giraba, yo agarré el volante de nuestro automóvil y giré hacia la grava, con lo que alerté súbitamente al conductor que venía detrás. Se había evitado otro espantoso choque múltiple.

¿Qué era el sentimiento intuitivo que me dirigió en ese instante? Dadle el nombre que queráis; yo sé que era Dios quien me hablaba. Estoy convencido de que Dios, de una manera incomprensible, me dio un codazo para despertarme aquel día de verano de los años setenta. ¿Por qué? Me inclino a creer que yo tenía todavía mucho que hacer aquí: los hijos que todavía no habían nacido, mi escritura, todas las actividades de mi vida desde ese momento eran mi razón para continuar. ¿Cómo vamos a cuestionar la perfección del universo? Así se escapa, por los pelos. Y cuando llegue nuestra hora, tampoco nada podrá detener eso.

Nuestro amigo Larry, quien hace años ayudó en la decoración de nuestra casa, nos contó que un día se acercaba a un semáforo en verde a setenta kilómetros por hora cuando, de repente, una fuerte voz interior le suplicó que pusiera el freno sin ningún motivo aparente. Obedeció a esta intuición y el coche se detuvo a unos centímetros de un coche que atravesaba a toda velocidad un semáforo en rojo.

Yo estoy convencido de que tú también tienes numerosas historias que contar en las que una voz interior te ha instado a comportarte de una manera al parecer irracional y que, en cambio, te salvó la vida. Le sucede a todo el mundo. Algo que sucede a todo el mundo no puede atribuirse sólo a la coincidencia o a la simple suerte. Tiene que haber algo más. La mayoría de nosotros recibe estas señales intuitivas de manera regular.

Sabe en tu mente invisible que las corazonadas no son accidentes. Responde de manera que te puedas beneficiar de esa guía. Estás siendo guiado. A medida que aprendas a confiar en esas guías, empezarás a reconocer las lecciones que se te ofrecen, aun cuando no sean discernibles de inmediato.

Los milagros y la realidad mágica no están al alcance de muchos de nosotros, los occidentales, debido en gran parte a que nos enseñan quienes no tienen ninguna fe en su propia intuición. Hacemos frente a unas expectativas existenciales que ponen casi todo su énfasis en el pensamiento lógico y racional y en la solución de problemas. Nuestras escuelas se concentran en la adquisición de conocimientos, al tiempo que hacen prácticamente caso omiso de los aspectos sensibles de la vida de los alumnos. La intuición, la parte más profundamente sensible de la vida, es tratada como algo infantil e inferior y no digno de atención. De hecho tu intuición, esa indistinta voz interior que tan a menudo oyes, forma parte de tu vida en igual medida que tu capacidad para resolver ecuaciones de segundo grado, leer un poema o eliminar tus desechos corporales! Está ahí, es real. ¡Préstale atención! Porque sólo cuando transciendas la creencia de que el saber cognoscitivo es superior a la intuición y los sentimientos se convertirá la realidad mágica en un modo de vida para ti.

Sugerencias para poner en práctica este esquema mental

• *Practica una vez al día el escuchar y seguir tu intuición.* Sostén conversaciones contigo mismo para afirmar el poder de tus corazonadas invisibles. Intenta seguir una de esas corazonadas de manera distinta sólo una vez, hoy. Olvídate de los resultados y recuerda que, escuchando esas instancias intuitivas, superas una inclinación mental interior a desdeñarlas. Empezar a prestar atención es un gran paso hacia la comprensión del vocabulario de esos pensamientos intuitivos. Todos tus pensamientos tienen su origen en esa guía intuitiva amorosa que recibes constantemente. Empieza a afinar tus antenas intuitivas para saber cuándo debes prestar atención. Si sintonizas de manera consciente, adquirirás pericia en la recepción de esas señales.

5. *Descubre el secreto que está sentado en el centro y sabe*
Familiarízate y hazte amigo de la idea de que la nada tiene algo que ofrecerte en tu camino hacia la realidad mágica. Reflexiona acerca de las incitantes palabras de Robert Frost inspiradoras de esta idea:

> *Nosotros danzamos en un círculo y suponemos,*
> *pero el secreto está sentado en el centro y sabe.*

¿Qué nos quiere decir Robert Frost con este «secreto sentado en el centro»? Cuando tengas la respuesta a esta pregunta habrás abierto la más difícil puerta que bloquea tu entrada a la realidad mágica.

Considera que es el espacio entre las notas el que hace la música. La música (sonido en forma) no es una nota ni tampoco una serie de notas. Lo que se necesita para que haya música es un espacio vacío y silencioso entre las notas. Una nota sin espacio es un largo sonido. La música procede del silencio existente entre las notas. ¿La nada? Sí, pero absolutamente necesaria a fin de crear sonido en el mundo de la forma. Sin la nada no hay música.

Considera que es el espacio existente dentro del jarrón el que permite que éste sea un jarrón. El jarrón no es simplemente arcilla o metal, o cualquier otro material utilizado. Lo que se precisa para tener un jarrón es un espacio invisible, vacío y silencioso, rodeado de material. Golpea con un martillo el jarrón y seguirás teniendo todo el material, pero no el jarrón. Es absolutamente necesaria la nada del espacio invisible, vacío y silencioso, para tener un jarrón. Sin la nada no hay jarrón.

Considera que una estancia no es una estancia sin un espacio vacío y silencioso dentro de ella, rodeado por la forma del material. La estancia no es el mortero, la madera o las vigas que constituyen la parte material de la estancia. Haz un montón con todo ello y no tendrás estancia. Necesitas ese espacio invisible, vacío y silencioso, rodeado de toda esa forma para tener una estancia. Sin la nada no hay estancia.

Ese espacio invisible, vacío y silencioso, que se halla dentro de todas las formas se llama el Tao. Se ha escrito que el Tao que puede describirse no es el Tao. El Tao está más allá de la descripción, más allá del lenguaje, más allá de los símbolos. Paradójicamente, forma parte de todo. Shen-hsui lo dijo así: «Ver en la nada: en esto consiste ver de verdad, con una visión eterna». El jarrón, la estancia y la música tienen sentido para nosotros cuando intentamos comprender la nada con nuestra mente racional. Su existencia es imposible sin el espacio vacío. Y lo mismo ocurre con todas las cosas hechas de materia. Para que existan, es precisa la silenciosa nada. «Así, del mismo modo que aprovechamos lo que es, debemos reconocer la utilidad de lo que no es», dijo Lao Zi (Lao-tsé).

También tú eres forma material (piel, huesos, sangre y cartílagos) que rodea el vacío silencioso e invisible que eres también tú. Sin esta nada interior, tú no existirías. Sin la nada, tú no existes. Cada una de las células de tu cuerpo se compone de partículas que rodean un vacío hecho de nada. Cada molécula está también formada por partículas que rodean la nada. Ésta es la historia misma de la vida. La vida no pesará menos cuando abandone tu cuerpo. Tu vida, tu misma existencia, no tiene por lo tanto peso y es invisible. ¡La nada!

El secreto que está sentado en el centro y sabe no es sino el vacío, callado por fuera, pero que está siempre ahí. También a partir de ese secreto del centro serás capaz de crear milagros en tu vida.

Como ocurre a menudo, los poetas están en contacto con estos difíciles conceptos. He aquí lo que dice Wordsworth al respecto:

Y he sentido... una sublime sensación
De algo fundido mucho más profundamente
Que habita en la luz de los soles ponientes
En el redondo océano y en el aire viviente
En el cielo azul y en la mente del hombre;
Un movimiento y un espíritu que empuja
A todas las cosas pensantes y a todos los objetos del pensamiento
Y discurre por todas las cosas.

Sugerencias para poner en práctica este esquema mental

• *Recuerda que el mundo de la forma rodea el vacío invisible.* Recuerda que eres forma que rodea la energía vital invisible. No olvides esto y esfuérzate cuanto puedas por descubrir «el secreto que está sentado en el centro y sabe». Puesto que es invisible, necesitas ir allí mentalmente. Pregúntate: «¿Por qué estoy aquí? ¿Quién soy?». Tus respuestas, tan ansiosamente buscadas, te asombrarán.

Pasa tiempo en ese espacio interior trabando amistad con el invisible regidor que guía tu vida. Confía en él hoy. Permítele actuar con amor, como él quiere. Acepta lo que te guía a hacer con confianza y entrega y descubrirás que puedes confiar en el secreto que está sentado en el centro y sabe. Establece contacto a menudo con ese regente interior y no te avergüences por ello. Cuanto más confíes en que tu vida tiene un propósito y en que no vas a ser mal encaminado, más comulgarás en el mundo apacible y armonioso de la realidad mágica.

6. *Aprende a aprender a través del conocimiento y la confianza y no de la duda y el temor*

Dos son los principales modos de adquirir una nueva comprensión. Puedes elegir el camino del temor y de la duda o el camino de la confianza y el conocimiento. Al elegir el segundo, te abrirás realmente a tu potencial mágico. Tu aprendizaje probablemente ha consistido en gran medida en el cuestionamiento de tu capacidad para lograr una capacidad determinada. En algún momento has estado lleno de dudas acerca de casi todas las cosas que hoy das por ciertas.

Por lo que a mí respecta, en un momento de mi vida dudaba de mi capacidad para hablar improvisadamente a un auditorio durante varios minutos, y menos aún durante varias horas. Mis dudas me provocaban temor y diversas conductas destinadas a superar este temor. El aprendizaje a través del proceso del miedo y la duda fue una experiencia larga y penosa. Tanto si se trataba de un grupo escolar como de una reunión de negocios, me ponía literalmente enfermo cada vez que tenía que ponerme en pie delante de un auditorio.

Mucho más gratificante fue la experiencia de aprender a hablar ante un auditorio por el camino del conocimiento y la confianza. Empecé a considerarme capaz de dar una charla, sabiendo que podía hacerlo y confiando en que estaría bien atendido si hacía a un lado mis dudas. Aprendí que al auditorio no iba a importarle que yo cometiera algunos errores o me perdiera momentáneamente siempre que hablara con el corazón y transmitiera pasión por el tema. El día en que recibí el premio Golden Gavel de Toastmasters International como orador destacado del año, supe que el paso del temor y la duda al conocimiento y la confianza había producido un auténtico milagro en mí.

Del mismo modo podemos contemplar muchas de nuestras experiencias. Se te ha enseñado a dudar, en una cultura que hace hincapié en cosas como éstas: no puedes, está mal, eres demasiado pequeño, demasiado grande, demasiado joven, demasiado viejo, una chica, un chico, no eres de la procedencia adecuada, no tienes los títulos, la preparación o la experiencia adecuados. De la duda ha salido el temor a tu grandeza, el temor a la desaprobación, al fracaso, a la intimidad e incluso al éxito.

Es cierto que la duda y el temor proporcionan experiencias enriquecedoras, pero las consecuencias negativas son evidentes. Es fácil ver que no es así como se llega a ser una persona feliz, realizada y en plenitud de facultades. Si deseas conocer la realidad mágica, debes sustituir el temor y la duda como método principal de aprendizaje por la confianza y una fuerte dependencia del conocimiento interior.

Para pasar del temor y la duda a la confianza y el conocimiento deberás desarrollar un esquema mental distinto. Tu nuevo pensamiento debería ser algo así:

Voy a aprender de todos modos lo que tengo que aprender, así que, en lugar de tomar el restrictivo camino del temor y la duda, voy a trabajar para aprender las lecciones de la vida mediante la confianza y el conocimiento. Confiaré en mi propia y personal capacidad para crear en mi mente lo que desee. Ésta es mi mente y éstos son mis pensamientos, y puedo elegir la duda o la confianza. Escojo la confianza. Puedo dudar de mi capacidad de realizar milagros o puedo confiar en ella. Actuaré de acuerdo con lo que haya elegido. Creo que el dicho «Según pienses, así serás», constituye una descripción muy acertada de la condición humana.

Cuando mi hija Serena tuvo cinco años la animamos a utilizar este modo de pensar para aprender a montar en una bicicleta de dos ruedas. Durante ocho meses no había querido que le quitaran las dos ruedas suplementarias diciendo que no estaba preparada. Ahora estaba preparada y se pasó tres días practicando la confianza y el conocimiento antes de montarse en la bicicleta. Practicaba en voz alta estas afirmaciones personales: «Me veo a mí misma montando en bicicleta. Puedo montar sobre dos ruedas. Poseo la capacidad de mantenerme en equilibrio. Confío en que soy una persona capaz de aprender lo que sea, incluso a montar en bicicleta». Cuando llegó la hora de subirse a la bicicleta, Serena estaba tan animada para ello que el temor era imposible. Rara vez he visto semejante confianza y decisión en alguien que emprendiera una nueva tarea. Su esquema mental creó el milagro. En cuestión de minutos conducía la bicicleta sola. Unas caídas, cierto tembleque al comienzo, pero allá se fue por la acera ella solita, muy orgullosa y exclamando en voz alta: «¡Sé montar sobre dos ruedas, sé montar sobre dos ruedas!».

Después de tropezar con la boquilla de una regadera y caer sobre la hierba, cambió de idea por una fracción de segundo y permaneció tumbada en el suelo musitando: «No sé montar sobre dos ruedas». Pero sus afirmaciones positivas y la confianza y el conocimiento interiores la hicieron superar inmediatamente la duda momentánea y se colocó de nuevo sobre el sillín, buscó el equilibrio, me pidió que la empujara un poquito y en seguida gritó: «¡Si sé!».

El esquema mental de Serena fue la causa del milagro. Y no dudes por un instante de que se tratara de un milagro. Cuando llegó el momento y se sintió preparada, fue lo que había trabajado en su mente en cuanto a confianza y conocimiento interior lo que la permitió salir al mundo material y realizar su milagro. El milagro tuvo su origen en su mente sin forma ni dimensiones y se hizo realidad en el mundo físico como consecuencia de su confianza y conocimiento interiores.

Sean cuales fueren los milagros que deseas ver en tu vida, es imprescindible un cambio hacia una actitud de confianza y conocimiento. No pierdas de vista, al pasar a esta nueva conciencia, que detrás del temor está la impotencia. Combates aquello que temes y el luchar siempre debilita. El temor nos vuelve impotentes y hace imposible acceder a niveles superiores. En cambio, detrás de la confianza están el poder interior y el amor. No se juzga, no se siente ira ni odio ni temor y no es necesario luchar. El amor te faculta para acceder a niveles superiores. La elección te corresponde siempre a ti y empieza en ese mundo interior y amorfo de la mente.

Sugerencias para poner en práctica este esquema mental

• *Por unos instantes, cuando hoy te encuentres con extraños, pásate al conocimiento y la confianza como modo de interacción.* Abandona las dudas y trata a ese empleado o a ese contacto telefónico con confianza y fe. Pruébalo. Debes decirte a ti mismo: «Confío en esta persona. No voy a dudar de ella, y sé que las cosas tendrán un cariz positivo». Esta actitud, que consiste en aprender a través del conocimiento y la confianza, te servirá en una multitud de sentidos. Deja de lado tus dudas y temores y confía en que las cosas van a salir bien.

7. *Afirma que tu intención crea tu realidad*
Memoriza y repítete constantemente: «Mi intención crea mi realidad». Probablemente no estarás familiarizado con la idea de la aplicación de la intención como modo de crear milagros. A casi todos nosotros se nos ha educado de tal modo que consideramos nuestros deseos, necesidades y fantasías como las semillas de nuestra realización personal Sin embargo, los deseos son algo estancado, no ponen en movimiento la energía ni crean nada en tu vida. La intención es la energía de tu alma que entra en contacto con tu realidad física. Lo que ves a tu alrededor —con quién te relacionas, cómo funcionas día a día, cómo son tus relaciones, cuánto dinero ganas, cómo te llevas con los demás, la forma física de tu cuerpo y prácticamente todo cuanto tiene

que ver con tu yo físico— es consecuencia de tu intención o del modo en que tus pensamientos se ponen en acción a través de la energía.

El tomar conciencia de tus intenciones te llevará a ser consciente de tu naturaleza espiritual. Tu intención puede sincronizarse con lo que sabes es tu propósito o bien definirse de otro modo. Si sabes que tu propósito es dar, amar y servir, ya sea en el campo de la educación, como progenitor, como abogado o como taxista, tu intención vendrá por añadidura. Probablemente te hallas a menudo rodeado de personas con valores similares. Tus valores y tu yo espiritual superior reflejan tus intenciones. Ves en el mundo un lugar de servicio; probablemente eres optimista en cuanto a la capacidad del ser humano para ser menos agresivo; probablemente ves la bondad de los demás; y probablemente ves a muchas personas deseosas de recompensarte. Experimentas una gran gratitud y enseñas a los demás a amar.

También lo contrario es cierto. Si tu intención es conseguir cuanto puedas, probablemente te encontrarás con montones de personas codiciosas y sedientas de poder. Las personas con quienes te relacionas tienen un esquema mental parecido y te convences una y otra vez a ti mismo de la codicia y superficialidad del mundo. ¿Ves cómo tus propias intenciones invisibles pueden crear tu realidad?

El secreto para cambiar de vida está en las intenciones. Deseando, teniendo expectativas y fijándose metas no se logra el cambio si no hay intención. Lo que hace falta es pasar de la energía inerte del deseo a la energía activa de la acción y la intención. Date cuenta de que todo cuanto has logrado, incluso aquellas cosas de las que no te sientes especialmente orgulloso, se han producido como consecuencia de tus intenciones. Tus relaciones constituyen un reflejo de lo que has creado con tus intenciones. Tu situación económica es el resultado de tus intenciones. Cuando sepas que tienes el control sobre tus intenciones y que éstas tienen su origen en ti, acabarás sabiendo también que controlas por completo tu mundo y lo has controlado siempre.

A medida que trabajas hacia la consecución de un esquema mental favorable a la realidad mágica, debes tener en cuenta primordialmente esta idea: la creación de milagros en tu vida es consecuencia de tu intención, no de tu deseo ni de tu objetivo. Debes pasar de una actitud inerte a una actitud activa dentro de tu mente a fin de establecer un entorno interior de potencial para la realidad mágica. Entonces y sólo entonces volcarás este potencial en tu realidad en el mundo material.

Sugerencias para poner en práctica
este esquema mental

• *En lugar de limitarte a fijarte metas o plantearte deseos sobre el modo en que deseas que se desarrolle tu vida, intenta pasar al lenguaje activo de la intención.* Si estás enfermo, intenta decirte a ti mismo: «Pienso curarme de esta enfermedad». Y no «Deseo ponerme bien» o «Me he fijado como meta librarme de esta enfermedad». El concepto de la intención, de la aplicación de la acción a tus instancias interiores, te permitirá activar aquello cuya ejecución es necesaria a fin de completar el pensamiento y convertirlo en realidad física. Debes hacer una clara distinción entre lo que para ti son simples deseos o esperanzas y lo que ahora tienes intención de hacer realidad. Cuando tengo la intención de curarme, y sé que es en esto en lo que pienso, suelo levantarme en seguida y hacer algo de ejercicio, aunque sólo sea dar la vuelta a la manzana. La intención puede, literalmente, convertir el pensamiento en acción. Ésta es la esencia misma de los milagros.

8. *Experimenta la entrega y el* satori
   La entrega es un acto del corazón, una aceptación de lo que siempre habíamos presentido vagamente:

• Éste es un sistema inteligente del cual formo parte.
• Esta inteligencia es invisible.
• Esta inteligencia forma también parte de mí.
• Decido confiar en esta inteligencia.

Entregarte equivale a poner inspiración en tu vida. Cuando estás inspirado sientes que tienes un propósito. Cuando confías en la invisible inteligencia del universo, te sientes guiado. Este proceso no es algo que requiera el difícil dominio de un aprendizaje esotérico. Puede suceder en un instante, y es así como ocurre con frecuencia. En el zen se llama a este proceso *satori*, que puede traducirse más o menos por despertar instantáneo. Alan Watts lo describe así:

Esencialmente, el *satori* es una experiencia súbita y se lo describe a menudo como un «vuelco» de la mente, como cuando una balanza se vuelca de repente al colocar la suficiente cantidad de material en un platillo como para sobrepasar el peso del otro.

Yo llamo a este proceso del *satori* «atravesar la puerta». Puedes pasarte décadas preguntándote, luchando, preocupándote, vacilando y cayendo en un lento proceso de acercamiento a esa puerta que parece tan lejana. Entonces, inexplicablemente, llega el instante en que atraviesas la puerta. Es posible que mires entonces atrás, a esos tiempos en que te estabas acercando a la puerta, y te preguntes, asombrado: «¿Cómo he podido estar tan ciego durante todos esos años?». Lo que parecía tan difícil, casi imposible, para ti en cierto momento es ahora tu modo de ser. El esfuerzo es tan mínimo que te das cuenta de que la «gran mentira» está en la idea de que sólo a través de la lucha y el esfuerzo se puede conseguir algo. Este sentimiento de *satori*, de atravesar la puerta, es consecuencia de la decisión interior de estar en armonía con uno mismo y con su mundo físico. Es una decisión de entrega.

Yo he experimentado muchos *satoris* en diferentes áreas de mi vida. Uno de ellos estuvo relacionado con el hecho de haber crecido con conciencia de pobreza. De niño aprendí que había que comprarlo todo de rebajas o a precio de ganga, y creía que era imposible tener lo suficiente de nada. Deduje que nunca tendría suficiente dinero, que nunca podría pasarme con los gastos y que lo máximo a lo que podía aspirar en la vida era a que se me designase como perteneciente a la clase media en el censo nacional. Durante aproximadamente los primeros treinta años de mi vida actué de acuerdo con esta imagen interior de mi esquema mental. Pensaba mucho en la penuria, y me veía a mí mismo en esta vida sin tener nunca lo suficiente de nada. Mostraba una prudencia extrema cuando había que hacer algún gasto, controlaba mis gastos con gran cuidado. Resumiendo, aunque no pasaba hambre, era una víctima de la conciencia de penuria y mis acciones estaban gobernadas por creencias interiores invisibles que dictaban en gran medida cómo era mi mundo.

Luego atravesé la puerta en este sentido. ¡Bum! ¡*Satori*! Ocurrió en una meditación, cuando oí: «Ya lo eres todo». Cuatro simples palabras que me golpearon y me dieron toda una nueva visión de la riqueza. En ese momento llevaba una batalla interior sobre si debía abandonar mi seguro puesto en la enseñanza, con unos ingresos garantizados, y ponerme a trabajar por mi cuenta, sabiendo que esto iba a salir bien. Luego llegaron las palabras «Ya lo eres todo» y supe en ese instante, mientras mediaba, que ya no necesitaba. Yo era ya lo que necesitaba. Podía dejar de perseguir, podía dejar de luchar y saber que estaba aquí, que había llegado. Debía dar un propósito a mi vida y dejar de preocuparme por lo que no tenía. Me entregué, ahí mismo y en ese preciso instante. Sabía algo nuevo. Pasé de saber que nunca tendría lo suficiente a pensar: «Estarás atendido. No necesitas ya malgastar tu energía vital preocupándote por eso». ¡Y no lo he hecho!

El resultado es que he estado atendido hasta extremos imposibles de describir. Me he convertido en una persona mucho más centrada. He dado más de lo que habría podido imaginar tener. Fue un acto de entrega que tuvo lugar en un momento de despertar. Esto es el *satori*.

También tú puedes probablemente mirar atrás, a los cambios positivos importantes de tu vida, y darte cuenta de que experimentaste un momento de despertar. Una mujer que perdió ochenta kilos en un período de cinco meses me dijo que podía recordar el instante en que se miró en el espejo y un pensamiento la embargó con fuerza abrumadora: «Ahora es el momento. Te ayudaré. No es preciso que sigas envenenándote comiendo en exceso».

Cierto cliente me habló de cómo había pasado de una ocupación a otra:

> Después de años de saber que estaba haciendo lo que no debía y que me había desviado de mi propósito, una mañana, camino del trabajo, mi mente me dijo de repente que no podía seguir engañándome. En ese supremo instante me entregué. Sabía que iba a estar atendido. Hecho. Dejé el trabajo ese mismo día y en ningún momento miré atrás. Antes vendía seguros y me ganaba bien la vida. Ahora trabajo como asesor en campamentos para niños menesterosos. Me siento realizado y nunca me han preocupado mis ingresos. El momento de mi renuncia fue tan intenso que sólo puedo decir que por primera vez sentí total confianza en que todo me iba a ir bien y en que podía efectuar ese cambio sin ansiedad ni estrés. Supe algo dentro de mí, y a partir de ahí me entregué.

El *satori* está a tu alcance en cualquier momento de la vida. Pero sólo vendrá si tienes una actitud abierta en relación con él y si estás dispuesto a la entrega. Todos los maestros espirituales nos dicen que la realidad de la vida nos habla en silencio. Es posible que tu ruidosa conciencia de vigilia no te permita oír esa súplica callada. Lo que precisas para entrar en el marco mental necesario para experimentar milagros es renunciar. Sólo saber. Sólo, simplemente, confiar. Quédate en silencio y luego escucha tu pensamiento. Déjate guiar por una actitud despierta de entrega. Liberarse de una perpetua disputa interior con la vida es un agradable preliminar para el *satori*.

Seguro que has conocido momentos de tranquilidad y contemplación en los que has tenido una visión intuitiva repentina y el conocimiento interior de que puedes y debes hacer algo. Puedes atraer hacia ti esos momentos a través de la práctica de la entrega. Entrégate al conocimiento de que eres poderoso y capaz de tener un propósito en la vida. El resto vendrá cuando «veas la luz» o experimentes la gloriosa sensación del *satori*.

Sugerencias para poner en práctica este esquema mental

• *Piensa en los hábitos que durante largo tiempo te han acosado.* Puede tratarse de adicciones, pereza, mal carácter, fobias, fatiga, sabotaje de las relaciones o cualquier cosa que no produce los resultados que deseas. Decide atravesar la puerta y cambiar los hábitos no deseados de día en día. Convoca la sabiduría del *satori*. Entrégate a esta idea radical, necesaria para que despiertes a la conciencia de que todos los hábitos empiezan por el pensamiento. Entrégate a una nueva conciencia, un pensamiento que susurra: «Puedo hacer esto en este instante. Recibiré toda la ayuda que necesite siempre que siga fiel a esta intención y busque ayuda en mi interior». Anúnciate ahora a ti mismo que no eres ya, por el momento, aquella persona de siempre. El *satori* es tu experiencia. Has despertado por un instante. Pasa ahora al siguiente momento con esa misma entrega, sin pensar en el mañana ni en nada del futuro. Debes estar simplemente en el ahora; en este instante tienes la respuesta. Así es como lograrás esos cambios aparentemente difíciles: un paso tras otro, con una gracia interior que te permita entregarte y dejar de luchar.

9. *Aprende a actuar como si la vida que imaginas estuviera ya aquí*

Actúa como si aquello que percibes en tu mente estuviera ya aquí, en el mundo físico. Empieza por tratar tus pensamientos y visiones como mucho más que simples vagabundeos amorfos de tu mente. Tú creas tus pensamientos, tus pensamientos crean tus intenciones y tus intenciones crean tu realidad. Debes, en consecuencia, poner manos a la obra e iniciar la práctica de no hacer caso de tus dudas acerca de la importancia de tu mundo interior e iniciar también la práctica de actuar como si las imágenes de tu deseo fueran ya tu realidad. Esto puede parecer un autoengaño, pero es el único modo que conozco para superar las limitaciones que crees tener.

Si deseas ser enérgico y te comportas con cansancio estás saboteando tu propia visión. Aun cuando te mires en el espejo y veas arrugas u otras pruebas de tu cansancio, debes ponerte a actuar como si tu visión de una persona enérgica se hubiera materializado ya. No permitas, en ninguna circunstancia, que una persona cansada penetre en tu cuerpo. Afirma la persona enérgica que deseas ser, la visión que tienes en tu mente está ya aquí, y ponla en práctica realizando alguna actividad elegida por ti. No se trata ya de un deseo, ese otro «tú» ha llegado. Tal vez el inicio sea un autoengaño, pero con sólo un instante en que te comportes como si tu milagro estuviera hecho, lo habrás hecho realidad en tu vida. Aunque creas que es una tontería actuar como si nadaras en la abundancia cuando estás rodeado de penuria, hazlo de todos modos. Actúa como si estuvieras en posesión de todo cuanto necesitas sólo por un momento y luego el momento siguiente, porque más que esto en realidad no tenemos.

Este mismo principio es válido para el modo de tratar a los demás y ayudarlos a entrar en el reino de la realidad mágica. Trátalos como si los vieras siendo todo lo que pueden ser o en posesión de todo cuanto pueden tener. Un niño que oye cómo le dices: «Tú ya eres brillante y dotado; ya sabes hacerlo, y yo sé lo grande que eres; digas lo que digas, yo sé en lo más profundo de mi ser que eres capaz de hacer cualquier cosa que te propongas», tiene ya mucho de ganado en el juego. Cuando mis hijos expresan dudas acerca de sí mismos, yo atiendo a sus sentimientos, pero actúo siempre hacia ellos como si fueran capaces de cualquier cosa que se propongan. «Ya sé que tú todavía dudas, pero yo no opino lo mismo. Para mí, tú estás ya preparado y capacitado pero has decidido disimularlo y dudar de ti mismo. Quizás engañes a otros, y a lo mejor incluso consigas engañarte a ti mismo durante un tiempo, pero a mí no me engañas. Yo sé lo que hay.»

Cuando le coges el tranquillo empiezas a tratar a todo el mundo como si estuvieran ya experimentando sus propios milagros. Ves a tus padres ancianos, cuando se quejan, capaces de superar las limitaciones que ellos mismos se imponen. Los tratas como a personas capacitadas. Tratas a la persona enferma como si gozara de un buen estado de salud; te niegas a actuar como si su estado fuera a empeorar. «Estás demasiado fuerte y sana como para pensar siquiera en la enfermedad, te estás curando ya.» Y lo mismo haces con respecto a tu propia salud, tratándote a ti mismo como si estuvieras bien y no permitiendo que tu mente le haga sabotaje al cuerpo con la expectativa de la enfermedad y de la incapacitación. Aunque una pierna rota es una pierna rota, sólo es un impedimento en tu vida si decides verlo así. Si decides que no vas a quedarte inmovilizado por la fractura, que no vas a dedicarte a pensar en lo desgraciado que eres y que vas a hacer todo lo que podrías hacer si no hubieras sufrido este accidente, ésta será tu realidad.

Yo he visto cómo mi esposa, Marcie, en sus numerosos embarazos, se comportaba día tras día como si no hubiera el menor impedimento para hacer lo que hace, esté o no embarazada. Se ve a sí misma activa, sana, llena de vida y asombrada ante la vida humana que crece dentro de su cuerpo. Experimenta entonces esta realidad, y ha dado a luz siete bebés siempre con la misma actitud hacia el milagro de cuya creación ella es responsable. He visto también a muchas de nuestras amigas pasar por el embarazo con quejas constantes y predicciones acerca de lo desastroso que iba a ser todo, y también ellas crean su propia realidad. Aprender a actuar como si el milagro que deseas mentalmente estuviera ya aquí te da una gran ventaja en el inicio en este mundo fenomenológico de la realidad mágica.

En 1965 daba yo clases en un instituto público de Detroit, Michigan, y asistía a la escuela para graduados por la noche. Un día, después de que acabaran las clases, estaba de pie en la oficina de la escuela y oí cómo el director preguntaba a una secretaria si sabía de algún miembro del personal que estuviera al corriente de la concesión de fondos federales. Estaba buscando a alguien para dirigir un programa especial que requeriría financiación federal, pero no conocía a nadie con las cualificaciones necesarias para una empresa de tanta envergadura.

En esa época yo no ganaba mucho, y la idea de tener unos ingresos extra y, además, encabezar un programa especial de tutoría para alumnos sin medios me parecía estupenda. Le dije inmediatamente al director que era un experto en programas de financiación federal y que podía redactar una propuesta y conseguir los fondos. Me costaba trabajo creer en mis palabras. Anunciaba mi pericia en algo con lo que sólo estaba ligeramente familiarizado.

El director me dio permiso para seguir adelante y aquella misma tarde pasé seis horas en la biblioteca universitaria enterándome de los pormenores de la financiación federal de programas de tutoría para alumnos de baja condición social. Al día siguiente redacté la propuesta guiándome por las pautas que había descubierto en la biblioteca. Me nombré a mí mismo director del programa, detallé la financiación necesaria, incluido mi sueldo, y utilizando un modelo que figuraba en una publicación federal, envié la propuesta a Washington.

Al cabo de tres semanas teníamos una subvención federal y yo era el experto residente sobre financiación federal para proyectos especiales. Otras dos escuelas solicitaron mis servicios como consultor y ofrecieron pagarme por dirigir talleres sobre financiación federal entre su personal. Yo tenía ahora un segundo trabajo bien pagado, ayudaba a jóvenes rezagados y el director agradecía su buena estrella por haber podido contar con un «experto» residente entre su personal cuando lo necesitaba.

Cuando tienes una visión y actúas como si esta visión estuviese ya materializada, no sólo creas las capacidades necesarias sino que, literalmente, te conviertes en tu propio hacedor de milagros. Si crees que nunca vas a ser capaz de dirigir una empresa de este tipo porque «no tienes la preparación, los títulos o la experiencia necesarios» o por cualquier otra causa, actuarás en consecuencia con ello. Empieza a actuar como si fueras ese experto, aun cuando de entrada necesites engañarte a ti mismo. Si tienes la suficiente fe en ti mismo y estás dispuesto, el maestro aparecerá y tú te lanzarás y crearás las cualificaciones necesarias para llevar a cabo el trabajo.

Este proceso comienza en tu mente. Te permite ver más allá de la prueba palpable y pasar a otra dimensión, una dimensión en la que todo es posible y todo aprendizaje está a tu alcance. Cuando anuncié al director mi pericia no lo estaba engañando a él ni me estaba engañando a mí mismo, yo veía más allá de lo físico y había pasado a esa región invisible donde sé que puedo hacer cualquier cosa que decida hacer. En mi mente yo era un experto, y lo único que tenía que hacer era traspasar mi pericia desde el terreno del pensamiento al mundo material. Resultó al final, como suele ocurrir casi siempre, que un experto es alguien que cree en su propia pericia y no teme actuar de acuerdo con esta creencia. Si bien yo no era capaz de practicar una operación de cirugía cerebral, estoy seguro de que, si me hubiera visto a mí mismo como cirujano, habría conseguido la preparación necesaria. Evidentemente, para esto haría falta mucho más que unas horas en la biblioteca.

La pericia que necesitas para la mayoría de las cosas que quieres lograr puedes conseguirla con gran facilidad, pero debes empezar por creer en ello y luego actuar como si eso en lo que crees o que imaginas fuera ya tu realidad. Nunca me he visto a mí mismo como cirujano del cerebro, pero sí puedo imaginarme con capacidad para realizar muchos y distintos trabajos. De hecho, hay muy pocos trabajos para los que me considere incapacitado, incluidas las áreas política, administrativa y de gestión e incluso técnica, con sólo un mínimo de preparación física real.

El hecho es que, en mi caso, sé que si creo en ello con la bastante fuerza y tengo la suficiente confianza en mí mismo como para aprender lo que necesito serán muy pocas las cosas que no pueda lograr en un período de tiempo bastante breve. Una vez sabes que puedes hacerlo y actúas en consecuencia, los medios no faltan. Actuar como si fueras lo que quieres ser y sabes que puedes llegar a ser constituye el modo de superar las dudas sobre uno mismo y entrar en el reino de la realidad mágica.

Sugerencias para poner en práctica este esquema mental

• *Si quieres lograr algo que siempre se te ha mostrado evasivo, actúa por un día como si lo hubieras conseguido ya.* Por ejemplo, si siempre has deseado estar en una excelente forma física pero nunca lo has logrado, actúa como si hoy tuvieras una forma física perfecta. Pregúntate: «¿Qué haría yo si gozara de una forma física perfecta?». Sé entonces esa persona por un día. Ve a la tienda andando en lugar de conducir. Nada cincuenta brazadas. Come adecuadamente. Haz ejercicio. Lee un libro sobre dietética. Dicho de otro modo, vive en el mundo físico como si aquello que deseas en tu mente se hubiera ya materializado. Éste es el camino que conduce a la realización de milagros. Si deseas tener confianza en ti mismo pero te comportas normalmente como una persona insegura, hoy, por una vez, actúa en el mundo físico como crees que se comportaría una persona segura de sí misma.

10. *Vive de acuerdo con tu yo espiritual primero y con tu yo físico después*

En el desarrollo de tu esquema mental favorable a la realidad mágica debes iniciar el proceso que consiste en vivir básicamente de acuerdo con tu yo espiritual. Es ésta una concordancia de la que he hablado en profundidad en el capítulo 2. Dentro de las enormes posibilidades de tu conciencia superior está la capacidad de crear milagros para ti mismo y para tu mundo. Estos milagros tendrán lugar sólo si las elecciones que haces están de acuerdo con tu yo espiritual. Esto significa que debes hacer cada día elecciones basadas en las cualidades de los doce rasgos de la espiritualidad (véase resumen página 88). El punto esencial en cuanto al mundo de los milagros es la capacidad de hacer elecciones basadas exclusivamente en la parte espiritual de tu ser, que sabe cómo servirte de guía en el mundo físico.

Por ejemplo, es evidente que engañar a otra persona no está de acuerdo con tu yo espiritual. Es, sin embargo, posible que por algún motivo hayas decidido hacer que tu engaño sea personalmente válido. Éste es un ejemplo de concordancia con el yo físico en primer lugar. Tu alma, o tu yo invisible, está del lado del amor, la armonía, la verdad, el dar y el compartir la paz y el perdón. Cualquier elección por tu parte que no esté de acuerdo con o sea contraria a estas cualidades te impedirá acceder a la realidad mágica.

Puedes empezar dentro de tu mente a buscar una nueva concordancia y a practicar nuevas elecciones que te alejen de la persona disminuida que eres y te lleven a experimentar la totalidad y la unidad contigo mismo y con el mundo. Experimentarás un auténtico poder para hacer milagros si te pones del lado de tu yo espiritual primero y de tu lado físico después.

Si engañas a los demás, y sabes que ello está en desacuerdo con tu yo espiritual o con tu propósito existencial, comienza en tu mente, por este día, a relacionarte de forma auténtica y verdadera con las personas a las que engañas. Esto no exige una declaración noble ni una confesión, pero te da la oportunidad de cambiar de actitud. Cuando hayas empezado a experimentar la ausencia de engaño ésta se hará habitual, como lo era antes éste. Y ello te beneficiará, en el sentido de que serás capaz de crear los milagros que se te escapaban cuando practicabas el engaño. No puedes escapar a tu alma; como tu sombra, está ahí aun cuando no lo parezca. Cuando te pones básicamente del lado de tu yo físico y te beneficias de las aparentes ventajas que te reporta una mentira, tu yo invisible está ahí, paciente y despierto. Tu yo invisible, tu alma, no permitirá que el yo físico vaya más allá de las limitaciones que supone el hecho del autoengaño.

Esta nueva concordancia, primero con el lado espiritual y luego con el lado físico, es necesaria en todas las áreas de la vida. Tus pensamientos son mucho más importantes de lo que hubieras podido creer. El amor es una virtud anímica. Supone estar sobre todo del lado del yo espiritual. Cuando ésa es tu actitud, actúas de acuerdo con ese principio de amor. Si te pones básicamente del lado de tu yo físico, probablemente verás que te comportas con los demás de maneras carentes de amor y tu alma lo lamenta. En la persona que ofende de manera física o verbal a los demás y conoce el remordimiento interior hay un error de concordancia, y más aún ocurre esto con la persona que no tiene remordimientos.

Tu responsabilidad primordial es para con tu lado espiritual. Consulta tu mente antes de actuar y sé así auténtico contigo mismo. Crea una armonía interior en la que tu alma amorosa guíe tu conducta física en lugar de permitir que tu alma ocupe siempre un segundo lugar, después de los exabruptos físicos.

El verdadero gozo y el sentimiento de alegría que proporciona el estar en paz consigo mismo y con su mundo pertenece a la persona que permite que su mundo físico fluya a partir de las instancias del alma. Es ésta la atmósfera de los milagros y de la realidad mágica. Entonces es cuando estás inspirado, cuando sabes que todo cuanto deseas, todo cuanto haces, procede de lo que piensas en ese espacio vacío y tranquilo que está dentro de lo que podemos llamar tu alma. Se trata tan sólo de un cambio interior. No es necesario que te libres de los hábitos físicos ni hagas como si tus anhelos físicos no existieran. Por el contrario, reordenas tus prioridades y estableces contacto primero con ese mundo invisible e interior que llamamos tu alma, le prestas atención a él en primer lugar y permites que tus conductas materiales fluyan a partir de esos pensamientos. En lugar de convertir tus urgencias físicas en el objetivo primordial de tu vida, como si constituyeran el motor que tira de todo el tren, efectúas un cambio. Esas conductas físicas se convierten en los vagones de compartimientos y el vagón de cola, y de ellos tira el motor que es tu alma invisible. Unos y otro son eternamente omnipresentes. De lo que se trata es de quién está al frente y quién sigue detrás. Cuando comprendas esto, sabrás lo que quiere decir la frase «Según pienses, así serás» y te darás cuenta de la gran diferencia que hay entre esa frase y esta otra: «Según seas, así pensarás».

En *Metaphysical Meditations*, Paramhansa Yogananda describía esa concordancia con estas palabras de una gran belleza. Te recomiendo que las leas a menudo:

Podrás percibir los gozosos rayos del alma si interiorizas tu atención. Estas percepciones son posibles si preparas tu mente para gozar del hermoso escenario de los pensamientos en el reino invisible e intangible que hay dentro de ti. No busques la felicidad sólo en las ropas bonitas, las casas limpias, las cenas deliciosas, los cojines blandos y los lujos. Estas cosas encarcelarán tu felicidad detrás de las rejas de lo externo, de lo superficial. Antes bien, en el avión de tu imaginación, deslízate por encima del ilimitado imperio de los pensamientos. Allí, contempla las sierras de las aspiraciones espirituales, sin fisuras y majestuosas, para mejora de ti mismo y de los demás.

Cuando contemples estas aspiraciones espirituales no sólo te mejorarás a ti y mejorarás a los demás, sino que estarás en condiciones de conocer el significado de la realidad mágica. Para lograrlo basta el chasquido interior de tu mente que te conecta al origen de tu alma del mismo modo que un enchufe de pared conecta con una fuente de electricidad. En lugar de determinar tu vida física, tu modo de sentir y pensar, se ilumina con toda claridad el modo adecuado de guiar tu vida física. Puedes ahora consultar tu alma, ese espacio interior tranquilo y vacío. Siempre te guiará en la dirección adecuada. Te proporcionará todas las herramientas que necesites para producir resultados mágicos en tu vida, pero sólo si le permites tener prioridad y guiar realmente tu vida material. La elección es tuya. Esta nueva concordancia es un acto del corazón que te conecta con tu alma. Mira a tu interior y escucha, y tu yo físico verá y oirá con toda claridad cuáles son tus prioridades.

Sugerencias para poner en práctica este esquema mental

• *Ordena de nuevo tus prioridades por un día.* Haz que tus imágenes mentales constituyan la parte más importante de tu vida y vive este día de acuerdo con ellas. Imagínate pasando una velada agradable, llena de amor, con tu esposa o tu novia. Piensa en esta imagen y ve cómo se desarrolla del modo exacto que sería más agradable para ambos. No dejes que la imagen se te escape. Al hacer esto te estás poniendo en primer lugar del lado de tu yo espiritual. Todavía es un pensamiento invisible. Ahora, materializa ese pensamiento del modo exacto en que al principio lo has creado en tu mente. Así cambiarás de concordancia para tener en cuenta primero tu lado espiritual y, luego, permitirás que tu mundo físico fluya a partir de esa nueva actitud.

Puedes hacer esto con un encuentro de negocios, unas vacaciones o cualquier cosa que ocupe tu vida cotidiana. Primero ponte del lado de la presencia amorosa que está contigo en tu mente, retén la imagen con fuerza y declara tu intención de actuar de acuerdo con esa imagen. Los seres espirituales no permiten que sus pensamientos y sentimientos fluyan de sus acciones, sino que comprenden que sus pensamientos crean su mundo físico. Poniéndote así básicamente del lado espiritual y haciendo que esta prioridad ocupe el primer lugar en tu mente, verás pronto lo fácil que es hacer que esta concordancia funcione a lo largo de toda tu vida cotidiana.

11. *Estudia esta paradoja: «Nunca se tiene bastante de lo que no se desea»*

Deja que esta paradójica afirmación ocupe el primer lugar en tu mente mientras te preparas para experimentar los milagros de la realidad mágica. Piensa en todas las cosas que la gente no desea. El alcohólico aborrece el alcohol que consume su vida y, sin embargo, nunca tiene bastante de él. Lo mismo ocurre con el drogadicto. La persona peleona y llena de ira aborrece la ira que la posee y, en cambio, parece que nunca pueda resistir la invitación a pelear. La persona obesa odia la comida que anhela y, sin embargo, nunca tiene bastante. Del mismo modo, muchos de nosotros desdeñamos el dinero que parece dirigir nuestras vidas y la necesidad de ir detrás de él, pero siempre queremos más.

La respuesta a la cuestión de llegar al punto en que no se anhele lo que nos envenena está en comprender lo que queremos decir cuando hablamos de un deseo. Un antiguo proverbio zen dice lo siguiente: «Cuando lo buscas, no puedes encontrarlo». Aquello que anhelas te envía un mensaje no escrito ni hablado y, sin embargo, real, que dice algo así: «Sin aquello que anhelo estoy incompleto. Si lo consigo, seré más yo, más completo». Pero esta visión de nosotros como seres incompletos es una ilusión. Tú lo eres ya todo, por lo que no necesitas en realidad nada más para ser completo. Cuando sabes esto de verdad, tus necesidades desaparecen y eres capaz de prescindir perfectamente de aquello que no deseas pero que, misteriosamente, sigues anhelando. Esto no quiere decir que vayas a ser como una pluma irreflexiva que vuela al azar y sin dirección en el viento. Sin embargo, te verás libre de la locura que representa perseguir con fuerza aquello que no deseas y que, de algún modo, te hace daño.

Cuando yo dejé de ir detrás del dinero, éste empezó a llegar a mi vida en mayor cantidad que nunca. ¿Por qué? Porque yo vivía mi propósito y me entregaba al universo para que éste proveyera mis necesidades. Cuando abandoné la necesidad de sentirme animado, relajado o eufórico gracias al alcohol, mi estado fue más que nunca el que yo buscaba en las sustancias externas. ¿Por qué? Porque me puse en primer lugar del lado de mi yo espiritual. Cuando supe que mi mente era capaz de crear el nivel de euforia, excitación o relajación que yo deseaba y cuando lo deseaba, y mi propósito fue dar, amar y servir a los demás a partir de este estado idóneo, ya no necesité las sustancias de las que hasta entonces quería siempre más. Yo odiaba el entorno hostil que a menudo creaba y, en cambio, parecía condenado a crear en mayor medida lo que despreciaba. Cuando renuncié a la necesidad de tener razón, renuncié a la ira y al pesar que acompañaban esa necesidad. Creo de veras que no podemos entrar en el reino de la realidad mágica obedeciendo diligentemente pensamientos interiores indeseables.

San Juan de la Cruz nos dijo que si un hombre desea estar seguro del camino que pisa debe cerrar los ojos y andar en la oscuridad. Yo interpreto esto como una instrucción para que confiemos en la guía que recibimos de nuestro yo invisible.

Por paradójico que esto parezca, constituye el esquema mental necesario para hacer milagros. Entrégate, confía, renuncia a la acumulación y al logro exteriores y ten un propósito y un guía. Cuando alcances este estado de bienaventuranza hallarás un lugar apacible en tu mente y verás que estás más activo, más realizado, y cómo la riqueza que antes anhelabas llega a tu vida en cantidades más que suficientes para bastar a tus deseos y necesidades. Lo esencial es que sepas que eres ya completo, que lo tienes ya todo y que nada exterior a ti en el mundo físico puede convertirte en un ser más completo.

Al saber esto dejas de buscar aquellas cosas que en realidad no necesitas ni deseas y tu vida adquiere un nuevo sabor, el delicioso sabor del propósito. Se completa entonces el círculo de la ironía. Las cosas que antes anhelabas y deseabas llegan a tu vida sin que tú las persigas y tú, desde esa nueva y gloriosa posición en la que no las necesitas para sentirte completo, las transmites y las mantienes en circulación. Debes abandonar el deseo, saber en tu corazón que no necesitas nada más para ser completo y observar luego cómo esas cosas externas van perdiendo importancia en tu vida.

Sugerencias para poner en práctica este esquema mental

• *Haz un inventario de aquellas cosas que sigues persiguiendo pero en realidad no deseas en tu vida. Haz luego un inventario de lo que* de verdad *te gustaría.* En tus relaciones, podrías sustituir el engaño por la sinceridad. Puedes sustituir el alcohol por ocho vasos de agua al día. Puedes poner amor y armonía donde antes había ira.

Tomando conciencia de lo que envenena tu vida y utilizando tu invisible mente hacedora de milagros para crear lo que realmente deseas y sabes que mereces, te encontrarás viviendo en armonía. Experimentarás en tu mundo físico precisamente aquello que te crees con derecho a crear. Haz un inventario de tu vida y dale un propósito.

12. *No pidas nada de nadie y practica la aceptación incondicional*
Un esquema mental milagroso exige lo que en una primera lectura tal vez parezca una postura exagerada: «No pidas nada de nadie». Las demandas que haces a los demás crean un entorno en el que los milagros son imposibles de manifestar. El lugar que intentas alcanzar dentro de tu mente es un lugar de aceptación completa e incondicional de los demás. Es decir, debes estar desprovisto de juicios y demandas a fin de experimentar la realidad mágica en tu vida.

Es posible que esto parezca una tarea imposible al principio, pero, antes de rechazarla, recuerda en esa etapa que sólo estás trabajando tu esquema mental. Por lo tanto, y puesto que tu mente es tu único territorio particular, puedes por ejemplo hacer un ensayo privado de esta aceptación incondicional durante unos días y ver cómo empiezas pronto a experimentar una nueva y diferente serenidad.

No pedir nada de nadie te da un auténtico sentimiento de libertad. Siempre que te sientas a punto de molestarte o indignarte con alguien, detente y apropiate estas palabras: «No me deben nada. No espero nada de ellos. Los aceptaré, sin más, en el punto en que se hallan ahora». Verás que dos días de práctica de esta actitud te convierten, de veras, en especial si la practicas con la persona más cercana a ti.

Esta persona es para mí mi esposa. Cuando me acuerdo de que no me debe nada, de que es una presencia afectiva en mi vida, sin obligaciones para conmigo, no puedo hacer otra cosa que aceptarla de manera incondicional. Observa que no he dicho que deba estar de acuerdo con ella al ciento por ciento. Simplemente me recuerdo a mí mismo que no debo exigir nada. Su presencia es un regalo para mí, y su alma y su cuerpo tan bellos son regalos maravillosos que se me hacen para que yo los comparta. Pero no constituyen obligaciones ni deudas. Ella no es en modo alguno una posesión mía, del mismo modo que yo tampoco soy propiedad de ella ni de nadie. Somos responsables, total y exclusivamente, de nuestras almas. Recuerdo esto, y mi esposa y yo tenemos una relación hermosa, espiritual y gozosa. Cuando lo olvido, lo cual me ocurre a veces, se producen tensión e incomodidad y la realidad mágica es imposible.

Es éste un principio enormemente liberador en todas las áreas de la vida. Ves a los demás en tanto que regalos, de los que no pides nada, y, simultáneamente, te empleas en tus papeles mundanos. Incluso aquellos a quienes se paga para que te sirvan, como son camareras, funcionarios, dependientes, asistentes, empleados, etcétera, deben recibir de ti esta forma de atención. Yo tengo expectativas y agradezco todo cuanto aportan a mi vida a cambio del sueldo o de los honorarios que les pago, pero no soy en modo alguno mejor que ellos por el hecho de haber escogido pagar y ellos cobrar. Son éstos papeles que se escogen. Ni más ni menos.

Lo sorprendente de este tipo de actitud es que, cuanto menos esperas o exiges, más parece ser lo que te encuentras y mejor también el servicio.

Ver la plenitud de Dios en el servicio a las gentes y tratarlas con respeto, en lugar de exigir su atención, crea casi siempre una respuesta mágica. Y sin embargo, si las tratas así, no es por lo que vayas a conseguir, sino porque ésta es la actitud que has decidido tener en el mundo. Tu propósito son el amor y la armonía. Propágalos dondequiera que vayas y lograrás resultados sorprendentes.

Esta actitud de no exigir nada de nadie es también apropiada en tu relación con Dios, el universo, el espíritu o como quieras llamar a esa inteligencia invisible que impregna toda forma. Esa inteligencia invisible es también parte de ti. «El reino de los cielos está en ti» no es una hueca frase hecha, sino la realidad. Dios trabaja contigo, no para ti. Debes saber que tu vida es un regalo y que el universo no te debe nada ni está en modo alguno obligado a ti.

Para llegar a una posición desde la que seas capaz de crear milagros debes comprender la diferencia entre desear que ocurra algo extraordinario y estar dispuesto a que ello ocurra. Exigir un milagro a fin de demostrar la existencia de Dios es un ejercicio de futilidad. Los milagros no se producen ni se producirán en tu vida ni en la vida de nadie como respuesta a una exigencia. Debes estar dispuesto a permitir que el milagro salga a la superficie sin forzarlo.

Me di cuenta con toda claridad de este punto mientras investigaba para este libro. Todas las mañanas pasaba una hora meditando debajo de un árbol hawaiano en flor que me gustaba de manera especial. Todas las mañanas miraba la misma rama del árbol y pensaba: «Si hay algo de verdad en este sentimiento espiritual que experimento ahora, si realmente tengo el poder mental de incidir en el mundo que me rodea y si los milagros están realmente a nuestro alcance, que esta flor de ahí arriba caiga al suelo sobre mi palma extendida. Que yo sea capaz de conseguirlo con sólo el pensamiento y entonces quedaré convencido».

Así se desarrollaba el diálogo interior entre mi mente y el mundo físico. Pero la flor no titubeó en ningún momento. Todas las mañanas, yo pensaba: «Hoy es el día. Hoy conseguiré que caiga sólo con el poder de mi mente».

Un día fui invitado a dar una charla ante una reunión de la iglesia del lugar. A las cinco y media de la mañana en que debía dar esta charla estaba yo meditando debajo de mi árbol y preguntaba a la guía amorosa interior de la que tanto hablo: «¿Cómo puedo ser útil? ¿Quién soy yo para dar mensajes espirituales a gentes que han venido de cerca y de lejos sólo para oírme? ¿Tiene realmente algún sentido este creciente conocimiento mío que me dice que los milagros son una posibilidad para todos nosotros? ¿Debo escribir y hablar sobre este tema en mayor profundidad de lo que me ha parecido hasta ahora?».

Era una de las mañanas más apacibles y tranquilas que he vivido jamás. La rama encima de mí estaba quieta mientras yo pensaba en lo que diría a aquellas gentes que iban a congregarse dentro de unas horas. Sólo tenía un asomo de duda, pero en todo caso éste estaba allí. En el instante mismo en que me cuestionaba la autenticidad de mi posición y si debía realmente dedicarme a hablar de milagros, la flor cayó de la rama y fue a parar a mi mano extendida; en el preciso instante en que yo no estaba concentrado en mi deseo. En una mañana apacible, aquella rama era la única cosa que se movía. Se movía sobre mi cabeza de manera curiosa, como si una fuerza invisible estuviera presente en ella y sólo en ella.

Me embargó en ese momento una extrañísima calma. Lo que debía hacer estaba claro como el cristal, toda duda desapareció y ha estado ausente de mi conciencia desde esa mañana. «No puedes provocar milagros, Wayne, lo que debes hacer es estar dispuesto a que ellos vengan a ti y a través de ti.» En ese instante dejé de meditar, cogí conmigo la flor y me dirigí a la iglesia sabiendo de qué iba a hablar esa mañana. Fue en ese servicio donde me encontré con Gail Longhi, y luego tuvo lugar la reunión con Mauricio.

Supe que esa mañana se me había enviado un mensaje muy especial. Nada habría podido convencerme de que esa flor, que se había desprendido en una mañana apacible y había aterrizado en mi mano cuando yo no pedía nada de ella después de haber estado intentando hacerla caer mágicamente con sólo mi pensamiento, era en sí una enorme coincidencia. Cuando dejé a un lado mi exigencia, recibí la respuesta que necesitaba. Por decirlo de algún modo, el maestro apareció en el instante preciso, y empecé a ver cómo aparecían milagros en mi vida de maneras apasionantes y no experimentadas con anterioridad.

Cuando esa flor cayó a mi mano supe también que yo estaba capacitado para hablar y escribir acerca del mundo de la realidad mágica y que se me darían las herramientas necesarias para ello. Este insignificante acontecimiento que tuvo lugar esa mañana en Maui, justo antes de que yo diera mi primera charla sobre el tema, transformaría mi vida de un modo que jamás había imaginado; y eso fue hace tan sólo unos pocos años.

La vida es lo que es, ni más ni menos. No hay que pedir nada de ella, como nos recuerda Emerson: «Estas rosas debajo de mi ventana no son ninguna referencia a antiguas rosas ni a rosas mejores; son rosas en sí mismas; existen con Dios y hoy». Como tú y yo. Despierta en tu mente hasta el punto de no exigir nada de nadie, ni siquiera de la misma vida. Ve lo divino en todas las personas que te encuentres. Acepta esto y te hallarás en el marco mental interior necesario para crear realidad mágica.

En lugar de pedir algo de los demás, intenta darles algo. Intenta ser el que da, aun cuando lo que des no sea más que una irradiación del amor y la aceptación incondicional que sientes dentro de ti. Es el que da y no el que toma el que hace realmente el milagro e, irónicamente, es el que se concentra en dar como su propósito en la vida el que normalmente recibe mucho más que aquellos que siempre buscan más. ¡Tu esquema mental es la causa!

Sugerencias para poner en práctica este esquema mental

• *No pidas nada de nadie por un día.* Decide dar en lugar de tomar: a tu esposa, a tus hijos, a tus compañeros de trabajo, a todos cuantos te encuentres hoy. Tendrás una gran sorpresa cuando simplemente te ofrezcas a los demás sin esperar nada a cambio. Verás que, cuanto menos esperas de los demás y menos exiges que te sirvan, más son las cosas con las que te encuentras.

Prodiga amor y una aceptación incondicional a aquellos con quienes te encuentras, y ve qué ocurre. ¿Cómo puedes sentirte furioso o herido cuando no tienes expectativas? Es éste un magnífico pensamiento para poner en práctica cuando te sientes víctima de algo o crees que no se te tiene la suficiente consideración. No esperes que se te considere y deja que aquellos con quienes te encuentras sean lo que necesitan ser. Verás entonces que la consideración que crees necesitar es, en realidad, innecesaria. De hecho, sentirte molesto porque ella te falta no es más que otro modo de permitir que otra persona te controle con sus acciones u omisiones. Cuando renuncias a esto y simplemente das a los demás, porque tal es tu propósito y por ningún otro motivo, verás que recibes esa misma consideración que con tanto desespero ambicionabas. Ya no la necesitarás. La reconocerás, y luego volverás a tu propósito.

13. *Empieza a crear en tú auténtico poder personal*
A medida que creas tu esquema mental milagroso, piensa qué es lo que te daría auténtico poder como ser humano. A menudo se bara-

ja este concepto del poder personal sin que nos detengamos a considerar qué hace falta para ser personalmente poderoso.

No me refiero con auténtico poder a la capacidad de dominar o controlar a los demás. Si medimos así el poder, ¿adónde va a parar éste cuando esas personas a quienes controlamos desaparecen? Para ser auténticamente poderoso, el poder no debe residir en el modo en que los demás reaccionan ante nosotros, ni tampoco, exclusivamente, en nuestra fuerza o aspecto físicos. Si el poder depende de nuestro atractivo físico, ¿adónde va a parar ese poder cuando el atractivo desaparece? El auténtico poder no está ubicado en el cuerpo físico: en el mundo material se producen cambios inevitables. Ponerse de manera exclusiva del lado físico de nuestra condición humana es apartarnos del auténtico poder, porque es algo transitorio que depende de la reacción de los demás. Y cualquier cosa que dependa del mundo físico y material para su autenticidad se nos escapará siempre a medida que ese mundo material cambie y vaya perdiendo, digamos, su atractivo y fuerza.

Adquirir auténtico poder constituye un viaje de tipo diferente. Lo hallamos en el camino de la concordancia con el propósito anímico. Con cada paso que das en el sentido de la concordancia con el propósito de tu alma, adquieres más poder. Debes recordar, sin embargo, que te hallas en una cultura que hace hincapié principalmente en el lado físico y muy poco en el lado espiritual o invisible. Se te anima constantemente a ponerte de manera exclusiva del lado del aspecto físico de tu condición humana. Así, al leer estas páginas, recuerda que tu propósito es el poder personal: convertirte, literalmente, en tu hacedor de milagros.

Transformar tu cuerpo en un ejemplar lo más sano posible exigirá probablemente un giro en redondo en tus hábitos alimentarios y de ejercicio. Estos hábitos se han desarrollado en una cultura que te tentaba a diario a buscar una concordancia exclusiva con tu yo físico. Según cambies de actitud, tu lado espiritual te suplicará que elimines los elementos nocivos, al tiempo que tu lado físico intenta atraerte con tentaciones tóxicas. Tu concordancia física puede literalmente dejarte sin poder y hacer imposible el milagro transformador que imaginas para ti mismo. Sin embargo, la luz que hay en tu interior, aun siendo imperceptible para tus cinco sentidos, sabe exactamente qué es lo que necesitas en cuanto a nutrición y a ejercicio activo. Cuando cambies de concordancia seguirás casi sin esfuerzo tus señales interiores. Verás y sentirás el cambio que se produce en ti. Ese desplazamiento indicará un alejamiento del falso poder en dirección al poder personal. Seguirán existiendo las tentaciones físicas, por las que ocasionalmente te dejarás vencer, pero tu vida estará dominada por esa nueva actitud espiritual, y un desliz de vez en cuando no hará que tu auténtico yo se tambalee. Esta nueva concordancia será patente en casi todas las áreas de tu vida.

Estar del lado de lo físico hará que caigas en la tentación de engañar, robar, hacer chapuzas, mentir, abusar, tener accesos de cólera o ceder ante una adicción. Si sigues alienado así, serás testigo de la desintegración de tu poder. Habrás hecho la elección irresponsable que te despojará de poder. Es posible que las recompensas inmediatas te hagan parecer más poderoso, especialmente de cara a los demás, pero sabrás en tu interior que eres más débil. Sabrás que una vez más has sucumbido a la debilidad de la tentación y has hecho caso omiso de tus instancias interiores.

El auténtico poder, la capacidad de crear lo que parece imposible cuando se está en total concordancia con nuestros cinco sentidos, se logra paso a paso a través de la magia. Estos pasos son pensamientos interiores que te guían a prestar atención a algo que ya sabías, pero que hacías a un lado en favor de la inmediata gratificación de tus sensaciones mundanas.

Conocer de una en una pequeñas victorias es el modo de experimentar, tal vez por primera vez en la vida, la auténtica adquisición de poder.

La auténtica adquisición de poder es saber en tu interior que tienes un propósito y que actúas en nombre de Dios, en paz y armonía. Es saber que puedes crear cualquier cosa que necesites para llevar más allá esa labor sin recurrir a manipular o hacer daño a otro. Se trata de un nuevo modo de ser, que puede manifestarse de un sinnúmero de maneras aparentemente insignificantes.

Por ejemplo, en los veintiséis kilómetros que recorro en automóvil entre mi despacho y mi casa hay numerosos semáforos, y a menudo un tráfico denso y muchísimas demoras por obras en la calzada. Cuando mi concordancia era de tipo más físico, yo siempre tenía prisa, cualquier pequeña demora o cualquier persona que conducía con lentitud me ponía furioso y cruzaba a toda prisa las luces ámbar de precaución; ello representaba generalmente estar enfadado unos noventa minutos al día. Me dejaba enfurecer por dentro como consecuencia de las realidades mundanas que formaban parte de la vida que yo había elegido para mí mismo.

Cuando cambié de actitud, empecé a experimentar auténtico poder en la misma situación. Ahora, antes de iniciar esa excursión de veintiséis kilómetros a través de unas condiciones mundanas, me lo represento todo en mi mente primero antes de subir al automóvil. Lo veo como me gustaría que fuera. Me imagino a mí mismo en un estado apacible a lo largo de todo el viaje, me detengo en los semáforos en ámbar, no me salgo de mi carril e incluso bendigo a aquellos que conducen a una velocidad que me obliga a aminorar la marcha. Éste es el cuadro mental que me represento cuando subo al coche para dirigirme a la oficina. Estoy tranquilo y relajado, a punto para gozar de los siguientes cuarenta minutos de mi existencia.

¡Tengo auténtico poder! No soy ya una víctima emocional del modo en que los otros deciden conducir ni del capricho de los semáforos. No necesito ninguna condición exterior específica para sentirme afectuoso, lleno de propósitos, y gozar de esos momentos de mi vida inmerso en el tráfico. He cambiado de concordancia, que es ahora, principalmente, con el reino espiritual e invisible y sólo de manera secundaria, con el físico.

Del mismo modo que mis pensamientos y sentimientos en el reino invisible de mi vida fluían antes de lo que pudiera estar ocurriendo en el mundo físico, el proceso es ahora a la inversa. Mis pensamientos y sentimientos —mi yo invisible y espiritual— dictan el modo en que voy a experimentar mi mundo físico. Se trata de auténtico poder, del poder de controlar el propio entorno, y ello es posible en prácticamente todas las áreas de la vida si decidimos estar capacitados por el milagro que es la preeminencia del alma espiritual e invisible en todas las empresas del mundo físico.

Ser personalmente poderoso en cualquier situación vital resulta fácil y natural cuando estás del lado de tu yo físico. Es éste un poder que funciona en todo lo que haces y con todos aquellos con quienes te encuentras. Busca la concordancia con tu alma, escucha esa voz interior que te pide estar en paz y tener un propósito y tu vida pasará a ser la de una persona auténticamente poderosa. Con este esquema mental, la realidad mágica estará a tu alcance como elección vital.

Sugerencias para poner en práctica
este esquema mental

• *Apártate por un breve período de tiempo de la conducta que te hace controlar a los demás a través de tu estatura, tu autoridad, tus proezas físicas, tu aspecto físico, tu edad, tu riqueza o cualquier cosa exterior a ti.* Imagina que eres simplemente un alma en interacción con otras. Trata realmente a los demás como si en ellos estuviera la plenitud de Dios. Imagina que no existe ninguna forma de atributos del mundo físico. Haz la prueba durante un día o dos para ver en qué medida posees en verdad auténtico poder.

Yo suelo hacer esto con mis hijos pequeños. Me imagino a mí mismo con mi estatura de adulto y sin el poder que acompaña al hecho de ser mayor. Intento conducirme con ellos durante un período de tiempo, por ejemplo en el camino hasta la escuela, como si careciéramos todos de cuerpo y en el coche no estuvieran presentes más que nuestros pensamientos y nuestras almas. Veo en qué medida esto les da poder a ellos y me lo da a mí. Los escucho en lugar de darles órdenes. Les doy amor en lugar de instrucciones. Me ven como a un guía afectivo y no como a un padre mayor que puede obligarlos a hacer lo que yo quiero que hagan.

Renuncia a tu necesidad de controlar y sustitúyela por una especie de aceptación incondicional de aquellos con quienes te encuentras en tanto que almas hermanas iguales todas a los ojos de Dios. Convierte tu matrimonio o tu relación más importante en una relación espiritual. Sin que haya autoridad ni nadie al mando. Simplemente dos compañeros, conectados por un lazo invisible y ninguno de los cuales necesita dominar al otro. Te sorprenderá ver hasta qué punto facultas a los demás cuando te facultas y a ti mismo cuando alejas tu mundo interior del dominio y el control para pasar al respeto incondicional y a la armonía afectiva. Si bien ese mundo es por supuesto invisible, es sin embargo mucho más poderoso y auténtico que aquel que hallamos exclusivamente en el mundo temporal y material.

14. *Practica la meditación todos los días*

Aprende a meditar y haz de la meditación una parte integral de tu vida cotidiana. Este paso final en la creación de tu esquema mental milagroso es para mí el más importante.

Hace cinco años, yo no me habría imaginado meditando de manera regular. Hoy, no puedo imaginar mi vida sin meditación. Es éste el vehículo que utilizo para crear el estado mental del que he hablado en este capítulo. No puedo imaginarme subiendo al estrado para hablar sin primero haber meditado. Del mismo modo, cada sesión de escritura se ve precedida por la meditación. Mi vida gira principalmente en torno a la meditación, el entrar tranquilamente en mi interior para descubrir la invisible inteligencia y la guía afectiva que están siempre a mi disposición.

El proceso de meditación consiste simplemente en entrar tranquilamente en tu interior para descubrir el componente superior de tu ser. Pasado un rato, entras en contacto directo con lo que siempre ha sido un misterio en tu vida. Descubres a Dios, esa inteligencia infinita e invisible que forma siempre parte de ti y de tu vida cotidiana. Así lo describe Richard D. Mann en *The Light of Consciousness*:

> El cuerpo parece estremecerse, purificado. Las imágenes tienen una claridad desconocida y terrible; el registro espontáneo de lo que nuestra vida y nuestras experiencias actuales en su conjunto suponen realmente puede adoptar la forma de percepciones intuitivas lacerantes. Incluso la quietud aparece como una bendición y un descubrimiento. Ocurra lo que ocurra, sugiere siempre un cambio en la estructura interior de la propia conciencia...

Aprender a meditar, como todo aprendizaje, empieza por una creencia, un pensamiento que ha de tener su origen en ti. El pensamiento es simple: «Creo que debe de haber algo en la experiencia de la meditación y estoy dispuesto a dedicarle la energía necesaria para descubrirlo». ¡Eso es! El simple reconocimiento de que la meditación, de la que quizá no sepas nada, posee un valor inherente, y la decisión de abordarla con espíritu abierto.

A fin de crear este espíritu abierto, observa por un instante a los más grandes pensadores que hayas admirado. Fíjate en las vidas y en los consejos de estos maestros espirituales, que han influido ellos solos más que los otros billones de personas que puedan haber vivido en este planeta. Nos animan todos ellos a meditar, a entrar en nuestro interior, a buscar guía en el espacio vacío, invisible y silencioso, que existe en todos nosotros. La meditación te ofrece la oportunidad de llegar a conocer tu yo invisible. Te permite vaciarte de la constante hiperactividad de tu mente y alcanzar la calma. Te enseña a ser apacible, a eliminar la tensión, a recibir respuestas allí donde antes reinaba la confusión, a adoptar un ritmo más lento y, en última instancia, cuando adoptas la meditación como modo de vida, a ser capaz de acudir a ese lugar de paz en cualquier momento. Y digo en cualquier momento. En medio de una reunión de negocios, en plena tragedia, durante una competición atlética: ¡en cualquier momento! La meditación puede ayudarte y te ayuda a convertirte en tu propio hacedor de milagros y a llegar a conocer lo que significa la realidad mágica. Quiero recordarte otra vez lo que el brillante filósofo y científico francés Pascal dijo acerca de los beneficios de la meditación: «Todas la desdichas del hombre derivan del hecho de que no es capaz de estar sentado tranquilamente, solo, en una habitación». A mí esta idea me parece fascinante, y me pregunto por qué no se incluye la meditación en nuestros programas de enseñanza a todos los niveles. En mi breve experiencia con la meditación me he sentido siempre más en paz, más afectuoso y más seguro de mí mismo después de meditar.

He aquí algo sencillo y al alcance de todos nosotros cuando nos decidimos a utilizarlo, algo que contribuye de manera enorme a nuestro bienestar.

Y ¿cómo se hace? ¡Es muy sencillo! Sólo hay que ponerse a hacerlo. Lee lo que dice el genio de la literatura Franz Kafka:

> No es necesario que abandones tu estancia. Permanece sentado junto a tu mesa y escucha. Ni siquiera escuches, espera nada más. Ni siquiera esperes, permanece tranquilo, silencioso y solitario. El mundo se te ofrecerá de buena gana para que lo desenmascares, porque no puede hacer otra cosa, y vendrá en éxtasis hasta tus pies.

No existe un modo correcto o un modo equivocado de meditar. No hay una estrategia específica que haya que seguir. Se trata simplemente de que te permitas pasar a otra dimensión en la que no hay las limitaciones que experimentas en tu mundo físico. En el estado meditativo puedes representar en tu interior una dificultad o un problema. Míralo, experiméntalo primero dentro de tu yo invisible y luego represéntalo tal como querrías que fuese en tu mundo físico. Puedes pedir también guía divina haciendo calladamente preguntas como éstas: «¿Cómo puedo actuar con amor y serte útil en tu participación en este próximo acontecimiento?» «¿Qué puedo pensar en sustitución de los pensamientos autodestructivos que tengo ahora y que están dando al traste con mi felicidad?». Recuerda la clave: «Según pienses, así serás».

La meditación constituye una oportunidad para crear lo que vamos a ser. Entrando en el mundo invisible del pensamiento y representándolo primero todo allí como si se tratara de un ensayo divino de nuestra vida. Sí, recibirás las respuestas que buscas. Sí, serás capaz de manifestar milagros que eran prácticamente imposibles antes. Sí, podrás abandonar tu cuerpo físico y entrar en el reino de los cielos que hay en ti para volver y experimentar entonces realmente la realidad mágica.

En *The Three Pillars of Zen*, Phillip Kapleau resumió lo que se puede recibir comprometiéndose con el ejercicio de la meditación:

> Para el hombre corriente, cuya mente es un tablero de reflejos, opiniones y prejuicios que se entrecruzan, la atención pura es prácticamente imposible. Su vida está así centrada no en la realidad en sí, sino en sus ideas acerca de ella. Al concentrar la mente por entero en cada objeto y en cada acción, el *zazen* (meditación) la despoja de pensamientos extraños y nos permite entrar en una relación plena con la vida.

Sí, pasarás realmente de las ideas acerca de tu vida a experimentar tu propósito, tu misión heroica en ella. Otro modo de expresar esto es el que nos ofrece Taisen Deshimaru: «Si tienes un vaso lleno de líquido podrás discurrir eternamente acerca de sus cualidades, hablar de si el líquido es frío, caliente, de si se compone real y verdaderamente de H_2O o incluso de si es agua mineral o sake. ¡La meditación es beberlo!».

¡Hermoso! Aprender a meditar es aprender a vivir en lugar de hablar de la vida. Es una auténtica concordancia con tu propósito en tanto que ser espiritual con experiencia humana.

Hay muchos libros y guías fabulosos sobre el tema de la meditación, escritos por personas mucho más cualificadas de lo que estaré yo nunca. Voy a describir cómo funciona la meditación, pero quiero dejar en claro que así es cómo funciona en mi caso. Me encantaría que mi descripción te animara a practicar la meditación; sin embargo, no sabrás lo que es ni qué beneficios te ofrece hasta que la experimentes directamente.

Yo he comprobado que mi mejor momento para meditar es a primeras horas de la mañana. Quizá tú también desees tomarla, antes de la hora en que normalmente te despertarías, y dedicarla a la meditación. No te preocupes por el hecho de que estés cansado: parece que una hora de meditación puede equivaler a una noche de sueño. Cuando termino de meditar, me siento más descansado que al despertar después de haber dormido toda la noche. Tomo una larga ducha o un baño caliente, me siento en el suelo con las piernas cruzadas y cierro los ojos.

Mi primer objetivo en la meditación es llegar al estado alfa. Éste es, para mí, el equivalente del modo en que me sentiría si estuviera hipnotizado. Las ondas cerebrales están alteradas. En realidad, están ralentizadas. Me doy cuenta de cuándo he llegado porque empiezo a sentirme ligero y eufórico. Siento los brazos más ligeros, parecen plumas y se alzan con un mínimo esfuerzo, ayudados al parecer por una fuerza invisible que está en mí. Es un sentimiento general de mareo y aturdimiento agradables, al que llego sin necesidad de productos químicos o alcohol. Después de varios años de meditación, llego a este estado alfa en cuestión de segundos.

Burt Goldman, en *How to Better Your Life With Mind Control*, tiene un soberbio capítulo llamado «Getting to Alpha» («Cómo llegar a alfa»), en el que describe con todo detalle el modo de llegar a ese punto. A mí me funciona de este modo: respiro hondo varias veces y me concentro por completo en la aspiración y la expiración más largas que puedo hacer sin que entre ellas intervenga ningún pensamiento. Evito la tentación de que los pensamientos bombardeen interminablemente mi conciencia repitiendo «*Ey-kiss*» como en un *mantra* interior, muy despacio, para adecuarlo a mi patrón de respiración. Siento realmente cómo se altera la química de mi cerebro mientras estoy sentado, concentrado en mi respiración y repitiendo una y otra vez, despacio, «*Ey-kiss*».

Para llegar a alfa he utilizado también lo que yo llamo el sistema del «reloj de veinticuatro segundos». Imagino un reloj en el que está destacado con una luz el número 24. Paso luego al «23». Mi regla personal en un principio es hacer que el reloj que tengo en la mente baje de «24» hasta «0», viendo yo cómo se enciende cada uno de los números. Si en algún momento de este intervalo me distraigo o bien un pensamiento entra en mi mente durante aunque sea una fugaz milésima de segundo, vuelvo a poner el reloj a «24» y bajo entonces hacia «0» sin que intervengan pensamientos ni haya distracciones mentales. De este modo, se aprende a disciplinarse para concentrarse en una sola cosa y vaciar la mente de todo otro pensamiento. ¡Llegar desde

«24» hasta «0» es un logro gigantesco! Cuando lo consigo estoy en alfa.

El estado alfa es una increíble ligereza del ser. Me siento más ligero y una sensación gozosa, maravillosa, de piel de gallina interior se apodera de mí. Como ya he dicho, cuando me hallo en este estado mis brazos son ligeros como plumas y mi cabeza ingrávida. Me concentro entonces con mayor intensidad en mi visión interior, y puedo optar por crear una pantalla de colores al pastel o de color blanco puro. Me siento solo, en paz, dichoso y preparado para utilizar este tiempo de meditación de la manera que me plazca.

QUÉ HACER MIENTRAS SE MEDITA

Cada sesión ofrece numerosas oportunidades para utilizar el tiempo de una manera provechosa Las posibilidades son ilimitadas. Cuando eliges entrar en tu interior y descubrir a Dios, entras en el mundo espiritual. Es éste el camino a través del cual empezarán a manifestarse milagros en tu mundo físico. Este tiempo es para mí una bendición, y sugiero que lo trates como algo divino y especial. No permitas que nadie lo estropee o se inmiscuya en él.

La práctica de la meditación activa incluye presentar problemas o preguntas para su consideración. Acerca de un problema vital del momento, a menudo pregunto: «¿Qué me enseña esto?» o «¿De qué modo puedo aprovechar esta situación?». Por ejemplo, una vez tenía dificultades con mi hija de catorce años. El problema era que mi hija quería salir con un chico, y resultaba imposible hablar con ella sin que en la comunicación primaran el disgusto y la obstinación. En una sesión de meditación pregunté: «¿Qué me enseña esto? ¿De qué modo puedo serle útil a mi hija?». De repente, la vi en mi pantalla interior. Lloraba y yo le pregunté: «¿Qué te pasa? Hablemos de ello».

—No puedo contártelo —me contestó ella—, tú eres mi padre, eres de otra generación. No ibas a entender.

Imaginé entonces lo que yo llamo mi «círculo de la verdad», mi técnica de meditación en la que cualquiera que entre en el círculo no puede decir más que la verdad. Coloqué a mi hija en el círculo y me dijo que le era imposible compartir conmigo, su padre, lo que sentía. Me uní a ella en el círculo, la cogí de la mano y dije: «Estoy de acuerdo contigo. Estás preocupada y no puedes hablar del problema conmigo porque tengo prejuicios y, como padre, soy excesivamente protector. Me preocupa tanto que te hagan daño o que te pierdas que no puedo en verdad oír lo que dices o sientes. Pero sí conozco a alguien con quien podrás hablar».

A continuación, en mi mente, me transformé en el niño que yo era cuando tenía más o menos su edad. Ahí estaba yo, a los quince años, cogiéndole las manos a mi hija. Podía experimentar en mi mente mi aspecto de entonces, incluidos la loción barata para después del afeitado, los mocasines y la brillantina en el pelo. Mi yo adolescente le preguntó qué le ocurría.

De pie en el círculo de la verdad mi hija se sinceró y me dijo, de chica a chico, todo lo que le molestaba en relación con su padre. Entre otras cosas, me contó que yo era incapaz de ser objetivo y no confiaba en su buen juicio.

Cuando salí de la meditación estaba llorando, pero sentí que había dado un gran paso. Si bien se había tratado «simplemente» de un ritual de la mente, el efecto era realmente milagroso.

Esa misma mañana más tarde sostuve con mi hija la que quizá fue la conversación más importante de nuestras vidas. Le conté lo que había tenido lugar en mi meditación. Nos sentamos, nos cogimos las manos y nos explicamos lo que sentíamos, y nos prometimos mutuamente compartir con mayor franqueza lo que nos preocupara. La situación quedó resuelta. Nos abrazamos y ambos dijimos las palabras mágicas: «Te quiero. Me esforzaré más por enterarme de lo que te preocupa». He incluido esta historia como ejemplo de una de las muchas cosas que se pueden hacer en la meditación.

El vehículo de la meditación ofrece innumerables oportunidades para resolver conflictos. La guía está ahí, dentro de ti. Mientras meditas, puedes hacer preguntas y recibir respuestas. Puedes también volver atrás en tu vida, revivir experiencias y ser capaz de ver la lección que cada una de esas experiencias existenciales te ha aportado. Puedes comunicarte con aquellos que una vez formaron parte de tu vida y, ahora, o se hallan en otra parte del mundo físico o lo han abandonado. Puedes establecer contacto con la inteligencia divina que hay en tu interior y hacer un uso nuevo y espectacular de ella. Puedes aprender a llegar al meollo de cualquier enfermedad que forme parte de tu vida, bendecir ese malestar o ese mal y buscar el sentido de la enfermedad. Puedes también entrar en contacto con tu capacidad curativa. Puedes descubrir en tu mente la capacidad de crear sustancias químicas que reduzcan tu malestar y contribuyan a tu curación. Puedes aprender a pedir y recibir el valor necesario para efectuar cambios importantes que te alejen de la adicción a las sustancias tóxicas y de los estilos de vida poco sanos.

Llegarás, por último, al punto en que irás más allá de los pensamientos y de la actividad mental. «Trascenderás» a ese campo unificado de la conciencia donde no hay ni *mantra* ni pensamiento: esto es la dicha. Y es imposible explicar lo que vislumbrarás de ese estado. Lo experimentarás y lo atesorarás, te lo prometo.

Después de meditar, gozo de una continuación de la experiencia que representa esa increíble ligereza del ser. Me siento centrado y con un propósito y, en mi relación con los demás, veo en ellos la plenitud de Dios. Resulta que, automáticamente, como mejora, mis elecciones son más sanas, bebo más agua, hago más ejercicio y me siento más generoso, más indulgente, menos en tensión y menos fatigado. Me faltan palabras para decir hasta qué punto la práctica de la meditación me resulta valiosa.

Recientemente, se me pidió que contribuyera, junto con el Dalai Lama, la madre Teresa y otras casi treinta personas, en una experiencia divina personal para un libro titulado *For the Love Of God*. La meditación constituye en la actualidad mi más significativa experiencia divina, por lo que es de ella que hablé. He aquí una parte de lo que dije:

Encuentro a Dios tomándome todos los días tiempo, a través de la oración o de la meditación, o como queráis llamarlo, para pasar a otro nivel de conciencia. Cierro los ojos y respiro. Me centro, vacío mi mente y empiezo a sentir el amor que hay allí cuando me tranquilizo lo suficiente como para sentirlo. En esta operación, trasciendo el tiempo y el espacio y me hallo en presencia misma de Dios, y me veo en un estado de armonía y dicha que trasciende todo lo por mí conocido...

No importa cómo lo consigas. No se llega de una manera lineal ni se logra estudiando los sistemas de otros. El secreto está en que te permitas experimentarlo de primera mano y, luego, vivas cualesquiera mensajes que puedas recibir. Cuando experimentas esta vivencia, conectas de manera afectiva con cuanto existe en el universo.

Yo tengo una técnica propia. No forma parte de una preparación formal para la meditación como pueda ser la meditación trascendental. A mí me funciona, y, como ocurrirá con la tuya, ha evolucionado a partir del propósito de establecer contacto con la parte superior de mi ser. Cuando creas en su presencia, descubrirás el cómo. No será igual al mío ni al de nadie. Será tu modo propio, totalmente personal y efectivo, de entrar en tu interior. Existen muchos libros y guías maravillosos que pueden ayudarte a conseguirlo. Pero, en este punto, lo que necesitas es el propósito de descubrirlo por ti mismo.

RESUMEN DE LAS CATORCE CLAVES PARA UN ESQUEMA MENTAL FAVORABLE A LOS MILAGROS

Una vez te hallas comprometido a lograr tu esquema mental milagroso, la siguiente lista puede serte de utilidad. Estas catorce sugerencias, en las que no hay ningún orden de preferencia, son sólo un comienzo. Todas ellas tienen su origen en tu mente invisible. Son las claves que pueden abrirte la puerta al pensamiento mágico en tu vida cotidiana.

1. Reserva tu juicio y tu incredulidad.
2. Crea en tu mente una zona de realidad mágica.
3. Afírmate en tanto que persona sin límites.
4. Desarrolla un nuevo esquema mental en relación con el concepto de intuición.
5. Descubre el secreto que está en el centro y sabe.
6. Aprende a aprender a través del conocimiento y la confianza y no de la duda y el temor.
7. Afirma que tu intención crea tu realidad.
8. Experimenta la entrega y el *satori*.
9. Aprende a actuar como si la vida que imaginas estuviera ya aquí.
10. Vive de acuerdo con tu yo espiritual primero y con tu yo físico después.
11. Estudia esta paradoja: «Nunca se tiene bastante de lo que no se desea».
12. No pidas nada de nadie y practica la aceptación incondicional.
13. Empieza a crear en ti auténtico poder personal.
14. Practica la meditación todos los días.

Una vez tengas el cómo interior, el exterior vendrá por sí mismo. Los siguientes capítulos están destinados a ayudarte en cuanto a ese modo exterior. Mientras pasas a la puesta en práctica de este esquema mental milagroso en todas las áreas de tu mundo físico, deja que las palabras de Lao Zi en el *Tao-te Ching* resuenen en tu mente:

> *Cuando tú encuentres el camino*
> *Otros te encontrarán a ti.*
> *Al pasar por el camino*
> *Serán atraídos hasta tu puerta*
> *Y el camino que no puede oírse*
> *Resonará en tu voz*
> *Y el camino que no puede verse*
> *Se reflejará en tus ojos.*

Segunda parte

Cómo aplicar la conciencia de una realidad mágica a tu vida cotidiana

4

La realidad mágica y tus relaciones

> ... todo cuanto contemplas; aunque parezca estar
> Fuera, está Dentro; en tu Imaginación, de la que
> esta Vida Finita es tan sólo una Sombra.
>
> WILLIAM BLAKE

Aunque he hablado extensamente acerca del viaje interior y del enorme gozo que se apoderará de ti cuando descubras y te retires con frecuencia a ese lugar interior tranquilo y vacío, donde la guía divina forma parte de tu ser, el viaje se desarrolla también en tus relaciones con los demás, con las otras personas que comparten este mundo contigo. El modo en que funcionas en tu relación con las demás personas equivale en realidad al modo en que mides la marcha de tu vida. Cuando estés inspirado en tus relaciones y hayas dominado el modo de vivir en paz y gozosamente con los demás, tu vida habrá emprendido el camino que yo llamo propósito. En pocas palabras, experimentarás realidad mágica a lo largo de toda tu vida cuando tus relaciones sean armoniosas.

Imagina cuál sería para ti el estado ideal en cuanto a tu relación con los demás. No dejes que nada se interponga entre ti y esta visión. Es tu fantasía. ¿Cómo te gustaría que fueran tus relaciones afectivas todos y cada uno de los días? ¿Cómo te gustaría que fueran tus relaciones con tus hijos? ¿Te gustaría ser querido e importante y saber que aquellos con quienes te relacionas en los roles más importantes de tu vida sienten realmente amor hacia ti? ¿Te gustaría sentirte satisfecho y dichoso sexualmente? ¿Qué me dices de tus relaciones con amigos y conocidos? ¿Te gustaría vivir un perfecto toma y daca, hecho de respeto y afecto mutuos? ¿Y tus relaciones en el trabajo y con los colegas profesionales? ¿Te gustaría que aquellos para quienes trabajas confiaran en gran medida en tus capacidades y poder contar con el respeto y el afecto de aquellos de cuya guía eres responsable en su trabajo? ¿Y tus relaciones con las demás personas de tu mundo? Los extraños con quienes te cruzas cada día, los empleados que te atienden en sus diversos cargos, las personas que tienes en el asiento de al lado en el avión o en el autobús. ¿Cómo te gustaría que fueran todas estas relaciones si pudieras tener una varita mágica para decretar el modo en que deben ser las cosas?

La capacidad de crear relaciones mágicas en tu vida empieza y termina en ti. Si deseas crear milagros para ti y vivir realmente una vida satisfecha y plena, lo único que debes hacer es asumir la total responsabilidad por el modo en que decides relacionarte con todas las demás personas con quienes convives en este planeta divinamente perfecto.

Como las otras áreas de la realidad mágica, ésta exigirá una gran medida de desaprendizaje y la disposición a pensar de una manera nueva y mágica. Puedes tener unas relaciones perfectamente afectuosas y satisfactorias con todas las personas que hay en tu vida.

He aquí ahora la parte difícil: no se trata en absoluto de que las otras personas deban cambiar a fin de que se materialice esta situación milagrosa. Deja que esta idea tan «radical» penetre en tu conciencia por unos instantes y prepárate para la realidad mágica en todas tus relaciones personales.

LA MENTE COMO CLAVE PARA TUS RELACIONES

A fin de hacer realidad milagros en tus relaciones, en todas las áreas de tu vida, debes hacer una nueva definición de quién eres. Como ya sabes, lo que pido es que te definas como un ser espiritual con experiencia humana y no al revés. Cuando haces hincapié en el ser espiritual que en realidad eres, sabes que es en la parte invisible de tu condición humana, en tu mente, donde procesas todas tus experiencias. El modo en que elijas procesar tu mundo determinará la naturaleza y la calidad de tu mundo físico, incluidas tus relaciones con los demás.

Evidentemente, no puedes ser uno con otro ser humano en el sentido físico. No puedes convertirte en el organismo que corresponde a otra persona. Así pues, el único modo en que puedes tener a otra persona en tu vida en una relación es en realidad en la parte invisible de tu ser que llamaremos tus pensamientos o tu mente. Sí, es en tu mente donde experimentas a los demás. Aun cuando toques, abraces y acaricies a otras personas de una manera física, son tus pensamientos y cualesquiera fantasías sobre esas actividades físicas los que determinan la calidad de tus relaciones. Es tu mente todo cuanto tienes en las relaciones; incluso los contactos físicos se experimentan en la mente.

Ahora, examina mentalmente y recuérdate esta frase clave: ¡SEGÚN PIENSES, ASÍ SERÁS! Puesto que no puedes experimentar físicamente a otra persona, sólo puedes experimentarla en tu mente. Conclusión: todas las demás personas de tu vida no son más que pensamientos que se desarrollan en tu mente. No son para ti seres físicos, sino pensamientos. Tus relaciones tienen que ver con el modo en que piensas acerca de las demás personas de tu vida. Tu experiencia de todas esas personas está sólo en tu mente. Tus sentimientos acerca de tus amantes proceden de tus pensamientos. Por ejemplo, es posible que se comporten de hecho de maneras que te parezcan ofensivas. Sin embargo, tu relación con ellos o ellas cuando se comportan de manera ofensiva no está determinada por esa conducta sino tan sólo por el modo en que eliges relacionarte con esa conducta. Sus acciones son de ellos, no puedes poseerlas ni puedes ser ellas, tan sólo puedes procesarlas en tu mente.

Tu compañero o compañera en la vida, tus hijos, tus amigos, tus colegas, los extraños e incluso aquellas personas que viven en otros lugares del planeta y que son tus hermanos y hermanas en un sentido metafísico, constituyen todos ellos pensamientos. Cuando en el otro lado del mundo alguien secuestra un avión, lo sientes por las víctimas del secuestro. Ese algo que sientes te conecta con esas personas, que son pensamientos. Pero están, además, en tus pensamientos. Estáis conectados por pensamientos invisibles.

Más difícil aún de procesar es lo contrario. Tú eres un ser físico y un ser invisible para ti mismo, pero sólo un pensamiento para todos cuantos cruzan por tu vida. Del mismo modo que ellos son pensamiento para ti, tú eres pensamiento para ellos. Tus relaciones están situadas en tu yo invisible, que no tiene fronteras ni límites, nada que te impida experimentar dicha en tus relaciones con los demás si no es el modo en que utilizas tus pensamientos.

El uso de tus pensamientos para crear tus relaciones

Ahora es, pues, el momento de que te hagas la pregunta suprema: ¿qué piensas acerca de esas personas con quienes te relacionas? Recuerda que lo que tú piensas es lo que se refleja y que tus pensamientos tienen su origen en ti. Si piensas en lo que le falta a la persona a la que amas, ésta será tu experiencia de esa persona y definirá tu relación. Te verás inmerso en una rutina de desagrado y disgusto.

Cuando otra persona se comporta de determinada manera, ¿procesas esta conducta de manera negativa, diciéndote «me fastidia que haga eso», «ojalá se cuidara más» o «me fastidia que haga esas tonterías en público»? Una actitud negativa hacia la persona con quien tienes una relación da sólo como resultado un aumento del disgusto y la negatividad. Sólo puedes actuar de acuerdo con lo que piensas, y no dispones para basar tu actuación más que de esa negatividad.

En lugar de procesar la conducta de otra persona a modo de juicio, como acabo de describir, tienes la posibilidad de procesar esa conducta de otros modos. Recuerda que no es él o ella quien está creando una mala relación, sino tú, por el modo en que has elegido pensar. Podrías decir, por ejemplo: «Él sigue su propio camino y en este momento necesita reaccionar así, pero tiene otras muchas y grandes cualidades que me encantan. Voy a centrarme en ellas. Quiero que sea una relación estupenda, y, si lo es en mi pensamiento, el conjunto de mi experiencia también lo será». O bien: «Sólo puede cuidarse como le sale hacerlo ahora. Sé que es destructivo para él, pero no voy a centrarme en lo que me desagrada. Voy a darle amor a pesar de su conducta».

Éste puede parecer un método excesivamente optimista para nuestras relaciones con los demás, y puede incluso que parezca a primera vista poco honrado, puesto que estos comentarios no reflejan tus verdaderos sentimientos. Pero no olvides que tus verdaderos sentimientos proceden de tus pensamientos y que, si tienes interés en hacer realidad milagros en tu vida, tendrás que pensar de manera milagrosa.

La realidad mágica en las relaciones supone una ausencia de juicio de los demás. De hecho, no definimos a los demás con nuestros juicios. Lo que hacemos es definirnos a nosotros mismos en tanto que persona que necesita juzgar. Los demás se definen por sus propios pensamientos y sus acciones consiguientes. Por lo tanto, lo que debes hacer es esforzarte por crear en tu mente los pensamientos exactos hacia los demás que encajen con el tipo de relación que deseas tener. Igual que te conviertes en lo que piensas en uno u otro momento, también tus relaciones se convierten en lo que piensas.

Defiende tus limitaciones en tus relaciones y tendrás como resultado relaciones limitadas. El objetivo de la creación de milagros en todas nuestras relaciones es ver cada vez más a la gente de nuestra vida de modos que reflejen el milagro que deseamos ocurra. No hay otro camino.

Recuerda que un tema central de este libro es el de que el universo y todo lo que hay en él tienen un propósito. Se le ha otorgado a tu vida una misión divina y es esencial que le des un propósito, ya que es el único lugar donde puedes empezar a manifestar milagros. Debes saber y actuar como si tú y todos cuantos te rodean y con quien tienes una estrecha relación fuerais esa necesidad divina. Y el mensaje más importante de este capítulo es el de que también las relaciones son en cierto modo parte de una necesidad divina. Todas tus relaciones.

Antes de echar un vistazo al modo de crear milagros en tus diversas relaciones, debes implantar con firmeza en tu mente la idea de la necesidad divina para que puedas empezar a actuar de acuerdo con ella de manera ritual y a desaprender viejos hábitos que obstaculicen los milagros. Tu vida y todas las relaciones que hay en ella tienen un propósito.

Da un propósito a tus relaciones

Hablando en términos generales, la calidad de nuestra vida está en gran medida relacionada con la calidad de nuestras relaciones con las personas que hay en ella. Y, para ampliar la ecuación, nuestras relaciones reflejan el modo en que nos relacionamos con nosotros mismos. Exacto, con nosotros mismos. Déjame que te lo explique mediante un breve repaso a lo que ya he comentado en este libro. Tenemos una relación constante y en movimiento con nuestra mente y con nuestro cuerpo. Cuando pronuncias las palabras «Yo me he dicho a mí mismo», haces referencia a dos seres: el «yo» se refiere a tuyo invisible (el pensamiento); «mí mismo» se refiere a tu yo físico, que tiene nombre, domicilio y número de la seguridad social. Cuando «tú» te llamas «a ti mismo» pelmazo, es el «tú» invisible que juzga a tu «yo» visible. Ésta es la relación que está en movimiento a lo largo de todos tus días aquí en la Tierra.

Tu objetivo es verte a ti mismo como un ser espiritual con experiencia humana y desarrollar un esquema mental capaz de crear realidad mágica en tu vida. Debes intentar eliminar la dicotomía existente entre tu yo invisible y tu yo físico, entre el «yo» y el «mí» de «yo me he dicho a mí mismo». Si te consideras un pelmazo, así te comportarás. No hay otro camino. Si te consideras una persona fuerte, cariñosa, sensible, divina y capaz de cometer errores, actuarás consiguientemente.

Cuando cultives la conciencia de tu cuerpo, de tu mente y de tu alma como una sola cosa y experimentes la unidad dentro de ti estarás preparado para compartir este sentimiento de plenitud y santidad con los demás, ahí es donde entra tu relación. Cuando sientas amor por ti mismo, eso será lo que darás. Aparte de cómo interactúe contigo otra persona, sólo podrás dar lo que tú lleves dentro. Al igual que ocurre con la naranja proverbial, cuando la oprimes obtienes lo que lleva dentro; no importa para nada quién la oprime ni las circunstancias que rodean a esta acción. Sale lo que hay dentro.

Lo que hay dentro de ti llega allí a través de tus pensamientos; no hay ningún otro mecanismo de entrada en absoluto. Si abrigas odio, odio es lo que darás. Si abrigas desprecio por ti mismo, desprecio es lo que darás. Si abrigas amor y comprensión, amor y comprensión darás. Tus relaciones siguen el mismo curso que sigues tú. Si tú aprendes a través del sufrimiento y la interrogación de por qué las cosas no funcionan, como ya he dicho en el capítulo 1, tus relaciones sufren también. Si sigues el camino de los resultados y empiezas a ver que en la vida hay lecciones que aprender, tus relaciones reflejarán también este patrón. Y, si pasas al propósito y das propósito a tu vida, tus relaciones reflejarán también esta posición. Recuerda que el propósito es dar. No se adquiere ni se conserva nada durante toda una vida. Lo único que puedes hacer con tu vida es darla en el servicio a los demás. Es en este ámbito del propósito donde empiezan a producirse milagros.

Cuando has superado la necesidad de sufrir y de dominar a los demás, cuando has superado una actitud egoísta en las relaciones y te concentras en dar, servir y no juzgar, la realidad mágica empieza a manifestarse en tu vida todos los días. Georges Washington Carver describe así este hecho: «El ir lejos en la vida depende de que se sea tierno con los jóvenes, compasivo con los ancianos, solidario con los luchadores y tolerante con los débiles y los fuertes. Porque en algún momento de tu vida habrás sido todo eso».

Ésta es la definición del propósito en tus relaciones. Tratar a los demás en las diversas etapas de su vida como a ti te gustaría que te trataran en esas etapas. Se trata simplemente de dar. El propósito es darse y no preguntar: «¿Qué saco yo con ello?». El propósito es relacionarse con amor y sin juzgar. El propósito es darse a los demás sin condiciones y aceptando lo que de ello nos revierta con amor, aun cuando lo que venga no sea lo que esperábamos.

Si respondes al odio con odio o a la ira con ira, ello no es por lo que se ha dirigido contra ti sino por lo que hay dentro de ti. No se puede sacar zumo de ciruela de una naranja por mucho que se la oprima. No podrás dar odio si sólo hay en ti amor, por mucho que se te oprima.

Una vez tengas un propósito, verás que actúas hacia los demás de maneras totalmente distintas, maneras que, por añadidura, harán que los demás se acerquen a ti más de lo que lo hacían cuando tú te esforzabas por hacer que se comportaran según tus deseos. Es una enorme paradoja. Cuanto más das, más obtienes; cuanto más intentas forzar algo para tu propio beneficio, menos disfrutas lo que con tanto desespero buscabas.

Echemos un vistazo al ingrediente central de una relación con propósito y examinemos luego algunos métodos específicos para llegar a ella.

AMOR: EL INGREDIENTE CENTRAL DE UNA RELACIÓN CON PROPÓSITO

En el centro de una relación con propósito está el amor. Pero se trata de algo más que de ser capaz de pronunciar las palabras «te amo», palabras que utilizan personas que se zahieren y maltratan todos los días. Amor es dar, no tiene nada que ver con lo que se recibe. Amor es un proceso interior que se aplica a una relación. La piedra angular de una relación con propósito es el amor, que significa dar. La mejor definición que he leído jamás de esta forma de amor espiritual es la expresada por J. Krishnamurti en *Think on These Things*:

El amor es lo más importante de la vida. Pero ¿qué queremos decir cuando decimos «amor»? Desde luego, no es amor amar a alguien porque esta persona te ama a su vez. Amar es sentir un inmenso cariño sin pedir nada a cambio. Podemos ser muy inteligentes, podemos aprobar todos los exámenes, doctorarnos y alcanzar una alta posición, pero si carecemos de esta sensibilidad, de este sentimiento de simple amor, nuestro corazón estará vacío y seremos desdichados durante el resto de nuestra vida.

Este ingrediente del amor, en el sentido de dar, está en la definición misma del propósito y es el factor último en la creación de relaciones milagrosas. Incluso en el acto sexual, las relaciones más gratificantes y satisfactorias son aquellas en las que sabemos que estamos dando sin pedir nada a cambio. Saber que estás satisfaciendo a tu pareja de manera real y auténtica es cuanto se requiere para que una relación sexual sea perfecta. Cuando nos ponemos a pensar en nosotros mismos o en lo buenos amantes que somos o en lo mucho que nos excitamos, estamos apartándonos del propósito y regresando a los resultados que pueda aportar nuestra actividad sexual. El amor perfecto cuando se da carece de magia cuando la mente está atenta a recibir.

Este ingrediente de generosidad no se limita ni muchos menos a la parte sexual de nuestras relaciones. Es aplicable a todos los niveles, incluso a aquellas relaciones en las que el sexo no desempeña papel alguno. Del mismo modo que cuando se oprime una naranja se obtiene sólo lo que hay dentro de ella, si hay amor dentro de ti esto es lo único que darás. Y cuando damos amor nuestra sensibilidad es distinta, es una sensibilidad que nos permite ver a todas las personas no en cuanto a su forma sino en cuanto al alma que hay detrás de la forma. Empiezas a ver la plenitud de Dios en todos aquellos con quienes te cruzas, y el carácter de tus relaciones con los demás adquiere el fulgor de la realidad mágica.

Vemos a nuestros hijos y a todos los niños no en función de lo que están haciendo, ni de su buena o mala conducta, sino de lo que hay detrás, de su parte invisible, del alma que hay en ese joven cuerpo. Si te diriges a esa alma con amor y esto es lo que irradias hacia ella, ella a su vez te responderá con amor. Se tienen relaciones afectivas con los demás porque se aporta amor y no porque se busque amor de ellos.

Los miembros de tu familia con quienes has tenido unas relaciones difíciles ya no son motivo de desdén por tu parte. Tu ira y tu negatividad han desaparecido, sustituidas por un amor que no juzga. Para esto no son necesarios largos años de terapia ni tampoco grupos de ayuda, medicamentos o hierbas especiales. Lo que hace falta es simplemente que te conviertas en un ser primero espiritual y luego físico. Esto puede suponer experimentar un *satori*, un despertar instantáneo, gracias al cual te llenes de amor, no pidas nada de nadie con quien te cruces, en ninguna de tus relaciones, y des ese amor sin preguntar qué sacas tú con ello.

Irónicamente, una vez te hagas este tipo de propósito recibirás muchas cosas de las que tu vida carecía en gran medida. De repente, los padres que sólo ayer parecían tan imposibles ya no son juzgados por ti. *Satori*. Les das amor y les perdonas todo lo que albergabas en tu invisible memoria, te recuerdas a ti mismo que han hecho sólo lo que podían hacer teniendo en cuenta las condiciones de su vida en aquellos momentos y que no se puede pedir de nadie más que eso. Les prodigas tu amor, dejas atrás lo que antes juzgabas y, de manera milagrosa, tu relación con tus padres sufre una transformación.

También tus relaciones con los amigos o con los colegas pueden mejorar espectacularmente con este nuevo enfoque: dar. Cuando surja un conflicto, deja a un lado tus pensamientos negativos y, en lugar de ellos, ofréceles amor. Al hacer esto producirás un cambio en el entorno real, que pasará de la hostilidad a la serenidad. Así es cómo empiezan a desaparecer los conflictos y a emerger las soluciones. Una persona afectiva y consciente que se niega a utilizar la mente para tener pensamientos negativos de odio puede en verdad incidir en su entorno físico. Cuando responde sin sentirse amenazado y comunicas en cambio tu conocimiento interior de una manera apacible y afectuosa, los desafíos no pueden moverte. Has creado un milagro en esa relación.

Recuerdo haber tenido enormes desacuerdos con mis colegas cuando yo era profesor universitario. Estos colegas solían derivar constantemente en unas relaciones desagradables con otros miembros de la facultad. No había una disposición al compromiso y menos aún a discutir sus diferencias. Eran «difíciles» o «de trato imposible», a menos que compartieras sus opiniones, lo cual hacían pocos.

Sin embargo, yo descubrí que podía siempre salirme con la mía con estos colegas «imposibles». Yo experimentaba realidad mágica allí donde otros experimentaban exasperación. ¿El secreto? Les prodigaba amor sin pedirles nada a cambio. Tan sólo amor en el corazón, aun cuando no estés de acuerdo con algo, y dejar que las cosas se pongan en su sitio, solas. Los colegas siempre se avenían, y les resultaba imposible ponerse desagradables o discutir conmigo. Nunca di a esto gran importancia, ni me jacté ante otros de poder salirme con la mía con aquella gente tan difícil. Me limitaba a darles el amor y la entrega que guardaba dentro de mí.

Este modo de abordar las relaciones es básicamente mi modo de abordar la vida. Sé fiel a tu propósito. Sabe que estás aquí para servir. Si te desvías de tu curso, pregunta tan sólo: «¿Cómo puedo ser útil en esta situación?», y escucha tranquilamente la respuesta. Renuncia a demostrar lo que vales, aparta tu ego de la discusión y prodiga amor.

Muchas veces me he visto en la cola de un mostrador del aeropuerto observando cómo un airado viajero abroncaba a un empleado, y me he dicho: «Si fuera capaz de prodigarle amor, seguramente conseguiría lo que quiere». Invariablemente, el cliente airado sale de la confrontación furioso e insatisfecho, por el solo aumento de la presión sanguínea. Yo suelo decirle algo agradable al empleado de las líneas aéreas. Lo miro a él o a ella afectuosamente, y digo: «Lo que tenga me irá bien». Me tratan muy bien, y más de una vez me han metido en primera.

Esto es algo tan básico que me sorprende que sean tan pocos los que son conscientes de ello. Es la regla de oro de la acción. Da amor, incluso al extraño con quien te cruzas cuando vas de paseo. Seguro que es así como te gustaría que te trataran a ti.

OTROS CUATRO INGREDIENTES DE LAS RELACIONES CON PROPÓSITO

Prodigar amor sin expectativas es la piedra angular de las relaciones cuando se tiene un propósito. Necesitas en verdad saber muy poco más. Practica este ejercicio de dar amor, sin condiciones, y verás como te sientes lleno en lugar de vacío, dichoso en lugar de desgraciado. He aquí las cuatro cualidades subordinadas que implica esta realidad mágica en tus relaciones.

1. *Renuncia a la necesidad de tener razón*

Ésta es por sí sola la mayor causa de dificultades y de deterioro en las relaciones: la necesidad de hacer que la otra persona demuestre su error o tú tu razón. De ganar la discusión. De demostrar que el otro no sabe de qué está hablando. De demostrar que eres superior. La relación espiritual es una relación entre iguales. No hay necesidad de demostrar que el otro está equivocado. No hay un modo «acertado» ni un argumento «vencedor». Toda persona tiene derecho a su propia opinión. Si quieres ver cómo empiezan a producirse milagros en tu vida debes abandonar por unos días la necesidad de demostrar que el otro está equivocado y ver cómo las cosas cambian para ti.

Puedes sostener una conversación contigo mismo antes de abrir la boca para demostrar que el otro está equivocado. Un simple recordatorio, algo así: «Me doy cuenta de lo que yo opino en esta cuestión y sé que no está de acuerdo con lo que ella opina, pero ¡y qué! Ya es suficiente saberlo, no tengo necesidad de demostrar que se equivoca». Calla, y habrás creado un milagro en ese mismo instante. Habrás sustituido un conflicto potencial por una respuesta afectuosa. Recuerda que a nadie, y tampoco a ti, le gusta que le demuestren que está equivocado. Sabes que a ti te desagrada; honra pues este derecho también en los demás y renuncia a la necesidad de llevarte el mérito o de mostrar tu superioridad. En una relación espiritual no hay superior e inferior, ambos son iguales, y esta igualdad se respeta. Practica esto y verás cómo el amor sustituye a la ira en esa relación.

Esto es también cierto por lo que se refiere a las relaciones con todos los demás. Tus hijos necesitan que se los guíe, no que les muestren sus errores. Siempre hay un modo de enseñar a los pequeños sin necesidad de que vean que se equivocan. La vergüenza que acompaña al hecho de que quedar como un «estúpido» lleva a una propia imagen de estupidez. Puedes sustituir esas observaciones destinadas a demostrar tu enorme superioridad por respuestas afectuosas destinadas a ayudar a tus hijos, y a otros a examinar sus propias opiniones. O bien puedes responder tranquilamente con estas palabras: «Yo lo veo de otro modo. Dime, ¿cómo has llegado tú a esa conclusión?». La clave no está en memorizar observaciones que hacer en el momento adecuado sino en no perder de vista que a nadie le gusta quedar mal, especialmente en público.

Es suficiente que tengas dentro de ti este conocimiento espiritual, y tu objetivo será entonces ayudar a los demás a que lo tengan también. Esto puede aplicarse a los negocios, a las discusiones con los extraños con quienes te encuentres, a las disputas con los vecinos, a prácticamente todas las relaciones humanas. Las personas que tienen confianza en sí mismas no tienen ninguna necesidad de hacer quedar mal a los demás. Saben interiormente lo que opinan, confían en su opinión y permiten que los demás interactúen con ellos en la dignidad y no en la vergüenza.

2. *Deja espacio al otro*

Deja que haya espacio en vuestra unión. De nuevo, se trata de amar incondicionalmente y de dar en lugar de tomar. Cuando se ama a alguien por lo que es y no por lo que tú crees que debería ser, o por la medida en que te complace, el permitirle privacidad y espacio viene de manera automática. Lo que hay que hacer desde un punto de vista amoroso es dejar a todos la opción de ser ellos mismos. Si para ser ellos mismos necesitan pasar tiempo alejados de ti, no sólo deberás permitirlo sino facilitarlo de buena gana. Las relaciones sofocantes envueltas en celos y temores son provocadas por individuos que se creen con derecho a dictar cómo debe ser la otra persona. Recuerda esta frase de Robert Frost: «Amamos las cosas que amamos por lo que son». Así de sencillo y, sin embargo, cuánto les cuesta a muchas personas seguirlo día a día.

Todos necesitamos cierta medida de tiempo para meditar en calma, para la contemplación, para establecer contacto con nuestro yo interior, para autoexaminarnos, leer, escuchar, pensar, pasear, etcétera. La soledad puede convertirse en tu compañía más importante y ayudarte a ser una persona más generosa en tus relaciones espirituales. En lugar de ver la necesidad de espacio de tu pareja como una amenaza, obsérvala como un momento de renovación y celébrala. Esfuérzate en la medida de lo posible por ayudar al otro a que tenga ese espacio. Trátalo a él o a ella como algo sagrado. No olvides que tu relación con todos los demás está en tu mente, no en lo que ellos piensen o hagan. Tu necesidad de espacio no será ninguna amenaza, sino que estará llena de amor, si eres un ser espiritual. Acariciarás tu tiempo en soledad, agradecerás estar con alguien que te alienta en este sentido y harás todo lo posible para asegurarte de que tu pareja tiene también ese espacio y en abundancia, sin juicios ni amenazas por tu parte.

La privacidad y el espacio constituyen regalos maravillosos que puedes hacerle a tu pareja. Si te niegas a dárselos verás cómo se deteriora tu relación y todos tus esfuerzos por mantenerla se frustran. Puede parecer irónico, pero cuanto más espacio permitas y fomentes dentro de la relación más florecerá ésta. Cuanto más te empeñes en poner límites al espacio de alguien, en no perderlo a él o a ella de vista o a insistir en que pase todo el tiempo contigo, más estarás contribuyendo al final de esa relación afectiva.

3. *Elimina la idea de posesión*

Procura gozar de tu pareja, no poseerla. Jamás podrás experimentar el milagro de una relación mágica si te crees poseedor de la otra persona o si, de algún modo, sientes que tienes derecho a dominarla o controlarla. Nadie quiere que lo posean. Nadie quiere sentirse como una posesión. Nadie quiere ser dominado ni controlado. Todos aparecimos aquí con un propósito, y este propósito se ve menoscabado cuando otro ser humano intenta interferir con nuestra heroica misión. Tu relación puede ser el vehículo que permita a tu propósito prosperar, pero puede también inhibir tu sentido del propósito. La propiedad es el factor que en mayor medida inhibe el sentirse con un propósito y una misión en la vida. No tienes ningún derecho a decirles a las personas con quienes tienes una relación lo que deben hacer durante su estancia en la Tierra. Esto es sólo algo entre esa persona y su alma. Podrás tener a otra persona en una cárcel y tu matrimonio podrá durar sesenta, años, pero no tendrás una relación de amor si uno de los dos se siente poseído, si uno de los dos siente que es propiedad del otro.

Es ésta una lección que yo tuve que aprender a las duras. En una época creía poder dictar a mi pareja cómo debía pensar y comportarse. Me costó caro: un doloroso divorcio, muchas horas desagradables de conflictividad y hostilidad y unas grandes frustración y tensión debido a mis exigencias poco realistas. Hoy he aprendido la lección. Ni siquiera concibo la idea de que mi esposa me pueda pertenecer. Ella es una entidad propia y mi relación con ella se basa en el reconocimiento de este hecho. De hecho es algo recíproco. Mi esposa me anima a tomarme el espacio y la privacidad que yo necesito a fin de poder escribir y dar charlas y llevar a la práctica mi propio propósito. Yo, a mi vez, opino que ella debe gozar del mismo privilegio. Aunque para ella es más difícil, ya que tenemos muchos niños pequeños. Yo me esfuerzo todos y cada uno de los días por ayudarla a que pueda gozar del mismo espacio. En el fondo de nosotros, ambos sabemos que no somos propiedad el uno del otro. Es imposible. Nuestro amor y respeto mutuos nos permite experimentar milagros en nuestra relación, algo que en otro tiempo era inexistente. Cuando intentábamos poseer al otro o dictarnos, aun en pequeñas cosas, la relación se deterioraba. Ahora cada momento que pasamos juntos es un tesoro y parecemos estar más cerca el uno del otro que nunca, al mismo tiempo que tenemos de hecho una relación más íntima y afectuosa ahora que nos concedemos un espacio, un amor y un respeto incondicionales. Es para nosotros un milagro. En una época esto pareció imposible. Y se produjo porque dimos en lugar de pedir. Porque respetamos en lugar de criticar.

4. *Sabe que no es necesario comprender*

Es ésta una gran lección en el aprendizaje del modo de hacer que todas las relaciones funcionen en un plano mágico. Y lo que ocurre es que no es preciso comprender por qué una persona actúa y piensa como lo hace. No darás mayor comprensión que diciendo: «No lo entiendo, y está bien así».

Cada uno de mis siete hijos tiene una personalidad y unos intereses totalmente únicos e independientes. Es más, lo que les interesa a ellos no ofrece a menudo ningún interés para mí, y viceversa. He aprendido a superar la idea de que deberían pensar como yo y pasar por este mundo como paso yo; en lugar de ello, tomo distancia y me digo: «Es su viaje, han venido a través de mí, no para mí. Manténlos a salvo, apártalos de conductas autodestructivas y derrotistas y deja que recorran su propio camino». Rara vez entiendo por qué les gusta lo que les gusta, pero tampoco necesito ya entenderlo, y esto es lo que hace que nuestra relación sea mágica.

En una relación amorosa, renuncia a la necesidad de comprender por qué a tu pareja le gustan los programas de televisión que ve, por qué se acuesta a la hora a la que se acuesta, come lo que come, lee lo que lee, le gusta la compañía de las personas a quienes frecuenta, le gustan las películas que ve, etcétera. No estáis juntos para comprenderos sino para ayudaros a vivir la vida con un propósito. Gary Zukav, en *The Seat of the Soul*, lo resume magníficamente:

> La premisa básica de una pareja espiritual es un compromiso sagrado entre ambos miembros para ayudar uno al crecimiento espiritual del otro. Los compañeros espirituales reconocen su igualdad. Los compañeros espirituales son capaces de distinguir entre personalidad y alma... porque los compañeros espirituales son capaces de ver con toda claridad

que hay efectivamente una razón más profunda por la que están juntos, y que esta razón tiene que ver sobre todo con la evolución de sus almas.

Esta definición supone que no es necesario que uno comprenda al otro. Amar sagradamente significa amar lo que es, aun cuando no se comprenda el sentido profundo que hay detrás de ello. Cuando se abandona la necesidad de entenderlo todo del otro, se abre la verja a un jardín de las delicias en la relación. Puedes aceptar a esa persona y decir: «Yo no pienso así pero ella sí, y es algo que respeto. Es por eso que la quiero tanto, no porque sea como yo sino porque me aporta aquello que yo no soy. Si fuera igual que yo y pudiera así entenderla, ¿para qué la necesitaría? Sería una redundancia tener a mi lado a alguien igual que yo. Respeto esa parte de ella que me resulta incomprensible. La amo no por lo que entiendo sino por esa alma invisible que está detrás de ese cuerpo y de todas esas acciones».

Éstas son las cualidades necesarias para una relación con propósito. Giran todas ellas en torno al planeta del amor incondicional. Llega a ese lugar y empezarás a ver resultados en todas tus relaciones. Empezarás a ver el milagro que es vivir la vida con un propósito.

CÓMO FUNCIONAN LAS RELACIONES MÁGICAS

El milagro que contemplas para ti en todas tus relaciones se centra probablemente en el deseo de ser dichoso y feliz y estar en armonía con todas las personas de tu vida, sin conflictos dolorosos. Y quizás incluso anheles la maravillosa sensación de dicha que te embargó en tus primeros enamoramientos, cuando joven.

Es en tu mente donde debes poner manos a la obra para crear realidad mágica en todos tus tratos con otras personas. Para alcanzar el estadio de la realidad mágica has de tomar la decisión de ir más allá del sufrimiento y los resultados y, literalmente, vivir tu vida con un propósito. Cuando lo hagas, tus relaciones reflejarán de manera natural este cambio.

Además, a medida que trabajes en la creación de relaciones espirituales con todos los demás, verás que se producen milagros en otras áreas de tu vida. Descubrirás que posees capacidades milagrosas que en otro tiempo achacabas tan sólo a la coincidencia o al capricho de la suerte. Empezarás a entrar en el pensamiento de los demás y a conectar con ellos en una medida inaccesible cuando se vive en la duda y el temor. Empezarás a saber qué piensa el otro, y verás que dices en voz alta y con regularidad cosas como éstas: «Yo estaba pensando exactamente lo mismo», «Precisamente iba a sugerirte lo mismo», «Seguro que eres capaz de leer mi pensamiento, porque eso es exactamente lo que tenía en la cabeza». Este tipo de sensaciones no son ni azarosas ni estrambóticas, se tienen cuando se vive a un nivel superior de conciencia.

Este estado superior de conciencia que empieza a desarrollarse entre ti y los demás representa una utilización a plena escala de esa intuición de la que yo hablaba. Se desarrolla una sensación de conocimiento a través de la conexión con los demás, y la relación con éstos tiene lugar a un nivel totalmente distinto del meramente físico. Empiezas a darte cuenta de que la misma inteligencia infinita e invisible que discurre a través de ti discurre también a través de los demás. Sólo hay una inteligencia infinita, que está en todos nosotros. Ahora puedes literalmente conectar con ella en aquellos a quienes amas profundamente y experimentar una nueva conexión, una nueva relación.

Este nuevo modo de relacionarse no exige estar físicamente presente al lado del otro. Aprenderás a saber lo que la otra persona necesita y piensa cuando tú estás a kilómetros de distancia. Se trata de una conexión del espíritu; sois realmente uno. Llamarás por teléfono a alguien que tiene una relación espiritual contigo y la otra persona sabrá antes de coger el aparato que eres tú quien llama. Veréis que cada vez tenéis más experiencias de este tipo. Esta forma de conciencia milagrosa con el otro tendrá su origen en ti. En tu mente. En tus meditaciones se te guiará sobre lo que debes dar a los demás, y cuando salgas al «mundo real» y proporciones aquello que has visto en un momento de iluminación espiritual, es posible que los receptores queden de hecho sorprendidos ante tu conocimiento. Pero a ti ya no te sorprenderá. Empezarás a considerar esto como algo normal. Conectarás a un nivel superior, un nuevo nivel de conciencia que en definitiva llamarás realidad mágica.

Verás que eres capaz de llevar a cabo nuevas y apasionantes hazañas con tu mente, y las dudas ajenas no serán para ti un disuasivo. La siguiente anécdota es un ejemplo de este tipo de conocimiento. En un tiempo yo no la habría comentado, me habría preocupado el pensar cómo podían percibirla otros. Eso ya no me ocurre. Es algo que sé y que, en este momento, comparto contigo. Si eres un iniciado, no te sorprenderá. Si no eres un iniciado, o eres una persona que vive en la duda, lo rechazarás. Así sea.

Una mañana, en el curso de un poderosa meditación, pude realmente ver a mi esposa acostada aun cuando se hallaba en realidad a varios kilómetros de distancia. Yo la había dejado temprano para dar un largo paseo y decidí meditar antes de regresar a nuestro apartamento de alquiler en Maui. Esa mañana fui capaz de estar realmente con ella y de rondar sobre su cuerpo en mi meditación, y luego, de repente, pude sentir sus pensamientos conmigo. Fui en verdad capaz de entrar en su sueño y experimentar con mi esposa lo que ella estaba soñando.

No me cabía la menor duda al respecto, puesto que, en mi meditación, pude ver su cuerpo físico tendido allí sobre la cama, y a continuación sentir sus pensamientos e imágenes. Fue un espectacular momento de conexión, en una medida que yo jamás había experimentado antes.

Cuando volví a nuestra casa de verano ella estaba levantada, y le hablé del sueño que le había sentido soñar. Quedó sin habla. Era precisamente lo que ella había vivido en su mente. (Richard Bach escribió una novela basada en esta idea, titulada *The Bridge Across Forever*, en la que comentaba haber tenido una experiencia semejante con su esposa.) Esto ocurrió hace dos años, y es algo que se ha hecho mucho más frecuente entre nosotros. En realidad, no me siento ya tan incrédulo en el momento de escribir estas palabras como cuando sucedió. ¿Por qué a tantos de nosotros nos cuesta tanto aceptar la posibilidad de que ocurran estas cosas? Sabemos que existe una conexión invisible entre todos los miembros de la especie humana. Sabemos que hay una sola fuente o una sola energía que fluye a través de todos nosotros. No millones de dioses sino sólo uno, que está presente en todas las cosas vivas y es el origen de todo. Lo llamamos Dios, pero se le dan muchos nombres. Tao es otro de los nombres con que denominamos esta unidad que hay en todos nosotros. Como dijo Lao Zi:

> *Existe un algo oscuro, y completo*
> *antes de que alzaran el cielo y la Tierra;*
> *tranquilo, quieto,*
> *de pie solo e inmutable,*
> *moviéndose en torno sin peligro.*
> *Podría ser la madre de todo.*
> *Yo desconozco su nombre,*
> *y lo llamo Tao.*

Está en todos nosotros y, sin embargo, seguimos aferrándonos a la creencia en nuestra separación. Creemos que la fuerza invisible que discurre a través de nuestros compañeros es algo distinto de la que discurre a través de nosotros. La capacidad de menear el dedo como consecuencia de un pensamiento invisible es una conexión que nos confunde en el mundo físico. Algo permite que ese pensamiento llegue al dedo. Y la misma fuerza invisible que me permite menear el dedo permite a mi esposa menear el suyo. Así, ¿por qué no voy a poder yo menear su dedo? He aquí lo que dice Einstein sobre el tema: «Él (los seres humanos) se experimenta a sí mismo, con sus pensamientos y sentimientos, como algo separado del resto, una especie de ilusión óptica de su conciencia... Nuestra tarea debe ser liberarnos de esta cárcel...».

A medida que alcances niveles cada vez más altos de conciencia espiritual, descubrirás que lo que antes veías como un milagro en tus relaciones constituye ahora tu modo de relacionarte con todos los demás. Llegas a un lugar en tu interior donde sabes en verdad que no hay límites. Te liberas en verdad de la cárcel de tu cuerpo y de esas ilusiones de las que habla Einstein, y entras en el mundo de la realidad mágica.

Este nuevo modo de ser en las relaciones se extiende hacia arriba y hacia abajo por el espectro de tus contactos con todos los demás. Se extiende incluso a nuestras relaciones con los animales y con toda la vida del planeta y del universo. En el caso de los amigos y conocidos, empezamos a conectar con su pensamiento y a tener un conocimiento de lo que podemos dar y de lo que ellos necesitan. Con los colegas del trabajo, empezamos a confiar en nuestra intuición. En lugar de centrarnos en lo que creemos nos corresponde y en lo que los demás pueden hacer por nosotros, pasamos a una nueva posición que coloca en primer lugar sus necesidades. Nos convertimos en la persona que da, en la persona con un propósito, y nos centramos en lo que les corresponde a ellos mientras que, en cuanto a nosotros, confiamos en que el universo provea. Nos hemos entregado en esas relaciones y vemos en cada persona un alma con un cuerpo, y tendemos los brazos a esa alma.

De esta forma de abordar las relaciones en los negocios fluyen los milagros y nos sentimos en paz, con un propósito y serenos, sabedores de que nos ofrecemos a los demás en un nuevo plano. Paradójicamente, las cosas revierten hacia nosotros más que nunca. Pero no estamos centrados en lo que revierte hacia nosotros sino que damos incluso más, y así sucesivamente. Hemos creado relaciones milagrosas conectando con todos los demás a través del Tao, o sea del Dios que impregna su forma física. Estamos atendidos y somos capaces de ver los pensamientos y las visiones de los demás. Hemos roto la ilusión de su separación y creado en su lugar un modo de conexión.

Este nuevo enfoque de las relaciones lleva consigo un sentimiento sacro hacia todas las cosas vivientes. Los animales que ladran furiosos a los demás se muestran pacíficos hacia nosotros cuando no sentimos temor ni hostilidad. Se presiente una especie de presencia invisible en todos los seres vivientes. Se empieza a crear en nosotros una ternura hacia todo y todos y vemos la imposibilidad de la destrucción derrochadora e insensata. Krishnamurti, al hablar de la simplicidad del amor, observaba:

> El otro día vi a unos muchachos recogiendo flores. No iban a ofrecer las flores a ningún dios, iban hablando y arrancando irreflexivamente las flores y luego las arrojaban. También los adultos lo hacen, se dedican a expresar su brutalidad interior, esa pasmosa falta de respeto por las cosas vivientes... Podemos comprender que una muchacha coja una flor o dos para ponérselas en el pelo, o para dárselas a alguien en señal de afecto; pero ¿arrancar las flores porque sí?

No hace mucho tenía yo un compromiso para hablar y fui invitado a una recepción con refrigerio. Una muchacha, que llevaba en brazos a su sobrinita, tenía problemas con la niña. Yo llevaba una semana alejado de mis hijos y anhelaba tener en brazos una niñita tan guapa. Cuando vi a aquella hermosa alma de candidez extendí los brazos y la sostuve mientras duró el refrigerio. Se mostró apacible y cariñosa. La llevé hasta el estanque de peces del vestíbulo y hablamos a los «pesesitos» con pequeños ruiditos propios de un pez. Fue un encuentro muy especial. Una relación mutua de amor y entrega, aunque no durase más que una hora.

Más tarde, por la noche, después de mi charla, conocí a la madre de la niñita y me dijo algo que ya me he acostumbrado a oír: «Es usted la primera persona a quien la niña no rechaza, aparte de los familiares más inmediatos. Le dan mucho miedo los extraños y nunca, nunca, ha permitido que otra persona la tuviera en brazos. He quedado pasmada al ver que no lo rechazaba a usted, y todavía no salgo de mi asombro».

¡Los bebés saben! ¡Los animales saben! ¡Los extraños saben! ¡Los niños pequeños saben! El Tao, esa inteligencia invisible, fluye a través de todos nosotros.

Acercándonos a otra persona con amor en el corazón, sin pedir nada sino tan sólo ofreciendo ese amor, creamos relaciones milagrosas. Pero cuando nos dirigimos a alguien buscando algo, sin confiar en ellos y dudando de ellos, explotándolos, el nivel de nuestra cualidad invisible se hace transparente y la oportunidad de crear milagros y realidad mágica se ve mermada. Se puede lograr crear milagros en todas nuestras relaciones, pero ello no se logra memorizando técnicas. Se logra dando una nueva orientación a lo que llevamos dentro, que es donde están ubicadas todas nuestras relaciones.

APLICACIÓN DEL ESQUEMA MENTAL MILAGROSO A TODAS TUS RELACIONES

Es importante que sepas que la disposición a encontrarte con milagros debe estar situada en tu interior. No puedes esperar a que otros cambien para poder tú descubrir la realidad mágica de las relaciones con propósito. La fuerza y el gozo de las relaciones con propósito empiezan y terminan en tu propio esquema mental.

Cuando leas las pautas que se dan en las siguientes páginas no estés lleno de dudas acerca de lo que pueda parecerte imposible dada la gente específica que interviene en tu drama vital personal. Se trata de un juego interior. No es preciso que aquellos que te rodean comprendan o se muestren siquiera de acuerdo, y puede muy bien ocurrir que personas en concreto (que siguen su *propio* camino) desaparezcan pronto de tu vida en un sentido físico. Yo hablo aquí de tus relaciones con todas las personas de tu vida más que de individuos determinados. Si sabes en tu interior, después de familiarizarte con tu propio viaje espiritual y de hallar tu propósito, que algunas personas no van a seguir compartiendo tu espacio físico puedes con el mismo propósito y el mismo amor hacer tú la elección. La relación no está ubicada en ellos, sino que es tuya y la experimentas en tu propio yo invisible. Poner fin a una relación en un sentido físico no es un fracaso, del mismo modo que la muerte de alguien tampoco representa un fracaso aunque, por supuesto, pone fin a la relación física.

Yo hablo aquí de ti. De un «tú» que merece ser tratado con dignidad y respeto, porque es de eso de lo que estás hecho y eso es lo que das. Aquellos que todavía no entiendan esto se alejarán de tu vida física, y te será fácil permitirlo de ser ello necesario. La duración de las relaciones materiales no figura en mi agenda para este libro. Eso debe determinarlo cada alma en particular, y yo no juzgo el hecho de que se elija alejarse cuando llegue el momento. Dejarás atrás a muchos en un sentido físico. Esto no te convierte ni a ti ni a ellos en un fracaso; lo que ha terminado es la relación en sí, no la persona. De hecho, de una manera divina y grandiosa, dejarás atrás en última instancia todas tus relaciones físicas.

Pero el alma nunca se va. El alma no se halla en la dimensión material. Habrá muchos con quienes permanezcas en estrecho contacto físico y con quienes decidas crear relaciones espirituales. Así sea. Los individuos entrarán y saldrán de tu vida al modo en que lo hacen los personajes de una obra teatral. Algunos desempeñarán papeles de poca importancia y otros tendrán papeles estelares durante un tiempo, y otros te ayudarán en la codirección y coproducción de tu vida. Serán siempre importantes para el conjunto de la obra y merecerán siempre tu amor interior. Aprenderás a no juzgar a aquellos que entran y salen de tu obra a fin de honrar su aparición, aun cuando representen mal sus papeles.

En última instancia, llegarás al lugar desde donde podrás mirar atrás, ver a todas las personas que han figurado en tu vida y darte cuenta de que los encontraste porque tenían todos algo que enseñarte. Aprenderás a amarlos a todos, aun a aquellos cuya lección no hayas podido todavía comprender.

Con esto en mente, libérate de cualquier duda acuciante acerca del peso específico de tus relaciones. Sigue adelante, dejando atrás nombres y rostros, hasta ese lugar de realidad mágica donde no hay nombres, ni rostros, ni números de la seguridad social.

• *Afirma tu capacidad para crear relaciones felices y gratificantes.* Es ésta tu obra más importante. Sabe dentro de ti que si hay alguien capaz de ser feliz y de sentirse satisfecho con sus relaciones, esta capacidad está también a tu alcance. Despréndete de la duda que te hace pensar que no puedes hacerlo o conseguirlo debido a los demás. No tiene nada que ver con los demás, es algo que está totalmente ubicado en ti. La eliminación de la duda es un ejercicio que puedes practicar todos y cada uno de los días. Afirma en voz alta que tienes derecho a ser feliz con todas las personas que haya en tu vida. Cuando asome la duda, lo cual ocurrirá, recuérdate que has sido hipnotizado para que creyeras en la imposibilidad de esta dicha. Despréndete de la duda mediante imágenes mentales que indiquen tu disposición a crear relaciones mágicas y gratificantes.

• *Una vez eliminada la duda, entra en tu zona de realidad mágica.* Dentro de tu mente y sólo en ella está el rincón de libertad en el que puedes pensar como gustes. Piensa en imágenes de felicidad y satisfacción en tu relación con los demás. Ve cómo prodigas amor aun frente a la ira, a la envidia o al desagrado. Practica la representación de imágenes positivas, por una hora al principio. Piensa en la persona con quien tienes más problemas de relación. Quizá se trate de un progenitor anciano y desconsiderado, de un compañero de trabajo totalmente intratable o de un esposo o de una esposa tiránico. Ahora, sólo mentalmente, supera tu inclinación a responder con ira y hostilidad. Imagínate prodigando amor y no prestes la menor atención al modo en que responde la otra persona. Recuerda que no haces esto pensando en lo que vas a recibir. En una relación mágica, cada persona elimina sus deseos y da de sí misma a partir del sentido de propósito. Esta práctica mental pasará en última instancia a ser tu realidad en el mundo físico. Pero hay que empezar por un esfuerzo disciplinado por pensar a un nivel mágico. El universo te proporcionará cuanto puedas necesitar.

• *Acepta las posibilidades ilimitadas de tus relaciones.* Tus pensamientos, tu alma, carecen de límites. En esa esfera, tus relaciones existen sin límites. Debes ahora dejar de mirar hacia afuera, a todas las personas a quienes echabas la culpa de tus malas relaciones, y afirmar que tú no tienes la culpa y que, en consecuencia, no hay limitación a lo que puedes experimentar por ti mismo. Aquel fulgor cuya presencia sentiste en tus relaciones, quizá cuando eras un adolescente lleno de inquietud, era creado por tus pensamientos, no por tus hormonas ni por las hormonas de otra persona. Sepas en tu interior que las únicas limitaciones que tienes en cuanto a la creación de relaciones mágicas son las que te has impuesto tú mismo. Has enseñado a todos los demás cómo deseabas ser tratado.

Puedes iniciar ahora una nueva escuela, cuyo plan de estudios consiste en el amor y el respeto. Eso es todo cuanto estudias y compartes y todo cuanto vas a permitir en la clase. Ningún límite, nada más que el amor. Ésta es tu misión, que practicas en tu clase y viendo la plenitud de Dios en todos cuantos te encuentras.

Si te encuentras con alguien cuya alma no tiene un propósito similar al tuyo, le darás amor y seguirás adelante, confiado y sabedor de que aparecerán las almas hermanas que se encontrarán contigo en la misma frecuencia en la que tú emites. Es éste un camino muy personal, un viaje de realidad mágica y milagros, y a ti te corresponde tener en tu interior el conocimiento de que puedes lograrlo todos y cada uno de los días.

• *Practica la confianza en tu intuición, esa voz interior e invisible que te guía en todas las cosas, incluidas tus relaciones.* Rodéate de personas que te animen a ser todo lo que eres capaz de ser. Sabrás quiénes son esas personas. Si presientes que alguien no desea en realidad tenerte cerca, sigue esta sugerencia intuitiva. Tu intuición te dirá exactamente lo que necesites saber en cuanto a información acerca de tus relaciones. No te obligues a ti mismo a hacer que una relación funcione, esto es algo que no se puede forzar. Quizá consigas mantener cierto contacto físico, pero si tu intuición te dice que no es ni el momento adecuado ni la persona adecuada, dale cordialmente tu amor y sigue adelante.

Son muchos los compañeros del alma, masculinos y femeninos, que formarán relaciones espirituales contigo. No existen los accidentes, estas personas se presentarán en el momento preciso. Has aprendido de las relaciones unilaterales cuanto necesitabas saber. Sigue prodigando amor, pero las personas que te rodean deberán tener interés en ayudarte también en tu desarrollo espiritual. Tu intuición te dirá quiénes son estas personas. No las hagas a un lado a menos que desees volver al sufrimiento como modo de aprender las lecciones de la relación. Experimentarás tu dimensión intuitiva en proporción exacta al modo en que la valores. Si la rechazas, no podrás disponer de su ayuda y seguirás aprendiendo las lecciones de la relación a las duras.

• *Pide guía en todas tus relaciones entrando en tu interior hasta el secreto que está en el centro y sabe.* Tu guía te dirá que des. Hazlo pródigamente y sin expectativas. Puedes practicar a diario el entrar en tu interior y escuchar, pero has de estar dispuesto a dejar de creer que esto es una «salida» para obtener ayuda. Tus relaciones son lo que tú has creado, y sólo sabiendo en tu interior que tienes el poder de cambiarlas podrás acceder a la guía que precisas.

Escoge este mismo día un amigo o conocido con quien relacionarte desde este lugar de conocimiento interior. En lugar de ser el mismo de siempre, dale hoy a esa persona exactamente lo que crees necesita basándote en cómo te gustaría que te trataran a ti. Da a esta persona sin pensar en su reacción hacia ti y sin juzgarla. Olvida lo que dice y cómo reacciona.

Lo más seguro es que hayas aprendido a evaluar tus acciones basándote en el resultado de estas acciones, que te han enseñado a enfocar de cara a los resultados. Al secreto que está en el centro y sabe no le importan en absoluto los resultados. Es tu Dios interior, el alma generosa y amorosa inmune a los resultados.

Prueba a continuación el mismo experimento con un niño. Entra en tu interior y pregúntate: «¿Cómo me gustaba que me trataran las personas mayores cuando yo era niño?». De nuevo, olvida el resultado de tus acciones y escucha tu alma, al secreto que está sentado en el centro y sabe. Dale a ese niño lo que tú, cuando niño, deseabas de los demás. Observa entonces cómo te sientes tú y no cómo reacciona el niño.

Todas tus relaciones tienen su existencia en ese lugar secreto que hay en tu interior. Es la fuente que debes aprender a consultar si deseas vivir la dicha de la realidad mágica en tus relaciones. Cultiva la magia en ese lugar privado e invisible, y luego prodígala. Irrádiala hacia los demás y deja de centrarte en los resultados. Sólo por hoy. Evalúa luego, a tu manera personal, la diferencia que experimentas en relación con esas personas.

Éste es el camino hacia los milagros, nunca te fallará. No hay fracaso en el secreto que está centrado en el centro y sabe. ¡Sólo guía y amor!

• *Instante a instante, libérate de la duda que te hace pensar que no puedes tener relaciones mágicas.* Afírmate a ti mismo una y otra vez: «Sé que puedo tener unas relaciones dichosas». Luego, cuando estés a punto de caer en una actitud negativa, haz a un lado tu modo normal de relacionarte y pasa revista mentalmente, con rapidez, a lo que deseas de esa relación. Una momentánea reflexión acerca del modo en que deseas relacionarte con esa persona te dará la oportunidad de prodigar amor o de quedarte sentado tranquilamente y en silencio en lugar de ponerte agresivo. A esto se lo llama aprender a través del conocimiento y no a través del sufrimiento o la duda. Cuando logres dentro de ti un conocimiento silencioso, actuarás en consecuencia. Cuando dudes de tu capacidad, prodiga amor o afecto y eliminarás la duda.

• *Pasa de un matrimonio humano a un matrimonio espiritual.* Esto podrás lograrlo decidiendo qué es lo que deseas de tu relación matrimonial. Joel Goldsmith, que ha contribuido con brillantez a la metafísica y autor de *The Infinite Way*, pronunció estas palabras después de una ceremonia de boda el 18 de noviembre de 1959:

> Un individuo sigue siendo un individuo, no sólo desde el nacimiento hasta la muerte sino, en realidad, desde mucho antes del nacimiento hasta muchísimo después de la muerte... Jamás perdemos nuestra individualidad ni nuestra unidad... Cada uno de nosotros es un ser individual y cada uno de nosotros tiene cualidades individuales, cada uno de nosotros tiene talentos y dones individuales a los que no debe renunciarse en el matrimonio. Por lo tanto, en un matrimonio espiritual no hay ataduras sino libertad, pero no puede decirse lo mismo del matrimonio humano. Sí es cierto en el caso del matrimonio espiritual, donde ambos aceptan dejar uno al otro en libertad al casarse. Esto es lo único que he descubierto en treinta años de realizar esta labor, que hace posibles cosas tales como son los matrimonios felices, los matrimonios apacibles y los matrimonios logrados; la capacidad de dejar al otro en libertad y vivir cada uno su propia vida individual y, sin embargo, compartir con el otro sin exigir... ni el marido ni la esposa tienen derechos; tienen sólo el privilegio de dar, pero no el derecho a exigir nada el uno del otro.

Es éste un maravilloso mensaje para la creación de una relación espiritual a partir de lo que habría podido constituir un matrimonio humano en el que un compañero estuviera atado al otro. Vive este credo y conocerás los milagros en un matrimonio espiritual. Hazle caso omiso y estarás levantando enormes barreras a tu dicha.

• *Pasa de los deseos a las intenciones en tus relaciones.* Esto se logra fácilmente afirmando de manera específica qué tipo de relación se piensa crear y cómo piensa comportarse la persona. Un punto importante a recordar es que no se puede pretender que otra persona actúe de acuerdo con nuestros deseos. Esto no trae consigo más que frustración.

Si bien podemos decidir ayudar a alguien a cambiar, esto sólo es posible cuando «el alumno está preparado». No podemos obligar a nadie a que esté preparado, pero sí podemos hacernos responsables de nuestra preparación. Esto cabe dentro de nuestro poder y es lo que constituye nuestras intenciones. Está dispuesto a dar lo que sea preciso, hazlo con una intención activa y luego olvídate del resultado. Tus acciones fluirán a partir de esta intención y verás que estás mucho más en paz con tus relaciones, sea cual fuere el funcionamiento de éstas en el mundo físico.

Tu intención de tener una relación dichosa exige de ti que actúes de una manera consecuente con esa intención. Es éste el secreto para hacer que tus relaciones sean mágicas. Si bien no puedes tener una intención que sustituya a la de los demás, verás a menudo que sus reacciones a este nuevo «tú» tienen como consecuencia un cambio de conducta por su parte. Por ejemplo, he conocido a muchas personas que forman parte de un «matrimonio humano» con un compañero o compañera adicto a sustancias tóxicas. Aborrecen el uso de alcohol o de drogas y la relación los exaspera. Siempre les aconsejo que no pretendan que la otra persona deje de beber y que tengan en cambio fuertes intenciones en cuanto al modo en que van a seguir tratando al cónyuge adicto. «Voy a darle amor, pero voy a apartarme físicamente de su presencia porque soy demasiado divino e importante como para ser objeto de ofensa.» «Voy a enseñarle, con mi conducta y no con mis palabras, que no estoy dispuesto a ser su víctima por más tiempo, y ello a partir de ahora mismo.» «Ofreceré mi ayuda en el momento en que el otro esté dispuesto. No me pronunciaré acerca de él o de su decisión de autodestruirse, pero lo más positivo que puedo hacer es no seguir reforzando su conducta adictiva. Quiero que sepa que no estoy atado a él y que voy a vivir mi propia vida con un propósito en lugar de ser un esclavo emocional de su conducta.» Este tipo de afirmaciones de amor harán más por ayudar a las personas necesitadas que permanecer cerca de ellas deseando que cambien de conducta o que vean algún día la luz.

Estás aquí para servir y amar, pero esto no significa que debas ser un sirviente. No olvides las palabras de Abraham Maslow: «No existe el esclavo adaptado». Prodiga amor y deja que aquellos que siguen dañándose a sí mismos y dañándote a ti se dañen a sí mismos si ése es su deseo, pero te dejen a ti al margen. Esto hará más por enseñarles lo que esperas de una relación espiritual que cualquier medida de consejo o intervención que puedas ofrecer. La gran paradoja está en el hecho de que es precisamente este tipo de golpe, que resulta de tu intención de dejar de ser una víctima, lo que suele ayudar a esos adictos a cambiar sus intenciones, pasando de la autodestrucción al autorrespeto y, en consecuencia, a una relación más afectiva, digna y espiritual. Tus intenciones crean tu realidad, sé pues consciente de ellas y está dispuesto a ponerlas en práctica en tu mundo hoy.

• *Recuerda que las relaciones pacíficas y afectuosas proceden en primer lugar y primordialmente de tu estado mental.* Tú mandas en tu mente y creas todo cuanto reside en ti. Una vez estés en posesión de este conocimiento, podrás entregarte y simplemente dejar atrás el conflicto existente en cualquiera de tus relaciones. Porque el conflicto no puede sobrevivir sin nuestra participación.

Tu decisión de no participar en el conflicto puede venir en un momento transformador. No exige años y años de lucha. El *satori* está a tu alcance en este preciso instante. El despertar instantáneo es un fenómeno prodigioso. Puedes atravesar ahora mismo la puerta y entrar en ese jardín de las delicias en todas tus relaciones. Si otros en tu vida deciden seguir adelante de una manera conflictiva y desafiante, limítate a «pasar» cuando la angustia llegue a ti: «No, gracias —dirás para tus adentros—. He decidido no seguir envuelto en ese manto de negatividad. A menos que lo que me encuentre sea amor, no permitiré que entre en mi conciencia». De manera milagrosa, acabas de experimentar el *satori*. Has creado un milagro con sólo cambiar de idea.

• *Utiliza el poder de la imaginación para manifestar realidad mágica en tus relaciones.* Sin olvidar que aquello que piensas se refleja, intenta imaginar todas tus relaciones importantes como si existieran ya en la manera en que quieres que sean en tu vida.

Después de una reciente charla en Oklahoma City, observé a una mujer con lágrimas en los ojos que aguardaba para hablar conmigo. Cuando las otras personas se hubieron marchado, me echó los brazos al cuello y dijo: «Gracias, gracias, lo que usted dice funciona de verdad». Me contó que su hija se había negado a dirigirle la palabra durante más de siete años, que se había negado a tener el menor contacto con ella. Aproximadamente un año antes, esta mujer decidió empezar a imaginar que ella y su hija no sólo volvían a hablarse sino que disfrutaban de la relación afectiva que había existido en otro tiempo. Se negó mentalmente a verlo de otro modo y, durante todo un año, trabajó esta visión. Empezó realmente a vivir cada día como si ésta fuera la realidad física de su relación.

Me describió cómo había pasado a ser más feliz gracias a esta imagen interior que llevaba consigo. Meditaba su imagen y empezó a sonreír y a vivir sin el sufrimiento que la venía destrozando desde hacía seis años.

Un día, alguien envió a su hija un ejemplar de un reciente libro mío, *La fuerza de creer*, con una nota en la que le recomendaba leyera el capítulo final, que trataba del perdón. Nada más, simplemente el regalo de un libro junto con una nota procedente de una amiga que sabía que la hija estaba también sufriendo. Esto había sido hacía seis meses y ahora ambas no sólo se habían vuelto a unir sino que tenían una relación más estrecha y afectiva que la que existía antes de su alejamiento.

La madre lloraba de felicidad mientras me decía que había creído en el poder de su mente para crear la realidad física que con tanto desespero deseaba. Actuando primero en su mente y luego en su mundo material como si todo cuanto deseaba existiera ya, creía haber creado un milagro.

Los pensamientos tienen un enorme poder. Los pensamientos mantenidos sin titubeos que reflejan por anticipado lo que deseamos y no exigen un resultado constituyen los ingredientes de la realidad mágica. Pruébalo.

• *Presta atención primero a tu yo invisible y espiritual y sólo en segundo lugar a tu yo físico.* Esto requerirá por tu parte un giro espectacular, un giro completo de ciento ochenta grados. El lugar donde tiene lugar el sufrimiento no es tu yo invisible, que es una parte sin dimensiones, límites ni forma de tu condición humana. Para sufrir, necesitas un cuerpo que proporcione un lugar a tu sufrimiento. Éste se manifiesta en nudos en el estómago, ojos angustiados llorosos e hinchados, dolores causados por úlceras, sequedad de boca, respiración pesada o dificultosa, etcétera.

Date la vuelta a ti mismo, conviértete en un alma con cuerpo en lugar de un cuerpo con alma y representa en tu mente en primer lugar cómo deseas exactamente que te vayan las cosas. Presta una gran y minuciosa atención a estas imágenes. Constituirán la fuente de lo que debe representarse en tu cuerpo físico y determinarán el sufrimiento o el estado dichoso de tu cuerpo. Cuando prestes atención en primer lugar a tu alma, escuches y te pongas en contacto con ella, le preguntes cómo quiere ser alimentada y hagas de ello la parte más importante de tus días, verás que te comportas de acuerdo con ese pensamiento positivo, amoroso y generoso que tu alma te anima a mantener.

La elección te corresponde siempre a ti, y esa elección está situada de manera estricta en la dimensión invisible de tus pensamientos. Te corresponde a ti en tus relaciones y en todos los aspectos de tu vida. El saludo puede ser «¡Buenos días, Dios mío!» o bien «¡Dios mío, es de día!». La diferencia está en el modo en que decidas procesar tu vida.

- *Deja de perseguir aquello que no deseas.* Si no deseas que haya conflicto y dolor en tus relaciones, no olvides que eres tú quien experimenta el dolor. Averigua qué es lo que haces para mantener tu angustia. Si lo que ocurre es que provocas discusiones; insistes en que tienes la razón, no das espacio o haces exigencias que sabes que la otra persona no puede satisfacer, ponte a trabajar en tu conducta, que es lo único sobre lo que tienes un control absoluto. No olvides que nunca se tiene bastante de lo que no se desea. Seguirás persiguiendo el dolor y la lucha que aborreces —del mismo modo que el drogadicto o el alcohólico siguen persiguiendo aquello que aborrecen— hasta que tú decidas poner fin al círculo vicioso.

Utiliza cualquier estrategia que precises para liberarte de la necesidad de buscar aquello que aborreces. Decide cerrar la boca si esto es lo que provoca el dolor en tus relaciones. Decide apartarte físicamente de los encuentros potencialmente dolorosos. Reflexiona un momento en silencio antes de reaccionar. Hazte más íntimo y ofrece amor allí donde esto es un gesto desacostumbrado, aun cuando tengas que fingirlo al principio. Hagas lo que hagas, practica primero en tu mente la nueva estrategia. Imagínate comportándote de esta manera distinta, y ello con el fin de poner fin a la trampa neurotizante que constituye perseguir aquello que no se desea en la vida.

- *En tu mente privada, invisible y sin límites, no pidas nada de aquellos con quienes tienes una relación.* Éste es uno de los modos más rápidos de crear milagros en todas tus relaciones. Te dirás simplemente a ti mismo «No espero nada porque sé que sólo pueden ser quienes son y no quienes yo creo que deberían ser», y a continuación actuarás en consecuencia.

Cuando en mi relación con mi esposa recuerdo esto, compruebo cómo abandono inmediatamente todos los motivos de conflicto y la relación se vuelve mágica. Intento siempre recordar que ella se halla exactamente en el lugar adecuado y haciendo precisamente lo que debe hacer en ese momento. Estamos en un universo perfecto, aun cuando yo no pueda comprender por qué no se comportan todos como a mí me parece que deberían comportarse.

En cualquier conducta que mi esposa muestre ante mí hay una lección y, en lugar de enfadarme con ella, adopto la actitud de ayudarla a recorrer su camino espiritual y olvidar mis juicios. Sólo cuando elimino mi expectativa de comprender o siquiera estar de acuerdo con muchas de las cosas que hace soy capaz de prodigarle un amor incondicional.

También en el caso de mis hijos puedo guiarlos, ayudarles, enseñarles esperanzadamente lecciones morales y ser el modelo para lo que me gustaría que ellos emularan, pero no puedo esperar que sean como yo creo que deberían ser. Debo aprender a desligarme de mis expectativas en cuanto a los demás si deseo crear relaciones mágicas. Naturalmente, esto no significa que haya que pasar por alto las conductas ultrajantes o violentas, pero sí puedo controlar y controlo la expectativa de que éstas no van a presentarse y el dolor consiguiente que experimento debido a esa expectativa.

También tú puedes librarte de estas expectativas, que, en última instancia, serán obstáculos para tu propia relación mágica. Hay mil maneras de conseguir esto todos y cada uno de los días, prácticamente con cualquier persona que te encuentres. Arrojando lejos los juicios acerca de cómo deben ser los demás creamos en nuestro interior un lugar para el amor allí donde antes juzgábamos. Lo que estás intentado conseguir en tus relaciones y en todas las demás áreas de tu vida es amor incondicional.

• *Por último, medita todos los días y utiliza una parte de esta meditación para representarte el modo en que deseas que sean todas tus relaciones.* Imagínate a ti mismo actuando de estas nuevas maneras en relación con todo el mundo y pide ayuda divina a fin de ser una persona generosa, afectuosa y que no juzga. Pasa revista antes al modo en que en tu opinión van a reaccionar los demás ante este nuevo y milagroso tú. Tus meditaciones te darán paz y serenidad, y te proporcionarán respuestas que de otro modo quizá no obtuvieras.

Practica las nuevas estrategias que veas aparecer en la pantalla interior de tus meditaciones. Puedes centrarte en un ser divinamente espiritual que aparece en toda su santidad y perfección en tu mente y preguntar literalmente a ese ser qué puedes hacer para conseguir que tus relaciones sean mágicas y perfectas. Verás cómo recibes una guía motivada por el amor y por todo aquello de lo que he hablado en este capítulo. No hay límites a lo que puedes crear en tu mente durante tus horas de meditación. Puedes consultar a quien sea, crear su presencia ahí mismo en tu mente y llegar a apoyarte en esa guía cuando lo desees.

Tus meditaciones pasarán a ser para ti una forma muy especial de ayuda. Acude a ellas a menudo e invita a tu compañero o compañera a meditar también contigo. Nunca te llevarán por el mal camino. Tu yo superior, la presencia divina que siempre te acompaña, tiene un propósito y te guiará en la dirección que buscas una vez elimines la duda y establezcas contacto.

Muchas cosas de las que has leído aquí quizá te resulten difíciles al principio, ya que todos nos sentimos más cómodos en la evaluación de la calidad de las relaciones centrándonos en los demás. ¡Si ellos cambiaran (así solemos pensar) nuestra relación sería perfecta! Se ha puesto aquí énfasis en tu espiritualidad y en tu disposición a imaginar y crear relaciones perfectamente afectuosas, generosas y mágicas. La siguiente descripción que hace Thomas Crum en *The Magic of Conflict* sirve de resumen adecuado sobre este tema:

> Las relaciones poderosas son aquellas en que dos individuos centrados se comprometen a amarse incondicionalmente y a apoyarse mutuamente en el crecimiento hacia su pleno potencial. Ambos dan abiertamente, sin motivos egoístas y sin el deseo de encerrar la relación en una forma determinada. No hay límites cuando nos abrazamos plenamente.

Efectivamente, las fronteras desaparecen cuando nos comprometemos con los milagros. Y, sin fronteras, no hay límites que impongan hasta dónde se puede llegar en nuestras relaciones. Es ésta una descripción muy adecuada para la comprensión de la pareja espiritual de la que he hablado en este capítulo.

Ésta puede ser tu elección.

Si deseas ver esta relación en su estado más natural la próxima vez que veas a una madre amamantar a su hijo, sabe que en ese ejemplo tienes todos los ingredientes. Yo he permanecido en silencio y sin salir de mi asombro observando cómo mi esposa daba incondicionalmente de sí misma a cada uno de nuestros bebés. Una madre no recibe lecciones de ningún maestro humano sobre cómo ser madre, sabe en el fondo de su corazón lo que hace falta para conseguir esa relación perfecta y milagrosa. Da de manera incondicional de su propio cuerpo a fin de que el niño pueda vivir, y no pide nada a cambio. Está totalmente conectada al niño en un plano invisible y maravillada ante el pequeño milagro que se aferra a su seno. Sabe en su interior que esto es exactamente lo que debe hacer: dar sin expectativa alguna. Está dispuesta a aceptar lo peor del niño y a dar y responder sólo con amor y cariño. Deja a un lado las inconveniencias y los problemas y no ofrece más que amor. Tiene un propósito, y porque las madres viven con un propósito sobrevivimos nosotros como seres humanos. Sin el amor incondicional que las madres sienten por sus pequeños, pereceríamos todos a los pocos días por falta de atención.

Dios nos ha dado el modelo perfecto de cómo relacionarnos desde nuestros primerísimos instantes fuera del útero. No dar más que amor. Prodiga amor, aun cuando a ti se te prodiguen pañales empapados, llantos incesantes, eruptos, arcadas, noches de insomnio y conducta irracional. No pidas nada a cambio de tu amor. Ten un propósito. Y lo irónico del caso es que, indudablemente, tú darías la vida por esa pequeña persona. Así de importantes son para ti tus hijos. Aun cuando no pides nada de ellos, te dan la mayor dicha que es posible alcanzar.

Ése es tu modelo, puedes crear esas mismas relaciones mágicas y perfectas en todas las áreas de tu mundo con sólo seguir la conciencia intuitiva natural presente en cada célula de tu ser.

5

La realidad mágica y tu prosperidad

¡Sí puedes! Todo es posible al que cree.

SAN MARCOS 9:23

Te garantizo que ésta va a ser la disertación más inusitada que habrás leído jamás sobre el tema de la prosperidad. En este caso el mensaje, como en el resto de este libro, es el del replanteamiento de las creencias que se te ha enseñado a considerar como sagradas. Haz por un instante a un lado las creencias según las cuales has actuado a lo largo de toda tu vida e imagina en tu mente invisible qué es lo que te gustaría ver en tu vida. ¿Cuál es tu imagen definitiva de prosperidad para ti? ¿Cuánto dinero, cuánta prosperidad en definitiva desearías realmente tener?

Abre ahora los ojos y ve lo que has creado hasta la fecha. Eso es, tú has creado tu propio cuadro económico y has actuado precisamente de acuerdo con él. Es ésta en verdad la parte más difícil de entender para la mayoría de la gente. Generalmente, tendemos a culpar a los demás o a algo externo a nosotros por el modo en que se nos presenta nuestra prosperidad o falta de ella.

Y, sin embargo, lo único que necesitas es mirarte para adentro. Puedes tener toda la prosperidad en la que estés dispuesto a creer y que estés dispuesto a crear. San Marcos no nos dice que unas cosas sean posibles y otras imposibles. Nos dice que todo es posible. Ten presente esto al tiempo que te preparas para crear milagros de abundancia en tu vida. Intenta imaginar un estado de posibilidades ilimitadas como algo posible para ti.

James Allen, en el siglo diecinueve, escribió en *As a Man Thinketh* las siguientes palabras que yo guardé en mi memoria siendo joven. Las pegué al espejo del cuarto de baño y al salpicadero de mi coche para tenerlas presentes todos los días. Una simple frase que, para mí, lo dice todo: «Las circunstancias no hacen al hombre, lo revelan». Lee estas palabras una y otra vez hasta haberlas guardado en tu memoria. El mensaje de esta frase es esencial para tu capacidad para sustituir una conciencia de penuria por otra de prosperidad.

Probablemente no estarás de acuerdo así como así con esta idea de que las circunstancias actuales de nuestra vida revelan quiénes somos. Es más fácil echar la culpa a las circunstancias de la vida, y tenemos la prueba en la pobreza que nos rodea. Nos parece que sería cruel decir que las circunstancias de los pobres revelan quiénes son. A buen seguro, esas personas no han elegido unas circunstancias tan poco deseables.

Sin embargo, este bienintencionado modo de pensar te permite aferrarte a tu conciencia de penuria y defender tu miseria y tu incapacidad para trascender tus circunstancias existenciales. Es un error creer que no podemos ser compasivos e interesarnos por quienes soportan condiciones miserables al mismo tiempo que nos alentamos a nosotros mismos y alentamos a otros a descubrir cuáles son las creencias que contribuyen a esta situación.

Detente a considerar por un momento los posibles beneficios que aportaría la aplicación de este mensaje para aquellos que viven en las peores circunstancias. Considera luego también toda la gente que ha pasado de una vida de penuria a otra de prosperidad. Cuando examines cuál fue la causa del cambio, verás que incluye sin excepción el mundo invisible de las creencias y las actitudes.

Un presentador de radio me acusó de tener una actitud de caballero andante en relación con los pobres cuando describí mi filosofía en su programa. Mi argumento consistía en que estar en la miseria es una situación temporal que en un momento u otro aflige casi a todo el mundo, mientras que ser pobre es una actitud, una serie de creencias que se ven reforzadas cuando pasamos a acusar a las circunstancias de la vida de nuestra condición. Una de las llamadas que se recibieron en respuesta a esta conversación radiofónica fue la de un médico que se había criado en una familia con trece hijos, en Jamaica, en total pobreza. No estaba de acuerdo con la posición del presentador, y dijo lo siguiente:

Yo viví en condiciones de miseria toda mi vida. Una pobreza extrema, y hambre. Pero siempre me vi a mí mismo como médico. No podía quitarme esta idea de la cabeza, y le hablaba siempre a mi abuela de mis deseos. Ella nos criaba a todos sin apenas ingresos, y me decía siempre que nunca, en ningún caso, permitiese que la imagen se empañara. Me hablaba de cuánto valor encerraba esa imagen interior, y me decía que si la conservaba siempre, si creía en ella, lo único que tendría que hacer sería actuar en consecuencia.

Cuando me hice mayor y terminé la escuela secundaria solicité el ingreso en centenares de escuelas para matricularme en el plan de estudios previos para la carrera de medicina y fui rechazado una y otra vez, pero era incapaz de abandonar aquella imagen que me había ayudado a conservar mi abuela cuando yo era un crío andrajoso que jugaba con los pollos en nuestra pequeña cabaña de Jamaica. Finalmente me dieron la oportunidad condicional de matricularme en un programa de preparación premédica en Europa, y me pagué el viaje y luego los estudios allí con mi trabajo.

Hoy soy médico y tengo una consulta próspera. Sin aquella visión, sin aquella imagen invisible en el pensamiento, jamás habría podido salir de la vida de pobreza que sigue siendo hoy la de la mayoría de mis hermanos y hermanas y de todos mis amigos allí. Viven en la miseria y creen que la vida les dio a ellos malas cartas y que yo he tenido suerte. Pero yo sé que no es así. Yo vivo la vida que imaginé para mí.

Doctor Dyer, no permita que nadie le impida decir las verdades que usted conoce, porque usted está haciendo mucho más por ayudar a esos seres que se hallan en circunstancias espantosas que aquellos que se tragan la gran mentira de que sus vidas escapan a su control.

No puedo dejar de decir esas verdades porque también yo soy un ejemplo vivito y coleante de lo que digo. También yo dejé atrás una vida de penuria y también yo conozco la extraña fuerza del papel que desempeñaron mis creencias dentro de mi mente en la creación de una vida de prosperidad. Efectivamente, las circunstancias no hacen a la persona sino que la revelan, y te animo a que deseches la errónea creencia de que esto tiene que ver exclusivamente con Wayne Dyer y con un médico de Washington, pero nada que ver contigo.

Sí tiene que ver contigo, y mucho. Trasciende las vidas individuales al involucrar leyes y principios universales que estaban aquí mucho antes de que aparecieras tú en tu actual forma física. Yo me limito a informar acerca de lo que sé en verdad en cuanto a mí y a muchos otros. Si deseas conocer prosperidad a un nivel milagroso deberás dejar atrás tus viejos modos de pensar y desarrollar un nuevo modo de imaginar lo que tú puedes experimentar en tu vida.

Cinco aspectos de una conciencia de prosperidad

Haz un inventario interior y comprueba si las siguientes afirmaciones forman parte de tu conciencia:

- No hay bastante para todos.
- Has de conseguir lo tuyo para que otro no se haga con ello antes de que te llegue a ti.
- Sólo hay una cantidad limitada de peces en el mar.
- Nunca sabes si vas a tener una oportunidad.

Si estas y otras ideas parecidas forman parte de tu inventario personal, probablemente es que te enseñaron que vives en un mundo de escaseces. Te han enseñado a creer en la penuria. El concepto de la carencia ha sido incorporado a tu sistema de creencias.

A fin de crearte una visión interior de prosperidad deberás librarte de esta vieja visión de penuria. Las siguientes cinco normas esenciales para llegar a una conciencia de prosperidad pueden ayudarte a lograr el cambio.

1. *No necesitas nada más para poder conocer la prosperidad*
Librarse de una conciencia de penuria significa cambiar las imágenes interiores que reflejan carencia en tu vida. Tienes ya todo cuanto necesitas a fin de conocer una vida de prosperidad. No se trata de que vayas a tenerlo todo, lo eres ya todo. La prosperidad es, primero y sobre todo, un juego mental. La componen una serie de creencias invisibles e interiores que llevas contigo. Debes de saber que tienes ya cuanto necesitas; no te falta nada para lograr prosperidad en tu vida. Siempre me ha encantado la siguiente historia, que ilustra a la perfección este principio:

Un hombre desastrado, que no parecía poseer nada en un sentido material, se acercó a un capataz caminero y dijo:
—¿Puede ayudarme? Necesito trabajo.
—Muy bien —dijo el capataz caminero—, coja esa piedra grande de

allí y hágala rodar por la cuesta arriba y abajo. Si lo que necesita es trabajo, eso bastará a sus necesidades.

—No me entiende —dijo el hombre—, lo que necesito en realidad es dinero.

—Ah —contestó el capataz—, si se trata de dinero, aquí tiene cincuenta dólares. Pero no puede gastarlos.

El hombre se quedó de nuevo perplejo.

—No me entiende, lo que necesito en realidad es comida y combustible y ropa, no sólo dinero.

—Si está seguro de que eso es todo lo que necesita —contestó de nuevo el capataz—, puede gastar el dinero en comida y combustible y ropa, pero no podrá comer la comida ni utilizar el combustible ni usar la ropa.

El hombre se vio por último obligado a ver qué era realmente lo que necesitaba: una sensación de seguridad, paz y satisfacción interiores. Todo ello totalmente invisible, todo dentro de su pensamiento. Todo sustento divino.

Nos vemos llevados a creer que las cosas materiales constituyen la realidad y nos proporcionan lo que necesitamos cuando, de hecho, son simplemente más materia, hecha de más espacio invisible. Lo que necesitas lo tienes ya, y cuando sabes esto y entras en tu interior y lo creas en tu mente, el sustento divino que buscas en forma de cosas materiales o de dinero se manifestará en cualesquiera cantidades que necesites.

Debes crear en ti este nuevo sentimiento interior y confiar en la magia del creer. Tus creencias son tuyas, tienen su origen en ti y son lo que utilizas (y lo único que puedes utilizar) a fin de crear las circunstancias de tu realidad física. Cuando te dices a ti mismo otra cosa, lo que estás haciendo es utilizar tu conciencia de penuria y crear precisamente aquello que más aborreces, tu realidad física.

Confía en el poder de tu mente, en el conocimiento del que vengo hablando desde la primera página de este libro, en esa guía divina que está fácilmente a tu disposición, y habrás alcanzado el primer paso hacia la manifestación del milagro de la prosperidad en tu vida.

2. *No podrás crear prosperidad si crees en la penuria*

Cuando hayas dominado la capacidad de convertirte en un ser espiritual, según se describe en la primera página de este libro, empezarás a comprender que tu personalidad está situada en ese reino invisible y sin dimensiones que llamamos nuestro pensamiento. No tienes ni límites ni fronteras. Comprendiendo esto sabrás que no te falta absolutamente nada, que cuanto necesitas para vivir está ya aquí y estaba dentro de ti cuando apareciste por primera vez en este mundo físico.

Cuando te dices a ti mismo «No tengo suficiente dinero» o «Carezco de la educación, el talento o la fuerza suficientes para conocer la prosperidad» estás operando en tu mundo mental a partir de una posición de carencia. Es por ello que no puedes entrar en el mundo de la realidad mágica.

A fin de superar este modo de pensar tendrás que reeducarte o, mejor aún, deshipnotizarte de la mentira que han introducido subrepticiamente en tu mente todas y cada una de las tendencias de nuestra cultura occidental. Tienes ya todo cuanto necesitas. Eres ya completo ahora, eres una persona entera y total y no un aprendiz camino de otro lugar. Debes comprender que eres ya completo y experimentar este hecho en tus pensamientos como tu propia realidad personal.

Cuando llegue el momento de abandonar este mundo físico, no podrás decir: «Espera un momento, no estoy preparado, estoy preparándome, necesito que se me eduque un poco más, estoy acumulando fuerzas, necesito recoger más dinero». Abandonarás tu cuerpo y éste seguirá pesando lo mismo. Tu vida no es ese cuerpo, no está encerrada en esas fronteras y esas limitaciones. Es invisible e ingrávida. Y lo tiene absolutamente todo.

Cualquier cosa material que hayas creado en relación con tu cuerpo físico es consecuencia de esa mente completa e invisible que posees. Lo irónico del caso es que cuando sabes que eres ya un ser completo empiezas a motivarte de manera totalmente distinta.

Te has acostumbrado a lo que se llama «motivación por deficiencia». Es decir, evalúas todas las cosas que faltan o de las que hay una deficiencia en tu vida y, a continuación, preparas un plan destinado a reparar todas estas deficiencias. «Necesito más poder, más fuerza, más dinero, más belleza, más posesiones», y así sucesivamente. «Cuando tenga todas esas cosas, tendré prosperidad.»

Fijas así tus metas y pones manos a la obra para alcanzar la prosperidad. Pero esto es una enorme trampa. Nunca podrás conocer la prosperidad a partir de este esquema mental, porque siempre padecerás la enfermedad del «más».

Cuando hayas conseguido el dinero que crees necesitar para ser próspero tu esquema mental no quedará satisfecho. Tu esquema mental está centrado en el más, en luchar y no en llegar. Subes así cada vez más el listón y sigues luchando y sufriendo e incluso negándote a ti mismo en la búsqueda de más. Es éste un tema común en nuestra cultura. La prosperidad es imposible con una motivación por deficiencia en la que se piensa así: «No tengo suficiente» o «Me falta algo». El tema central de este libro es: «Según pienses, así serás». Si tu pensamiento está centrado en lo que te falta, entonces el «lo que me falta», por definición, tendrá que expandirse. Ésta será tu experiencia en este mundo material. Lo que te falta constituirá tu distintivo y tu experiencia de la realidad física.

Hay otra forma de motivación, llamada «motivación de crecimiento», que es el distintivo del individuo que conoce la realidad mágica en el área de la prosperidad. Lo que ocurre con la motivación de crecimiento es que damos la vuelta al pensamiento interior y optamos por vivir dentro de un marco de plenitud. El diálogo interior que se desarrolla es algo así: «Estoy entero, completo, total y plenamente vivo en este momento. ¡Esto es! Lo soy todo, no necesito más para ser feliz o para estar realizado. Y, sin embargo, sé que seré diferente mañana. Mi realidad física está siempre cambiando. Las moléculas que formaban mi yo material ayer serán sustituidas por nuevas moléculas. El cuerpo físico que yo tenía hace diez años es hoy completamente nuevo desde un punto de vista físico. Pero también soy algo más que una simple serie física de moléculas. Soy una necesidad divina que va más allá de lo físico. Voy a crecer. Voy a ser algo nuevo y grandioso, pero no más grandioso de lo que soy ahora. Del mismo modo que el cielo va a ser otro dentro de unas horas sin que sus actuales perfección y plenitud sean por ello deficientes, soy yo ahora perfecto y no me falta nada, aunque vaya a ser otro mañana. Voy a crecer, pero ello no quiere decir que me falte nada».

Pensando de esta forma, son imposibles las carencias. Empiezas a tener como motivaciones en la vida tu propia dicha, tus sueños, empiezas a vivir la vida que imaginas es tu vocación, la misión especial y divina por la que estás aquí, y la prosperidad se convierte en tu santo y seña. La abundancia entra a raudales en tu vida. El universo empieza a proveer exactamente aquello que necesitas, y no lo hace para llenar el vacío de algo; llega a tu vida en la cantidad precisa necesaria para ayudarte a realizar tus sueños. Cuando no sientes ya que te falte nada, puedes vivir la vida que sabes perfecta para ti y empiezan a llegar cada vez más a tu vida los símbolos de la prosperidad (dinero, objetos, poder, etcétera). He aquí un resumen simplificado de esta idea: más es menos, menos es más.

3. *No estás dividido en categorías: eres a la vez el que ve, el acto de ver y lo visto*

Para conocer la auténtica prosperidad debes aprender a dejar de dividirte y separarte de tu prosperidad. No estás dividido en tres en este mundo. No hay el observador, el observado y el acto de observar. Lo que observas está dentro de ti. Tus observaciones están dentro de ti, al igual que el proceso entero de la observación. Todo ello eres tú. Los pensamientos de prosperidad son tuyos, son tú. Así, también lo es lo que ves como prosperidad dentro de ti. Y, por último, también el concepto de ser próspero está en su totalidad ubicado dentro de ti. Esto puede parecer confuso, pero es esencial para que captes la unidad que hay en ti si deseas conocer la prosperidad y convertirte tú en prosperidad. Ken Wilbur, en su fascinante libro *No Boundary*, lo describe así; deja que penetren en ti estas ideas al tiempo que te preparas para los milagros en esta dimensión de la prosperidad:

> La división entre el que experimenta y el mundo de la experiencia no existe y, por consiguiente, no se la puede hallar. Esto puede parecer en un principio muy extraño, porque estamos acostumbrados a pensar en términos de fronteras. Parece evidente que yo soy el sujeto que oye sonidos, que soy el sujeto que siente cosas, que soy el sujeto que ve cosas. Pero por otro lado, ¿no resulta extraño que me describa a mí mismo como el observador que observa lo observado? ¿O como el oidor que escucha los sonidos oídos? ¿Es realmente tan complicada la percepción? ¿Hay realmente involucradas en ella tres entidades separadas: el observador, el acto de observar y lo observado? Por supuesto, no hay aquí tres entidades separadas. ¿Es posible un sujeto que ve sin el ver o sin la cosa vista?... El problema consiste en que tenemos tres palabras —el «que ve», «ve» y «lo visto»— para una sola actividad, la experiencia de ver.

Debes aprender a ir más allá de tu estado de hipnosis, que te ha convencido de que estás aquí en primer lugar tú el pensador, luego tú el hacedor y, por último, el concepto de aquello que estás pensando o haciendo. En realidad, todo ello es una sola y misma cosa.

Así es con la prosperidad para aquellos que la viven cotidianamente. Todo aquello que antes dividías en tanto que pensamiento próspero, conducta próspera y algo llamado prosperidad y que se halla «allá fuera» debe ser considerado como una sola cosa. ¡Y esto puedes ser tú si decides serlo! Cuando comprendas esto dejarás de buscar la prosperidad como si ésta fuera algo que puedes arrancar de su escondite. Dejarás de decirte a ti mismo: «Lo único que debo hacer es pensar de manera próspera, y la prosperidad vendrá a mí». Dejarás de fijarte metas para tu conducta que te lleven hasta esa cosa evasiva llamada prosperidad.

Este trío lo sustituyes por una singularidad de pensamiento y acción que refleja tu comprensión de que tú eres prosperidad y que crees en ello. Lo que necesitas para una vida próspera lo eres ya. Está todo en ti, no hay fronteras aun cuando hayamos inventado palabras distintas para describir diversas facetas del modo en que hemos decidido percibirlo. Wilbur resume lo absurdo de este pensamiento compartimentalizado con este ejemplo: «Podríamos del mismo modo describir una simple corriente de agua como "la corriente de agua hace correr el agua que corre". Es algo totalmente redundante e introduce tres factores allí donde en realidad hay sólo uno».

Toma ahora este conocimiento e implántalo en tu conciencia. No vas a hallar la prosperidad. Ésta entrará como un fluido en tu vida sólo cuando captes la idea de su singularidad. Cuando sepas, tus acciones lo reflejarán. Lo mismo exactamente puede decirse de la penuria. Si piensas en términos de penuria y actúas en función de ella, tu vida será penuria. Eres aquello en que piensas, puesto que sólo a partir de ahí puedes actuar.

Si la penuria es una palabra que define tu vida en estos momentos, comprende que no es algo que te haya sido enviado sino simplemente el modo en que tú procesas tu vida. Te has dividido en tanto que pensador y hacedor, víctima de algo externo a ti llamado penuria. Pero, en realidad, esa penuria eres tú. La elección de la prosperidad empieza por tu negativa a seguir dividiéndote y ver en cambio la unidad que hay en ti.

4. *No podrás conocer la prosperidad si crees que no la mereces*

Como he dicho ya repetidas veces, tú existes en tanto que ser divino y espiritual con experiencia humana. Tu esencia, tu vida en sí, es invisible e ilimitada. En ese reino no hay juicios que hacer. No hay nadie en ese universo, ni lo ha habido jamás, que sea mejor o más digno de algo. Aquellos que nacieron con sangre real son tratados como miembros de la realeza porque unos seres humanos decidieron elevarnos a esa categoría. Pero en un sentido mucho más amplio, a los ojos de Dios, no hay «mejor» ni «peor». Ésta es la forma de pensamiento que debes aprender a utilizar si quieres que la prosperidad sustituya a la penuria como tu modo de vida.

Si crees que no eres merecedor de prosperidad, ésta es la idea en torno a la cual conducirás tu vida. No se atrae prosperidad pensando que no se la merece, del mismo modo que no se atrae amor cuando se lo considera como algo desdeñable. Elimina la idea de que eres inferior. No eres ni inferior ni superior, simplemente eres. ¡Y lo que eres merece la prosperidad! ¿Cómo puede un pensamiento invisible ser más o menos valioso que otro pensamiento invisible? Cuando te consideras un ser espiritual y creas un esquema mental de realidad mágica dentro de ti en tanto que ser pensante primero y sobre todo, renuncias a la incesante comparación que te lleva a creer que otros merecen la prosperidad más que tú. Formas una sociedad con el resto de los seres humanos, y no un concurso en el que se te deba juzgar mejor que unos y peor que otros.

Una vez más, debes deshacer el estado de hipnosis que te ha llevado a este tipo de actitud. Ese estado empezó con tu enseñanza y prosigue en la actualidad. He aquí lo que dice John Holt en *How Children Fail* sobre el tema:

> Destruimos el... amor al aprendizaje de los niños, tan fuerte cuando son pequeños, animándolos y obligándolos a trabajar por recompensas mezquinas y despreciables: estrellas doradas, papeles con un 100 y pegados a la pared, una A en los informes escolares, cuadros de honor, listas del decano o pertenencias a la Phi Beta Kappa;* es decir, por la innoble satisfacción de sentirse mejores que ningún otro.

Esto es lo que ocurre cuando se lleva a la gente a creer que son mejores que otros. Probablemente tú te hayas tragado esa gran mentira en algunas áreas de tu vida. ¿Cómo podías merecer considerarte una necesidad divina y especial cuando no estabas a la altura del ren-

---

* En Estados Unidos, sociedad de estudiantes universitarios con altos méritos académicos. *(N. del T.).*

dimiento o del aspecto de otros? Aprendiste a compararte con los demás e incluso a creer que esto forma parte de la naturaleza humana. Es esto precisamente lo que no te ha permitido desarrollar un concepto de ti mismo basado en el hecho de que eres valioso, merecedor y divino. He aquí lo que dice al respecto de la naturaleza humana John Stuart Mill en *Principios de economía política*:

> De todos los modelos vulgares destinados a eludir la consideración del efecto de la influencia social y moral sobre la mente humana, el más vulgar es el que consiste en atribuir las diversidades de conducta y carácter a diferencias naturales e inherentes.

Es éste en efecto un modelo vulgar que enseña a la gente a convertirse en adulta que considera como algo natural el compararse con los demás y que, por lo tanto, es algo natural el aprender a jugar sucio a fin de adelantar a los demás. Y si en algún sentido físico o material no se está a la altura de los demás, ello indica que no se es merecedor. Es un sistema vulgar y obsceno que contribuye a la creación de grandes números de personas que no conocen otro modo de evaluar su propia valía que el de compararse con los demás y que, al mismo tiempo, crea también muchas personas a las que simplemente les da por pensar que no merecen la prosperidad en ningún sentido de la palabra.

En una cultura competitiva se medra destruyendo a otros. Una cultura cooperativa evoluciona ayudando a cada persona a apreciar su propia valía y a sentirse merecedora y espiritualmente válida. A ti te corresponde elegir. Aun cuando todos cuantos te rodean elijan competir entre sí, no por ello tienes que vivir tú de acuerdo con ese modelo. Verás que mereces la prosperidad tanto como cualquier otro habitante de nuestro planeta. Cuando te hayas creado este esquema mental, no actuarás ya como si no la merecieras.

5. *Alégrate de la prosperidad de los demás*

Cuando sientes desdén, o incluso un atisbo de celos, hacia los éxitos o los estilos de vida de los demás, estás albergando negatividad allí donde debería haber amor. Si albergas sólo amor dentro de ti porque así es como has decidido ver la vida, no darás otra cosa que amor. Puedes así ponerte a prueba comprobando tus sentimientos en relación con las personas que han alcanzado una medida de prosperidad que a ti sigue rehuyéndote. No podrás atraer prosperidad hacia tu vida si estás lleno de rencor, si juzgas, si sientes ira, celos, odio, temor, tensión, etcétera. Esta forma de esquema mental interior negativo te impedirá ser fiel a tu propósito. No puedes estar realizado y tener envidia al mismo tiempo. Si te sientes satisfecho y feliz, eso es lo que irradiarás. Fomenta la creencia interior de que cualquiera que haya alcanzado la prosperidad tiene derecho a ella y de que su éxito no es motivo para que tú te sientas inadecuado o falto de algo. Aun cuando alguien alcance la prosperidad a través de medios que a ti te parezcan reprochables, ello no es motivo para que te sientas angustiado o indignado. Sepas en el fondo de ti que aquellos que utilizan a los demás tendrán lo que merecen en un universo que actúa de manera armónica y de acuerdo con un propósito. Pero, en general, aquellos que han alcanzado su propia medida de prosperidad merecen sólo tu amor.

Intenta dejar de centrarte en lo que los otros tienen o no tienen para ocuparte de lo que tú vas a hacer en tu vida. Recuerda que, cuando evalúas y juzgas a los demás, no los defines a ellos sino que te defines a ti mismo. ¿Quieres definirte como una persona celosa e incapaz de dar amor cuando esto es lo que va a transpirar en tu vida? Alégrate de la gran prosperidad que presencies en todos los demás. Libérate de la idea de que no debería ser así. ¡Es así! No necesitas saber nada más. Y también tú eres así, represente esto lo que represente en tu vida. Acepta tranquilamente lo que es, dale tu amor y dedícate a continuación a la tarea de crear una vida plena y próspera, una vida de amor, para ti.

Los cinco factores son totalmente esenciales para llegar a una conciencia de prosperidad. Una vez trabajes día tras día en el desarrollo de este modo de ser, tu yo superior empezará a permitirte experimentar cada vez más prosperidad en tu vida. Esta nueva conciencia te devolverá a esa importantísima dimensión que constituye un tema central de este libro: vivir tu vida con un propósito.

PROPÓSITO Y PROSPERIDAD: TU BILLETE A LA REALIDAD MÁGICA

Como habrás visto a lo largo de todo este libro, sólo se puede experimentar la realidad mágica cuando se da un propósito a la vida.

Cuando se está centrado en aprender a través del sufrimiento o de los resultados, se utiliza la visión retrospectiva como guía y, en consecuencia, se paga un elevado precio en la vida cotidiana.

Es posible que, en el aspecto laboral, hayas venido gastando mucho tiempo y energía en hacer cosas que te desagradan diciéndote a ti mismo que ello era absolutamente necesario porque tenías facturas que pagar o una familia que mantener o, simplemente, no tenías otra elección. Piénsalo de otro modo, utilizando las cifras como metáfora. Si eres invisible al noventa y nueve por ciento (pensamiento y espíritu) y sólo forma al uno por ciento (el cuerpo físico que alberga tu alma) y estás haciendo algo que detestas, serás esencialmente una persona no auténtica. Tu cuerpo sigue adelante rutinariamente mientras tú no dejas de pensar en lo mucho que te desagradan las circunstancias en que está inmersa tu vida. Un uno por ciento sigue la rutina mientras el noventa y nueve por ciento detesta tus actividades cotidianas. De modo que, si lo que piensas es lo que se convierte en acción, la acción o la parte física de tu vida es detestable y espantosa. No se puede conocer la satisfacción ni la oportunidad de vivir milagros de prosperidad mientras se lleva una vida que se detesta. Es preciso que haya dicha y armonía interiores para que se puedan experimentar milagros. Debes, pues, pasar del sufrimiento y los resultados al propósito.

Tener un propósito en el trabajo que se hace o en las actividades cotidianas de la vida significa saber que el propósito es dar sin ocuparse de los resultados. Cuando seas capaz de hacer que tu conciencia interior pase al modo en que puedes servir a los demás y cuando hagas de esto el centro de tu vida estarás en una posición adecuada para vivir auténticos milagros en tu progreso hacia la prosperidad. No habrá límite alguno en cuanto a lo que puedas recibir a cambio de tu generosidad, cuando esta generosidad sea todo cuanto tienes para dar.

Podemos considerar la prosperidad como una abundancia ilimitada en la vida. Nunca llegarás a ese punto acumulando ni concentrándote en lo que puedes sacar. Recuerda que, en un sentido mucho más amplio, no puedes poseer nada mientras estás aquí, ni puedes tampoco adquirir nada: sólo puedes dar de ti. Es ésta el área en la que debes aprender a trabajar para poder experimentar una abundancia y una prosperidad ilimitadas en tu vida.

En cuanto te des cuenta de que el dar constituye la clave para tu propia abundancia, verás también que puedes alcanzar fácilmente la prosperidad. No es tan difícil darse. ¿O sí? Algunos no percibirían la ironía que hay aquí. Desean una vida de prosperidad pero se concentran exclusivamente en lo que pueden sacar de ella. Así, trabajan, luchan y se fijan metas, pero nunca parecen llegar adonde quieren llegar ni tienen suficiente. Y sin embargo, si estudiamos a las personas que han alcanzado un gran éxito en todos los campos imaginables, veremos que no se centran en realidad en los resultados que personalmente van a obtener. He aquí un ejemplo perfecto que nos da el artículo de Srikumar S. Rao aparecido en junio de 1991 en la revista *Success* y titulado: «The Superachiever's Secret» («El secreto del superganador»):

> Un día, Mehdi Fakharzadeh, agente principal de la compañía de seguros Metropolitan Life, fue a ver a un asegurado que sufría de una dolencia cardíaca y quería pedir una indemnización. No había perspectivas de poder seguir cobrándole las pólizas. La mayoría de agentes (con sus intereses como objetivo) se habrían limitado a entregarle un formulario y marcharse. No así Mehdi, quien se había entregado a la misión de ayudar a la gente. Mehdi le rellenó el formulario. Cuando se enteró de que el hombre tenía también pólizas con otras compañías aseguradoras, consiguió de éstas los formularios, los rellenó y se aseguró de que las indemnizaciones llegaran a su destino.
>
> El hombre se empeñaba en pagar a Mehdi, lo cual éste rehusó cortésmente, pero unos días más tarde Mehdi recibió por correo una lista de veintidós amigos y parientes de ese hombre, con nombres, fecha de nacimiento y número de hijos y una presentación personal a cada uno de ellos. Mehdi vendió millones de dólares en pólizas de seguros.

Cuando te recuerdes constantemente a ti mismo el supremo propósito espiritual y social que te empuja en el trabajo observarás cómo cambia todo tu estado de prosperidad. Ocupará un lugar principal en tu mente el modo en que puedes servir a las necesidades de quienes te rodean centrándote siempre en sus necesidades y lo que les corresponde. Tener un propósito significa, de manera general, estar en paz contigo mismo, y esta paz es lo que puedes dar. Mi experiencia como escritor y mis charlas por todo el mundo, así como mis contactos personales con millares de personas, me han llevado a creer que éste es el secreto que comparten aquellos que experimentan milagros de prosperidad en sus vidas. Es cierto que lo que gira vuelve a ti. Cuanto más des y más lo hagas todo por servir a los demás, más será lo que revierta a ti. Y cuando vuelva a ti, puesto que no estarás interesado en acumular ni poseer, te sentirás aún más inclinado a darlo con lo que se afianzará el ciclo de la realidad mágica.

Esta lección en cuanto a la prosperidad es aplicable a todos los campos de los negocios. Una compañía de aviación, por ejemplo, cuyo objetivo es servir a sus pasajeros, prosperará al máximo cuando el tejido entero de la organización se base en el servicio a los demás. Cuando en algún nivel del negocio se descuida este sentido del servicio, la organización entera se resiente. Un día, al subir a un avión antes de la hora, oí la voz de un asistente de vuelo que decía con sarcasmo: «Aquí llegan las bestias» Supe que aquella organización estaba condenada a perecer tarde o temprano por falta de pasajeros. Por supuesto, la compañía ha quebrado. Los empleados deben saber en el alma que tienen el privilegio de servir a aquellos que están dispuestos a dar una parte de sus ingresos por utilizar el servicio. Depende de los clientes el que ellos conserven sus puestos de trabajo, por lo que deben valorarlos, mimarlos y apreciarlos. Debe hacerse un hincapié total en el servicio, olvidando la conveniencia o inconveniencia para los empleados. Esto es aplicable a tu trabajo, sea éste cual fuere. Si trabajas en la consulta de un dentista, tu objetivo será servir y ayudar a los demás a mejorar su calidad de vida. Si el objetivo es sólo ganar dinero y hacer que los pacientes entren y salgan lo antes posible, la consulta entera conocerá la penuria y no la prosperidad.

Pero yo no escribo este libro para una organización, sino para ti, querido lector. Puedes efectuar los cambios que quieras en tu conciencia, pero también el énfasis deberá cambiar y pasar de los resultados en tu vida al propósito. Pruébalo. Cambia durante un período de un mes y ve si no empiezan a producirse milagros en tu vida.

Para tener un propósito en las actividades de la vida sólo hay que dar la vuelta a las propias creencias interiores. No es en realidad preciso cambiar de posición ni desplazarse a otro lugar, porque es en el dar donde se experimenta esta realidad mágica. Las palabras que en este sentido dice Dios a Arjuna, el poderoso guerrero, en el *Bhagavad Gita*, son muy simples: «Esfuérzate constantemente por contribuir al bienestar del mundo; mediante la devoción a una labor sin egoísmo se alcanza la meta suprema de la vida. Haz tu labor siempre con el bienestar de los demás en el pensamiento». Observa que hace hincapié en lo que se tiene «en el pensamiento». Y éstas son las palabras finales de Dios a Arjuna: «El ignorante trabaja para su propio bienestar, Arjuna; el sabio trabaja para el bienestar del mundo, sin pensar en sí mismo».

Quizás esta idea te parezca demasiado elevada para ti, pero yo te aseguro que puedes alcanzar en este mismo momento los beneficios de este modo de pensar. No necesitas memorizar una serie de principios elevados, sino simplemente ponerte en contacto con tu yo superior, que siempre te acompaña, y permitir que esa parte natural de ti mismo tome el control. Resulta un modo muy fácil y fascinante de vivir, un modo de vivir que no deriva de un mayor esfuerzo sino del hecho de relajarse y eliminar las presiones procedentes de ti mismo.

Cuanto menos necesites imponerte este nuevo modo de ser, más fácil te será disponer de él como principio guiador de tu vida. Un rápido vistazo a las características del ser espiritual frente al ser no espiritual te mostrará que se trata de un ejercicio mental más que de un ejercicio físico. Lo que debes hacer es permitir que tu yo natural fluya apaciblemente, y saber que la satisfacción viene de dar y no de recibir. He aquí un concepto, el de permitirte fluir, con el que deberás familiarizarte totalmente a medida que permitas entrar en tu vida la prosperidad que deseas.

CÓMO LLEGAR A «FLUIR»

Mihaly Csikszentmihalyi, en su libro *Flow*, estudiaba a los grandes ganadores —entre ellos ejecutivos, plusmarquistas y artistas— que han alcanzado una vida de prosperidad. Describe el principio del «fluir» como una inmersión máxima en nosotros mismos, en la que experimentamos un total gozo en el momento del trabajo. Dice que, una vez hayamos gustado este gozo, redoblaremos nuestros esfuerzos para alcanzarlo.

En la primera parte de este libro hablo de cómo todo parece funcionar a la perfección en nuestras vidas cuando estamos inspirados. El fluir entra dentro de este tipo de inspiración, una inspiración tan poderosa que todos los obstáculos parecen desaparecer y quedamos enamorados de lo que hacemos en tal medida que el trabajo parece fluir sin el menor esfuerzo por nuestra parte. Se puede experimentar esta vivencia del fluir en casi todo.

Yo experimento esta perfección sin esfuerzo cuando estoy tan involucrado en mi charla en el estrado que el tiempo parece quedarse inmóvil y las horas transcurren como si fueran minutos. También, cuando estoy totalmente inspirado e involucrado en mi escritura, parece salir humo de la máquina de escribir mientras lleno una página tras otra sin el menor esfuerzo. A veces, me siento como si yo (el yo invisible) estuviera en realidad observando cómo escribe otro, con tanta perfección fluye el trabajo. Probablemente hayas conocido esta sensación durante una experiencia sexual, como un éxtasis divino en el que el tiempo se paró literalmente y conociste el gozo completo. Puedes también fluir en tu trabajo y en tus actividades cotidianas sin esperar la aparición de esos momentos mágicos como si estuvieran dirigidos por alguien que no fueras tú.

Llegar a fluir en la vida significa alcanzar un estado de concentración tan total que parece que todo lo demás deje de existir. La gente que conoce la prosperidad en su vida sabe cómo alcanzar este estado esplendoroso en el que sus actividades, en lugar de constituir una serie tediosa de trabajos que realizar, se convierte en una especie de meditación en la que sin embargo están activos e involucrados en lugar de estar sentados tranquilamente. El fluir tiene mucho que ver con el propósito en las actividades. Cuando eres capaz de suprimir tu cuerpo físico así como tu ego y permitir que tu yo invisible se funda totalmente con lo que estás haciendo, tu yo superior dirige y produce mientras que el cuerpo sigue simplemente una rutina sin ningún juicio por tu parte. Cuando te hallas en ese estado, experimentas en el cuerpo una especie de dicha etérea que te dice: «Es por esto que estás aquí, ésta es tu misión en este instante. Estás cumpliendo tu gran misión y nada puede entorpecerte». Llegas a un estado en el que rindes a niveles muy por encima de los que pudieras haber conocido con anterioridad. Observas literalmente cómo tu cuerpo hace cosas increíbles, experimentas un gozo y una dicha enormes y nada puede ponerse en tu camino. Tienes un propósito y vives una experiencia cumbre que otros sólo pueden soñar.

Hay un modo de llegar a ese estado del fluir. Csikszentmihalyi describe ese proceso de manera prolija mientras que el profesor Rao, de la universidad de Long Island, resumía el proceso en el artículo de la revista *Success* que ya he citado. Los puntos de su resumen reflejan lo que yo he dicho en este libro. No se trata tan sólo de secretos para llegar a ser un gran ganador en el terreno laboral, sino también de secretos para producir auténticos milagros en la vida. Describo a continuación los cinco puntos que constituyen el camino hasta ese estado del «fluir».

1. *Ten una meta espiritual suprema que dé sentido a tu trabajo*

Esto significa olvidarte de ti mismo y hacer que toda tu energía pase al mejor modo de servir a los demás. Haz de tu trabajo una experiencia de meditación y, en lugar de verte a ti mismo realizando una tarea determinada, conviértete de hecho en la tarea en tu mente. Pasas de ser un ser humano que hace a un ser humano que es. Te conviertes literalmente en la pelota de un partido de tenis. Te conviertes en el informe en el que estás trabajando, te conviertes en el libro que estás escribiendo y en la cena que estás preparando. No hay separación alguna, tú y la tarea sois una misma cosa y ello en nombre del objetivo espiritual supremo de dar de ti mismo con un propósito.

2. *Concéntrate y cierra tu mente a toda forma de distracción*

La mente es tan poderosa que no necesita ser distraída constantemente por actividades foráneas. Puedes entrenar tu mente para que se concentre, razón por la que te he alentado a que aprendas a meditar. Da a tu mente la misma preparación mental que das a tu cuerpo cuando deseas que éste tenga una forma física al máximo. No tienes por qué ser esclavo de tus sentidos. Puedes crear una atmósfera en la que la mente esté despejada y libre de distracciones, sin tolerar interrupciones.

Yo estoy escribiendo en este preciso instante en Maui, en presencia de mi esposa y siete hijos e hijas con el constante fluir de compañeros y compañeras de juegos. He escogido, sin embargo, crear un entorno para mí dentro de este hermoso caos que también es para mí un gozo. He alquilado un pequeño apartamento para el verano. La única llave la tengo yo y el teléfono está desconectado. Me despierto a las cinco de la mañana y, después de meditar, me hundo en la escritura y en la investigación. No son posibles las interrupciones, nadie sabe dónde interrumpirme más que mi esposa (quien utiliza también este espacio por las tardes para concentrarse en sus proyectos literarios). Puedo concentrar totalmente mi mente y, a continuación, mi producción material fluye sola. Tú puedes crear este tipo de atmósfera para ti. Puedes entrenarte a eliminar la interminable cháchara mental que ocupa tu conciencia. Puedes alcanzar ese lugar superior dentro de ti y dejar fuera toda otra distracción. Cuando lo hagas empezarás a saber lo que es esa sensación de fluir y empezarás también a ver aparecer realidad mágica en tus actividades. Esto puede hacerse en el trabajo, en el hogar o en cualquier lugar tranquilo. Concentrarte es tu modo interior y natural de conocer. Puedes hacerle caso omiso o acudir allí a menudo.

3. *Entrégate al proceso.*

Debes resistir el impulso de luchar por lo que deseas. (¿Sabías ya esto? ¡Vengo diciéndolo desde la primera página!) En el sistema descrito en *Flow* el mundo trabaja contigo, por lo que debes participar realmente en el proceso y abandonar el instinto aprendido que te empuja al esfuerzo y a la lucha. Entrégate a Dios o a tu poder superior, esa fuerza invisible que siempre te acompaña y que está más allá de tus cinco sentidos. Debes abandonar y entregarte realmente al proceso. Olvida el resultado, la recompensa, el dinero, el trofeo y los homenajes y consagra totalmente tu mente y tu cuerpo físico a la experiencia que tienes en mano. No es tan difícil conseguirlo. He aquí lo que Robert Coram decía en *Political Inquiries* allá en 1791:

> En cada examen trimestral se otorgaba una medalla de oro al que mejor escribía. Cuando se ofrecía la primera medalla, ello provocaba más bien una contención general que una emulación y difundía un espíritu de envidia, celos y disonancia por toda la escuela; muchachos que antes eran amigos del alma pasaban a ser fieros rivales enfrentados y, cuando se adjudicaba el premio, se convertían en enemigos irreconciliables. Aquellos que estaban avanzados en los estudios censuraban los resultados inferiores de sus compañeros; cada uno menospreciaba las capacidades de su contrario con respecto a las propias y utilizaba cualesquiera mañas para denigrar los resultados del otro.

Así pues, si decides quedarte con los resultados en lugar de con el proceso crearás en tu vida envidia, celos y disonancia. Si te prestas al cambio podrás crear un flujo que lleve a la prosperidad y a saber que existe el milagro personal en tu actividad. ¿Cómo entregarse? ¡Abandona! No te esfuerces por alcanzar un objetivo y, en lugar de ello disfruta del proceso del trabajo que estás realizando; los resultados vendrán independientemente del esfuerzo que les dediques. Cuando nuestra mente está concentrada en el resultado más que en lo que se está haciendo se crea una disonancia interior que bloquea cualesquiera posibilidades para la aparición de milagros. La prosperidad tiene que ver con el proceso y no con los resultados. El proceso tiene que ver con el propósito, y el propósito es de amar y dar.

4. *Experimenta el éxtasis*

Éste es el resultado que automáticamente fluirá hacia ti si sigues las pautas indicadas. Conocerás una especie de bienaventuranza y dicha interiores inconfundibles, que se acercarán sigilosamente hasta ti y se apoderarán de ti, por así decirlo; mas, sin embargo, conocerás esa gloriosa y emotiva experiencia cumbre si te entregas al flujo en la vida.

Se trata exactamente de la misma sensación que he descrito en la sección dedicada a la meditación en el capítulo 3. La razón por la que la sensación es la misma es que estás en realidad abriéndote camino mediante la meditación a través del trabajo, y la recompensa automática, que viene sin esfuerzo, es esa sensación mágica parecida a una ducha cálida que discurriera por tu interior. Ella te elevará y te pondrá en contacto con el conocimiento interior de que te hallas por fin en el camino adecuado. El éxtasis es un milagro en sí.

5. *Observa y ve cómo alcanzas un rendimiento al máximo sin esfuerzo*

Tu estado de éxtasis te abrirá nuevas perspectivas de creatividad y energía. Este estado natural de dicha es la clave para mejorar tu rendimiento. Es el estado que los grandes ganadores saben crear en sí mismos. Lo irónico es que esta mayor productividad sea el resultado de haber alcanzado el estado de éxtasis. Los procesos de entrega, concentración y vida con propósito llevan al éxtasis. Cuando sientas esta dicha interior querrás más y más. Cuanta más puedas crear para ti mayor será tu rendimiento.

Esto es lo que me ocurre a mí. Cuando siento ese fulgor interior que procede del hecho de tener un propósito y no estar pendiente de los resultados, quiero escribir y escribir el día entero. O bien deseo permanecer en el estrado y dar sin cesar, y, cuando una charla ha terminado, me quedaría con la gente durante horas y horas. Cuando ya hace rato que los demás oradores están en sus hoteles acostados, yo estoy todavía hablando con aquellos que están dispuestos a seguir allí inmersos en el proceso. Cuanto mayor es el éxtasis que logro a través de este método del fluir mayor y mejor es mi rendimiento, y la paradoja es que no tengo la menor intención de rendir o de producir resultados.

He utilizado la siguiente cita de Thoreau en cada uno de mis últimos tres libros y la ofrecí como uno de los secretos del universo en mi novela *Los regalos de Eykis*.* Me parece muy adecuado concluir esta sección también con ella. Nunca me canso de oírla, y confío en que también tú desees recordar la sabiduría mágica y real que encierran estas palabras:

> Si avanzamos confiados en la dirección que marcan nuestros sueños y nos empeñamos en vivir la vida que hemos imaginado nos encontraremos con un éxito inesperado en cualquier momento.

Esto ocurre en ese lugar invisible. Las palabras que destacan en esta cita son «sueños» e «imaginado», cosas ambas que están en el pensamiento. Tus pensamientos crean en su totalidad este éxtasis y, en última instancia, todos los milagros que van a llegar a tu vida en forma de una mayor prosperidad. Tu mente tiene un gran poder en cuanto a lo que es capaz de producir en tu realidad física y también en la realidad física más allá de tus fronteras.

CÓMO UTILIZAR LA MENTE PARA CREAR PROSPERIDAD

Te hallas ya en el camino que lleva a la inversión de la conciencia de penuria para convertirla en otra de prosperidad. Se trata en gran medida de un juego mental. Debes convencerte de que tú y sólo tú eres el responsable de las imágenes que se forman en tu mente. Debes saber cuánto es el poder de tu proceso de imaginación en la creación del mundo material que vives.

En deporte, aquellos que brillan por encima de sus contrincantes imaginan por anticipado cómo van a golpear, colocar o dar con el pie a la pelota. La parte mental, la parte invisible, conforma literalmente, y digo literalmente, el modo en que se van a manifestar los resultados físicos. Cuando se preguntó a Rickert Fillmore, hijo de uno de los fundadores de la Iglesia Cristiana Unitarista, si este principio podía aplicarse a la venta de propiedad inmobiliaria, Fillmore contestó: «Si funciona, funcionará donde sea».

Es éste un principio universal. No funciona sólo los domingos por la mañana, ni sólo para algunas personas. Se trata de un factor vital, vivo, del universo del que tú formas parte y que forma parte de ti.

---

* Publicado por Grijalbo en esta colección.

Cualquier área de participación del ser humano forma parte de este proceso. Lo que podemos concebir como imagen en la mente podemos crearlo en el mundo físico, con tal de que la imagen no se pierda. Cuanto más consciente seas de este hecho, más verás cómo se manifiesta en tu vida. Aristóteles lo dijo así: «El alma no piensa jamás sin una imagen»; sabiduría antigua válida para nuestra vida actual.

En ventas, los individuos convencidos de que no van a consumar el trato actúan de acuerdo con su imagen invisible y proceden a sabotear el cierre. Las frases tales como «Nunca he sido capaz de hacerlo», «Sé que estoy perdiendo el tiempo» o «Seguro que no van a comprármelo» son todas ellas mapas de carretera grabadas en la conciencia y que llevan a la realización de la profecía. Si diéramos la vuelta a estas frases a fin de que reflejaran tu propósito de dar y servir al proyecto, nuestra mente repetiría frases interiores como éstas: «Es imposible que yo pierda el tiempo ayudando a otra persona» o «Van a beneficiarse de mis buenas intenciones. Si hay alguien que pueda hacer esto bien también yo puedo. La inteligencia que discurre por los demás discurre también por mí». Este proceso de imaginación es el modo de crear una conciencia de prosperidad dentro de tu mente. Nadie puede arrebatártelo.

Mi esposa y yo hemos decidido que nuestros hijos tomaran lecciones de maestros reconocidos en el arte de la meditación y del aprendizaje para que confíen en la visión interior propia. Lo hacemos no para que aventajen a otros sino con la finalidad de que tomen conciencia de que tienen algo dentro que nadie podrá jamás arrebatarles, sean cuales fueren las circunstancias materiales de sus vidas. Están aprendiendo a muy temprana edad que su paz y su tranquilidad en tanto que seres humanos dependen de ellos y que tienen dentro de sí un lugar de retiro muy especial que está siempre a su disposición una vez aprendan el modo de entrar en ese reino especial. Aprenderán lo que quiere decir el título de un poema mío favorito; las siguientes cinco estrofas son de ese poema, «Mi mente un reino es para mí», del poeta del siglo XVI sir Edward Dyer (¿un pariente espiritual?):

Mi pensamiento un reino es para mí,
* Tales gozos presentes en él encuentro*
Que superan a toda otra dicha
* Que la Tierra proporcione o produzca;*
Aunque mucho deseo de lo que desea el otro,
Al ansia se niega mi pensamiento.

Ni a la pompa principesca, ni a la despensa repleta,
    Ni a la fuerza con la que conseguir la victoria,
Ni al ingenio artero que cura todo mal,
    Ni a la forma que alimenta al ojo amoroso;
A ninguno de ellos rindo pleitesía:
¿Para qué, si mi pensamiento vale por todos?

Veo a menudo a la abundancia hartar
    Y a los apresurados escaladores presto caer;
Veo cómo a aquellos que están en lo alto
    Amenaza más que a nadie el infortunio.
Obtienen con esfuerzo, guardan con temor;
Tales cuitas jamás mi pensamiento soportaría.

Contento de vivir, con esto me conformo;
    No busco más que lo que pueda bastarme
Ni me placen cargos de alteza;
    Ved, mi pensamiento llega allí donde no llego yo
Y heos aquí que así triunfo como un rey.
Contento con lo que me depara mi pensamiento.

Los hay que, teniendo mucho, ansían más;
    Yo tengo poco y más no busco.
Pobres tan sólo son, aunque tengan mucho,
    Y yo soy rico con poca hacienda;
Ellos pobres y yo rico; ellos pidiendo y yo dando;
Ellos faltos y yo sobrado; ellos penando y yo viviendo.

Si bien la rima puede resultar un poco anticuada para aquellos de vosotros que estéis acostumbrados a la poesía más moderna, el mensaje es en verdad provocador. Todos los lujos de la vida traen consigo el sufrimiento consiguiente a menos que sepamos que dentro de nosotros está el reino de la serenidad, capaz de crear toda la prosperidad que podamos llegar a desear. Podemos trasladar el mensaje de este poema a toda forma de actividad humana. Tu mente es ese reino, capaz de crear cualquier imagen que desee. Y una vez sepas que las imágenes que deseas son de prosperidad, ésta vendrá atraída hacia ti sobre la base de las acciones que fluirán a partir de esas imágenes.

En la cocina, dos cocineros siguen exactamente la misma receta, punto por punto, sin olvidar ninguno de los detalles, en el orden preciso y utilizando el mismo horno. Uno obtiene una tarta fantástica, deliciosa, mientras que el otro saca del horno exactamente lo contrario: ¡un fiasco! ¿Por qué? Sus mentes imaginan lo que desean crear. Uno tiene la imagen mental de un resultado positivo, sabe en su interior que la tarta va a salir fantástica y ve el resultado por anticipado, aun cuando sea a un nivel inconsciente. El otro tiene un esquema mental totalmente distinto, está lleno de duda y temor y aborda el proyecto en su conjunto a partir de una imagen fatalista. Si bien el segundo cocinero sigue todos y cada uno de los detalles de la receta, la tarta resulta exactamente según lo previsto: «Yo no valgo para estas cosas, y sé que no va a salir bien». ¿Parece un cuento de hadas? Es imposible que el resultado sea distinto, dirás tú, si ambos siguen las mismas instrucciones.

He presenciado cosas como ésta una y otra vez a lo largo de mi vida. De algún modo, aprendí cuando niño que la cocina y el dibujo no eran mis fuertes. A pesar de que seguía las instrucciones escrupulosamente, por ejemplo cuando pintaba con cifras y llenaba el espacio correspondiente a cada una de ellas con la pintura exacta indicada, mi pintura resultaba un desastre y la de mi hermano Jim acababa en un marco y colgada de la pared. Jim sabía que era capaz de producir una obra maestra, Wayne sabía que la suya sería una porquería. La misma pintura, los mismos pinceles, las mismas cifras, lo mismo todo, salvo el conocimiento, y por ende el resultado. Lo mismo ocurría cuando me ponía a cocinar. Era capaz de seguir las instrucciones físicas, pero nada podía librarme de mi imagen mental y mi imagen mental era lo que acababa siendo la realidad. Nuestras creencias constituyen ingredientes invisibles en todas nuestras actividades.

Hay en la fe una magia que trasciende la lógica. La prosperidad en todas las cosas, incluido el dinero, fluye a partir de esas imágenes. Sí, lo que digo es que podemos en verdad incidir en el mundo físico y en todas las circunstancias de nuestra vida según utilicemos nuestra mente. El dinero y la riqueza pueden fluir y fluirán hasta tu vida si sigues los principios de la conciencia de prosperidad. Esto funciona en los deportes, en la venta, en la cocina, en la cirugía, en la conducción de un taxi e incluso en la cuenta corriente personal.

La mayoría de nosotros cree que el ganar dinero es un juego que se desarrolla con fuerzas exteriores a nosotros, fuerzas tales como son la economía, la Bolsa, las tasas de interés, los bancos, las políticas gubernamentales, las estadísticas de empleo y cosas por el estilo. Pero a medida que recorremos el camino espiritual y empezamos a tomarle el gusto al poder de nuestro yo invisible, descubrimos que el ganar dinero no es más que un juego que se juega con uno mismo. Crear dinero es igual que crear cualquier otra cosa en la vida. Implica que no hay que estar atado a él ni permitir que en modo alguno domine nuestra vida. El auténtico poder no lo obtenemos mediante la adquisición de dinero, ya que sin él seríamos impotentes. El auténtico poder procede de nuestra alma, ese lugar mágico que llevamos siempre dentro.

La prosperidad en lo tocante a la riqueza funciona exactamente igual que en todo lo demás. Verás que viene a tu vida cuando no estés atado por su necesidad. Verás cómo fluye a tu vida cuando tú fluyas y des de ti con un propósito. El dinero, al igual que la salud, el amor, la felicidad y todas las formas de acontecimientos milagrosos que deseamos crear en nuestra vida, viene cuando vivimos con un propósito. No es una meta en sí. Si lo persigues, siempre se te escapará. Nunca tendrás suficiente y, en consecuencia, sufrirás enormemente.

Tenemos por doquier ejemplos de personas con muchísimo dinero pero sin un propósito en el alma. Actores y actrices famosos corroídos por la adicción a las drogas y que se suicidan cuando se hallan en lo que otros consideraban el cenit de sus carreras. Hombres de negocios emprendedores acosados por el temor, plagados de úlceras y que ponen fin a sus vidas a causa de fracasos comerciales. Los rampantes índices de divorcio entre los millonarios junto con penosas peleas judiciales por quién se lleva el qué. Ganadores de la lotería destrozados por el alcoholismo y que terminan en la ruina o se suicidan a pesar de tener cuentas corrientes inimaginables. Cuando la riqueza es la razón de nuestras actividades y la calidad de nuestra vida se basa en lo que hemos acumulado en comparación con otros, la prosperidad es imposible. Volvemos al sufrimiento como medio de iluminación.

Cuando tienes un propósito, haces aquello que sabes es tu misión aquí y te olvidas de lo que pueda llegar a tu vida en cuanto a dinero y riqueza, éstos ya llegan a ella en cantidad suficiente como para proporcionarte una vida de prosperidad. Y esto es realidad mágica en acción. Lo digo porque a mí siempre me ha funcionado. Cuando perseguía el dinero, nunca tenía suficiente. Cuando di un propósito a mi vida y me centré en dar de mí mismo y en dar cuanto llegara a mi vida, conocí la prosperidad. La prosperidad no viene por seguir de manera estricta una serie de artimañas y estrategias, es un esquema mental, un esquema mental centrado en tu capacidad para manifestar milagros. A cualquier cosa que hayas creído imposible podrás darle la vuelta, y crear así un cuadro interior de prosperidad.

Doy a continuación unas pautas que podrás utilizar cuando empieces a familiarizarte con tu propio potencial para hacer milagros. Podrás tirar por la ventana la penuria, a la que sustituirá la abundancia que antes creías estaba sólo al alcance de aquellos otros con suerte.

CÓMO APLICAR LOS PRINCIPIOS DE PROSPERIDAD A LA VIDA COTIDIANA

Paramhansa Yogananda decía así:

> La posesión de bienes materiales, sin paz interior, es como morir de sed cuando nos bañamos en un lago. Si bien es de evitar la pobreza material, debemos aborrecer la pobreza espiritual. Porque es la pobreza espiritual, y no la carencia material, la que constituye la base del sufrimiento humano.

No olvides estas palabras si deseas crear un mundo de realidad mágica para ti. Primero y sobre todo, tu propósito es crear una forma de conciencia espiritual dentro de tu ser. Y luego, permitir que el universo en toda su perfección rija.

• *¡Desdén e incredulidad!* Idea un sistema dentro de tu mente que te permita imaginarte viviendo una vida próspera, con todas las cosas materiales que puedas precisar. Aparta la penuria de tu mente y niégate a tener ese tipo de pensamientos. Cuando un viejo pensamiento habitual de penuria empiece a entrar en tu conciencia, di simplemente: «¡El siguiente!». Eso es, di simplemente para ti mismo «El siguiente», ello te recordará que el viejo pensamiento quedó atrás y que estás entrando en un nuevo proceso de pensamiento próspero. El utilizar «El siguiente» como una expresión mágica te recordará que debes seguir adelante con la magia de la fe y no con la angustia de la duda. Registra en el papel qué es exactamente lo que te gustaría ver aparecer en tu vida física. Viéndolo y leyéndolo repetidas veces implantarás ese pensamiento con mayor firmeza en tu mente y empezarás a hacer realidad aquello que imaginas. Yo utilizo a menudo esta técnica de la escritura y coloco mi afirmación en un lugar que me obliga constantemente a releer las palabras del milagro que estoy en proceso de manifestar.

• *Deja un rincón de tu mente centrado exclusivamente en tus imágenes de prosperidad.* Acude a él a menudo y utiliza el poder de tu mente para aguzar tus imágenes de prosperidad. Llega hasta los detalles concretos acerca de lo que puedes conseguir. Recuerda que mereces este rincón de libertad, que es únicamente tuyo y que nadie puede arrebatarte. No pienses ni por un instante que es preciso que ganes la lotería o que se presente una circunstancia inusitadamente afortunada para que ese milagro que tienes en el pensamiento se haga realidad. Atente a la imagen, en esa zona de realidad mágica que estás creando. Pronto estarás actuando de acuerdo con esas imágenes y atrayendo prosperidad hacia ti. He aquí un ejemplo de lo que digo, extraído de un libro fabuloso llamado *The Magic of Believing*, de Claude Bristol:

> Y esto nos lleva a la ley de la sugestión, por la cual todas las fuerzas que actúan dentro de los límites de esta ley tienen la capacidad de producir resultados de tipo fenomenológico. Se trata del poder de tu propia sugestión, que pone en marcha la maquinaria o hace que la mente inconsciente inicie su labor creativa, y ahí es donde entran en juego las afirmaciones y las repeticiones. Es la repetición del mismo cántico, de los mismos conjuros, de las mismas afirmaciones, la que lleva a la fe, y una vez esta fe se convierte en una profunda convicción, empiezan a ocurrir cosas.

Yo he visto funcionar esto una y otra vez con mis hijos. Repiten oralmente: «Puedo hacerlo, puedo hacerlo», allí donde antes han conocido el fracaso. Pienso en mi hija Sommer intentando mantenerse en equilibrio sobre mis manos y cayendo una vez y otra hasta que la insté a repetir una y otra vez en voz alta esas palabras mágicas. Luego, después de fracasar veinte o treinta veces en su intento por mantener el equilibrio, experimentó de repente la realidad mágica. Diciendo una y otra vez «Puedo hacerlo, veo cómo me aguanto sobre las manos de papá», tuvo el poder de hacer que ello ocurriera. No es una fantasía. Si con algo funciona es que puede funcionar con lo que sea. Debes creerlo y tener dentro de ti esa zona de realidad mágica que no permite nunca la entrada de la duda, donde repetirás sin cesar la afirmación que llevará a una fe que llevará al milagro.

- *Estudia el mundo de la materia, de todas las posesiones materiales en el plano subatómico.* Empieza por observar que todo lo material no es más que espacio vacío cuando se lo ve más de cerca, verás lo absurdo del hecho de hacer de ese mundo material tu amo. Al igual que tus pensamientos, el mundo material es ilimitado. No tiene principio ni fin, es abundante al máximo y está totalmente a tu disposición si sabes cuál es tu verdadero propósito aquí.

Recuerda que la prosperidad, como todo lo demás, se experimenta en la mente. Si de algún modo eres capaz de verte a ti mismo próspero, y nada ni nadie fuera de ti puede hacerte creer lo contrario, tu vida será de hecho un milagro de prosperidad. Y no será por lo mucho que hayas acumulado, a menos que decidas creerlo así. Lo realmente irónico es que cuando te consideres próspero sean cuales fueren tus posesiones materiales, y actúes de acuerdo con esta creencia, las posesiones materiales llegarán en las medidas exactas y perfectas para tu bienestar.

- *Desarrolla en ti la confianza en tus voces intuitivas interiores.* Se ha dicho que aquellos a quienes se clasifica como afortunados son esencialmente aquellos que siguen sus corazonadas y no lo que ha sido prescrito por los demás. Si sientes una fuerte inclinación interior a cambiar de empleo o de domicilio, a conocer a gente nueva o a realizar una nueva inversión, pon entonces una mayor confianza en tu corazonada. Es tu guía divina que te anima a correr riesgos, a hacer caso omiso de cómo actúa el rebaño, a ser el individuo único que eres. Conocerás la prosperidad en la vida si es así como empiezas a procesar tu vida por dentro. Lo interior es lo que más cuenta. Es ahí donde reside tu intuición, la fuerza guiadora invisible que jamás te abandona. Aprende a confiar en ella y permite a tu cuerpo físico recorrer el camino que presientes en tu interior.

Yo siempre me he dejado guiar por mis corazonadas en las inversiones. Puedo decir con toda franqueza que la única vez en que experimenté una gran pérdida económica fue cuando no hice caso de mi intuición e invertí en «bonos municipales garantizados» para el desarrollo de proyectos que yo sabía en mi interior no estaban de acuerdo con mis convicciones. Me costó decidirme, pero los réditos eran importantes y los bonos supuestamente garantizados, por lo que actué en contra de mi intuición. Esta decisión me costó más de ciento cincuenta mil dólares en bonos con incumplimiento. Mi intuición me decía que me mantuviera al margen de tales proyectos e invirtiera sólo en cosas en las que creyera firmemente, pero mi ansia de réditos más altos venció. Fue para mí una lección muy grande y costosa. He aprendido desde entonces a seguir lo que siento por dentro, sin tener en cuenta lo que otros me aconsejen acerca de lo acertado o no de mi elección. Sólo invierto en aquello que me parece adecuado y moral, y este sentimiento me viene del hecho de que entro en mi interior y confío en la guía que recibo. Para algunos es éste un método bastante tonto para la inversión, pero yo confío de todas todas en mi intuición... y el resultado es la prosperidad.

• *Dedícate a sustituir dentro de ti los pensamientos que reflejen una conciencia de penuria.* Si te dedicas a hablarle siempre al mundo de lo que te falta y de que nunca sales adelante, es porque hay dentro de ti un espacio interior que cree firmemente en las carencias. Entre estas ideas de penuria están los problemas económicos, las pérdidas, las dificultades, etcétera. Es posible que te dediques a hablar de estos temas y que éste sea el modo en que te presentas una y otra vez a todo aquel con quien te encuentras. Puedes sustituir estos eslóganes interiores, que han llegado a constituir el logotipo de tu vida, por nuevos pensamientos entre los que estén la abundancia, la riqueza, el ser pródigo, el beneficio, la tranquilidad, el sustento, etcétera. Cuando veas en estos pensamientos el modo en que es tu universo, y proceses así tu mundo, esas palabras y esos conceptos serán tu modo de presentación.

El secreto que está sentado en el centro de tu ser y «sabe» es esa alma callada e invisible que es tuya y puedes utilizar como te plazca. Debes empezar a sobreponerte cuando te pongas a pensar de maneras que subviertan tu propia prosperidad. Debes controlarte a lo largo de todo el día y procurar atrapar todos y cada uno de los pensamientos que supongan una conciencia de penuria. Podrás transformar esos pensamientos, pero sólo si estás dispuesto primero a convertirte en tu propio monitor y luego a limitarte a transformarlos. Verás que acabas actuando de acuerdo con tus nuevos pensamientos, del mismo modo que antes actuabas de acuerdo con los otros en la creación de tus circunstancias vitales.

• *Desarrolla en tu corazón la convicción de que realmente te corresponde la prosperidad.* Pensar en la prosperidad es ya un gran comienzo. Pero debes hacer que esos pensamientos de que tienes derecho a la prosperidad se conviertan en auténticas creencias. Si quieres hacer realidad la prosperidad, debes cultivar esta forma de convicción mental. Es tu propósito en acción. Es el proceso de vivir a través del conocimiento. Simplemente desear no es suficiente, ya que no habrá de verdad nada en tu vida hasta que llegues a la convicción interior de que su puesto está ahí.

Aunque parezcan muy extremas, escucha estas palabras de san Marcos (11:23-24), en las que se habla de este principio divino y ve si puedes captar su significación en relación con tus ideas de prosperidad:

> Quienquiera que diga a esta montaña «Apártate y lánzate al mar» y no dude en su corazón, sino que crea que aquello que dice va a suceder, tendrá cuanto diga... Cualesquiera cosas que pidas cuando rezas, cree en que vas a recibirlas y las tendrás.

Así hablan los milagros. Y, sin embargo, esas palabras constituyen precisamente las piedras en las que puedes tropezar en el camino hacia tu prosperidad en cuanto a lo que eres capaz de creer y saber y en cuanto a tus intenciones en tu vida.

• *Cree en la divinidad que eres, y cree que representa la perfección del universo.* Cuando hayas trabajado las creencias de que he hablado, contrólate durante un día y fíjate en cuántos pensamientos de penuria tienes en relación con los pensamientos de prosperidad, luego entrégate y deja de inquietarte por ello. Confía en esa fuerza invisible que fluye a través de ti. Recuerda: ¡cuando confías en ti mismo confías en la sabiduría que te ha creado! Y evidentemente, cuando dudas de ti pones en duda esa misma inteligencia divina que te ha traído aquí. Sabe en tu interior que las leyes universales de prosperidad y abundancia no han sido revocadas. Sepas que si a otros les han ido bien te irán bien a ti.

Entrégate ahora y tómatelo con calma, y sabrás lo que debes hacer. Esto es el *satori*: un despertar instantáneo. No tienes ya por qué preocuparte, la prosperidad vendrá en verdad a ti y tú la estarás creando de una manera mágica, como es la magia que experimentas cada vez que creas un pensamiento a partir de la nada. Confía en el milagro que tú eres. Confía en que la fuerza universal fluye a través de ti; si no fuera así, no estarías en este momento leyendo estas palabras. Sigue luego adelante con tu vida con un propósito.

• *¡Actúa ya de manera próspera!* Eso es, actúa como si tuvieras ya toda la prosperidad que mereces. La persona que actúa de manera próspera es muy generosa. Sé así, ahora mismo. Si no eres generoso cuando ello es difícil no lo serás cuando sea fácil. Debes estar dispuesto a dar a los demás, aun cuando tus arcas no estén llenas, porque éste es tu propósito. Tu propósito es independiente de las arcas. Es algo espiritual. Actúa de manera espiritual. Da al menos el diez por ciento de lo que te encuentres en la vida a aquellos que te proporcionan sustento espiritual.

A mí, este principio me ha ayudado siempre a crear prosperidad. Siempre he sido de los que dan, incluso cuando era niño. Nunca me costaba dar lo que tuviera en el bolsillo, aunque fuera sólo unas monedas. Me encantaba pagar cosas a los demás y ayudar a mis amistades preferidas a que hubiera mayor abundancia en sus vidas. He dado mucho más del diez por ciento a aquellos a quienes decidí ayudar, y ello siempre ha revertido a mí multiplicado por diez. Parece formar parte de esa ley invisible de lo divino.

Vivir como si se fuera ya próspero es ser una persona generosa. Dar sin expectativas es vivir de acuerdo primero con el yo espiritual y en segundo lugar con el yo físico. Así es como se es divino al máximo, y es el secreto para manifestar tus propios milagros en este terreno de la prosperidad. Jalil Gibran escribió al respecto estas inspiradoras palabras. Estúdialas atentamente: reflejan la conciencia de prosperidad de la que he hablado en este capítulo:

> *Y están aquellos que*
> *tienen poco y lo dan todo.*
> *Son los que creen en la vida*
> *y en la generosidad de la vida,*
> *y sus arcas jamás están vacías.*
> *Están aquellos que*
> *dan gozosamente,*
> *y ese gozo*
> *es su recompensa.*
> *Y están aquellos que*
> *dan con pesar,*

y ese pesar
es su bautismo.
Y están aquellos
que dan y no conocen
el pesar en el dar,
ni buscan el gozo,
ni dan
atentos a la virtud;
dan como en el lejano valle
el mirto respira
su fragancia al aire,
y a través de las manos
de éstos
habla Dios,
y desde el fondo de sus ojos
Él sonríe al mundo.

Cuando Dios hable a través de tus manos y sonría a través de ti al mundo, porque tú das incondicionalmente y eres un ser con un propósito que no pide nada de nadie, tu recompensa será la prosperidad.

• *Cuando hayas dominado el arte de dar a los demás, practica el arte igualmente importante de darte a ti mismo.* Toma una parte de todo cuanto llegue a ti en forma de dinero e inviértelo en ti mismo. Coloca este dinero en un plan de ahorro que tú controles. Considéralo como tu fondo milagroso y muéstrate estrictamente firme en cuanto a tu contribución a esta cuenta personal, que crecerá con rapidez.

Yo vengo haciendo esto desde que soy adulto. He apartado un determinado porcentaje de lo que llega hasta mí y lo he colocado en mi fondo milagroso económico. Es para mí algo automático, y nunca dejo de tener en cuenta este principio. De resultas de ello pude independizarme económicamente a una edad muy temprana.

Te sorprenderá ver con qué rapidez ese fondo crece y te reporta ingresos, una parte determinada de los cuales vuelve directamente a tu fondo milagroso. Haciendo esto ya desde la niñez, se puede ser económicamente independiente a los treinta años. Se trata simplemente de una inversión real en tu propia prosperidad. Es una gran política que puedes enseñar a tus hijos, los llevará hacia su propia prosperidad económica.

• *Libérate de tu posible polaridad en relación con el dinero.* Quizás hayas considerado el dinero como una bendición de Dios o como el archienemigo de la espiritualidad. El dinero se ha utilizado a menudo como campo de batalla para cuestiones espirituales y para cuestiones materiales. Es, pues, posible que si has acumulado dinero hayas llegado a creer que ello está de algún modo en conflicto con tu espiritualidad. No olvides que si tu propósito supone la provisión de cosas que requieren dinero para otros y para ti, y si eres fiel sin compromisos a tu propósito, el dinero aparecerá en tu vida y te ayudará en tu heroica misión. Del mismo modo, si crees que no mereces el dinero y que éste simboliza todo cuanto no es espiritual bloquearás e impedirás su llegada a tu vida.

Cuando estás comprometido con tus poderes personales más elevados, una gran medida de auténtico poder universal empieza a discurrir a través de ti. Esto puede en efecto verse simbolizado por la llegada de dinero a tu vida, y en tal caso tendrás que resolver cualquier ambivalencia que puedas albergar en relación con este dinero.

Así pues, la denuncia del dinero es una trampa. Velo en cambio como aquello que se manifiesta en tu vida para ayudarte en tu propósito. A continuación, mantente fiel a tu propósito y utiliza ese dinero —así como cualquier otra abundancia en bienes materiales que empiece a aparecer en tu vida en cantidades cada vez mayores— para materializar tu compromiso con tu propósito. Se puede ser espiritual, y tener cosas bonitas. Se puede ser espiritual y tener el dinero que llega a nuestras vidas.

Pero no se es un ser espiritual si la llegada de este dinero lleva a acumularlo o a utilizarlo para demostrarnos a nosotros mismos y demostrar a los demás que, de algún modo, somos superiores. El auténtico poder procede del interior, pero vivimos en un cuerpo físico y también en un mundo material. Permite a este mundo físico estar en armonía con tu mundo interior y habrás resuelto tu ambivalencia en relación con el dinero.

Yo considero el dinero que entra en mi vida como la energía a la que puedo recurrir para mantenerme fiel a mi propósito. Es una bendición y lo utilizo en este contexto, y, de resultas de ello, sigue fluyendo hasta mí en cantidades suficientes como para satisfacer este compromiso mío de ser un ser espiritual con una experiencia humana de prosperidad y ayudar a los demás a hacer lo mismo.

• *Date cuenta de que nunca tendrás bastante de lo que no deseas.* Si el dinero es lo único que ambicionas y deseas con la finalidad de tener poder sobre los demás, nunca tendrás el suficiente. Tu meta está en el reino de lo invisible, en ese lugar donde tiene lugar toda tu vida. El dinero y otros símbolos de prosperidad llegan a tu vida para ayudarte en ese camino. Si pasas por alto este mensaje verás cómo llegan grandes cantidades de dinero a tu vida pero conocerás también su desaparición. He aquí un ejemplo perfecto de esta mentalidad de la que debes desprenderte, expresada en palabras de Yogananda:

Una vez vi una viñeta en la que aparecía un perro enganchado a una carreta, pequeña pero muy bien cargada. El dueño del perro había encontrado un método ingenioso para hacer que el perro tirara por él de la carreta. Un palo bastante largo, atado a la carreta, se extendía por encima de la cabeza del perro. Del extremo del palo se balanceaba, tentadora, una salchicha. El perro, al esforzarse en vano por alcanzar la salchicha, apenas era consciente de la pesada carreta que arrastraba tras él.

¡Cuántos hombres y mujeres de negocios son así! Piensan siempre: «Si gano sólo un poquito más de dinero, hallaré al fin la felicidad». Y, de algún modo, su «salchicha de la felicidad» no hace más que retroceder y alejarse de sus manos. Y, sin embargo, ¡fijaos qué carretada de problemas y preocupaciones arrastran tras ellos mientras luchan por alcanzarla!

• *Evita la trampa que representa creer que la prosperidad va a llegar a tu vida gracias al esfuerzo de los demás.* Tú eres el que crea tu propia vida de prosperidad. Nadie debe cambiar para que tú conozcas tu propia prosperidad. Se trata de un juego interior, y debes renunciar a esperar nada de los demás. Aun cuando consiguieras hacer que los demás te aportaran los símbolos de la prosperidad, ésta desaparecería rápidamente y te verías encallado, con esa infernal salchicha delante de ti, siempre aquejado de la enfermedad que se llama más. Y entonces buscarías un nuevo grupo de «otros», siempre luchando y mirando hacia el exterior. Hazte responsable de tus sentimientos acerca de la prosperidad y elimina cualquier tipo de sufrimiento que puedas experimentar en este contexto.

• *Por último, medita acerca de tu prosperidad.* Fórmate en tu pantalla interior imágenes que te reflejen a ti en tanto que individuo próspero. No permitas que esas imágenes se desvanezcan, sean cuales fueren las circunstancias que hayas creado en tu vida. Tus meditaciones te proporcionarán un guión interior que seguir. Utiliza esta útil práctica para hacer realidad lo que realmente deseas experimentar en el mundo físico.

Yo sé que la prosperidad es algo que puede alcanzar cualquiera. Si yo puedo conocerla, y teniendo en cuenta mis magros comienzos, ¿cómo puedo imaginar que otra persona no va a poder verla realizada? Si miro atrás a aquellos primeros tiempos me doy cuenta de que, incluso entonces, yo encarnaba una conciencia de prosperidad. Porque la prosperidad se lleva dentro.

He visto crecer e ir a más a mis hijos. Todos ellos estuvieron en otro tiempo en cuerpecitos de bebé. Todos y cada uno de ellos lloraron pidiendo un juguete o cualquier otro objeto que atrajera su atención inmediata. Algo tan simple como un sonajero que los fascinaba, o un juguete que estaba en manos de otro niño. Lloraban hasta que se les daba el juguete, entonces lo arrojaban lejos y lloraban pidiendo otra cosa.

Dejamos atrás esos cuerpecitos, pero muchos de nosotros seguimos teniendo ese pensamiento infantil. Queremos otra cosa que nos satisfaga, pero no sabemos cómo satisfacernos. Seguimos persiguiendo más y más sin cesar, yendo detrás de la prosperidad como si ésta estuviera en los objetos externos a nosotros. Para conocer el secreto de la prosperidad sepas que jamás podrás encontrarla. O, parafraseando a Eykis, no existe el camino que lleva a la prosperidad, la prosperidad es el camino.

6
La realidad mágica y tu identidad personal

Sólo hay un rincón en el universo que a buen seguro puedes mejorar, y ese rincón eres tú.

ALDOUS HUXLEY

Puedes escoger tener la personalidad que más te plazca, y ello a
partir de hoy mismo. Sí, eso es, puedes elegir tu personalidad. ¿Por
qué no? Tú has establecido ya a través de las elecciones que has hecho
durante toda una vida exactamente el tipo de ser humano en que que-
rías convertirte. En ese reino invisible donde tú tomas todas tus decisiones acerca de tus circunstancias físicas has hecho elecciones destinadas a tener cierto tipo de personalidad junto con temores, hábitos y
costumbres específicos, ciertos niveles de confianza en ti mismo, ciertas capacidades intelectuales y demás.

Si cierras los ojos e imaginas por un instante el tipo de persona
que te gustaría ser exactamente, ¿qué imagen surge? Intenta formarte
una imagen precisa en tu mente, aun cuando consideres su realización
como una imposibilidad. ¿Es éste tu milagro?: ¿reducir tus temores?;
¿tener el coeficiente intelectual de un genio?; ¿ser capaz de defender
aquello en que crees?; ¿superar tu timidez?; ¿librarte de tus fobias?;
¿tener una imagen de ti mismo positiva, afectuosa y amable?

Olvida por un instante que se te ha enseñado que no puedes evitar
tener la personalidad que tienes, que la has heredado de tus padres o
que la gente no puede cambiar de verdad. Olvida la idea de que unas
personas tienen una inteligencia superior a la de otras o de que el talen-

to se hereda y a ti te dieron malas cartas. Debes liberarte de todo esto en tu visión interior y verte a ti mismo simplemente viviendo y actuando a un nivel de realidad mágica. Debes desarrollar dentro de ti un nuevo conocimiento, el de que posees la capacidad, a través de tu yo espiritual e invisible, de crear cualquier cambio que puedas concebir para ti. Es decir, si puedes en verdad creer en ello podrás crearlo.

Éste es el mensaje de este capítulo. Tú has creado tu propia personalidad y, por lo tanto, posees la capacidad de cambiar cualquier parte de ella. Puedes manifestar realidad mágica en tu propia vida interior y convertirte en la persona en la que creías sólo otros podían convertirse. Tienes ya cuanto necesitas para hacer que esto se haga realidad, no necesitas nada más.

LA GRAN MENTIRA

Crecemos creyendo en tantas limitaciones que, pasado el tiempo, nuestras vidas manifiestan realmente estas limitaciones. Nos oímos a nosotros mismos decir cosas que aceptamos como verdades cuando, de hecho, son sólo falsas creencias que se han convertido en nuestras verdades. Mientras te aferres a la gran mentira, la «verdad» de esas falsas creencias, no podrás llegar a ser una persona capaz de experimentar milagros. He aquí cinco de estas falsas creencias que impregnan nuestra cultura. No olvides que todas y cada una de ellas son tan sólo creencias, ideas interiores acerca de nuestro mundo físico. Cuanto más te aferres a estas ideas y te convenzas a ti mismo y convenzas a los demás de que representan «la verdad», más harás que esta «verdad» inhiba la llegada de realidad mágica a tu vida.

1. *No puedo evitar ser como soy; siempre he sido así*

Oigo estas opiniones de la gente casi todos los días, y esas mismas personas se preguntan siempre por qué no se producen nunca milagros en su vida. Si te aferras a la creencia de que has de ser siempre como has sido hasta ahora, estarás oponiéndote al crecimiento. Sea cual fuere el carácter de tu personalidad —tímida, agresiva, temerosa, introvertida o extrovertida—, has de dejar atrás la ilusión de que no puedes evitar ser como eres. Quizás incluso leas estudios que te indiquen que tu personalidad está fuera de tu control, que te ha sido dada y no tienes elección al respecto. Quizá digas por ahí que te gustaría cambiar, pero que «eres así» y «siempre has sido así». Esta imagen interior es una garantía contra la creación de milagros. De hecho, un cambio en tu personalidad que consista en volverte más abierto, confiado, afectuoso, amable o cualquier otra cosa, tal vez sea en realidad el milagro que buscas. Debes echar esa excusa al cubo de la basura y apartarla de tu vida por completo. Quizás hayas elegido siempre en el pasado ser de determinada manera, pero debes crearte un conocimiento interior de que tienes el poder de crear el tipo de persona que deseas ser, sea éste cual fuere, en todos los aspectos de tu condición humana.

2. *Soy así por naturaleza, he heredado mi modo de ser y no lo puedo cambiar*

«Eres igual que tu padre, él era desorganizado y lo mismo te ocurre a ti.» «Esa falta de oído la heredaste de tu abuelo materno, él tampoco era capaz de tararear una canción.» «Todos tus hermanos y todas tus hermanas han sido pésimos en matemáticas, es cosa de familia.» «Es tímida, como su madre y la madre de su abuela.» Son estas opiniones las que ayudan a perpetuar la gran mentira. Los milagros son imposibles porque has llegado a creer que heredaste tus limitaciones y que es imposible superar la genética. Los científicos te dirán que ese código genético te ha sido transmitido a través del DNA y que tienes que conformarte con lo que te ha tocado y simplemente sacarle todo el partido posible.

A fin de entrar en el reino de la realidad mágica deberás eliminar tales ideas y convertirte en un ser primeramente espiritual, un ser que no tiene limitaciones en ese terreno interior donde no existen las fronteras. En este lugar, puedes imaginar para ti cualquier cosa que desees sin que nadie pueda arrebatártela. En este reino, tu rincón de libertad, puedes tener múltiples talentos, ser un intelectual brillante, tener confianza en ti mismo, estar desprovisto de temores y ser simpático por añadidura. Es aquí donde creas tus límites y es aquí donde tiene lugar el inicio de la realidad mágica.

Tu milagro podría estar relacionado con algo que estás bloqueando debido a tu insidiosa creencia en la herencia. El mundo está lleno de personas que han ido mucho más allá de lo que los genes pudieran indicar como sus límites. De ti depende que te comprometas con esta nueva intención.

3. Mi personalidad está controlada por mi química y por mi metabolismo

Es esta una mentira que oímos una y otra vez y que se repite a veces en los círculos de más prestigio, lo que hace aún más difícil el superarla. «¿Cómo puedo cambiar y convertirme en lo que considero milagroso cuando mi química corporal controla quién soy?» Se publican regularmente artículos que hablan de la presencia de determinadas enzimas en ciertos tipos de personas, que son, pues, supuestamente prisioneras de estas enzimas. Las personas tímidas poseen enzimas apocadas, que forman parte de su química. Las personas obesas tienen enzimas gordas, las personas agresivas tienen péptidos militaristas, las personas con oído para la música tienen endorfinas cantoras... y a ti se te hace creer que es por eso que unas personas son de determinada manera y otras no. Los científicos explican, como si nada, los logros milagrosos o la falta de logros por la presencia o ausencia de ciertas sustancias químicas.

Si bien es posible que los científicos tengan algo de razón en cuanto a la química del cuerpo y a la presencia de organismos invisibles en nuestros sistemas, lo que rara vez abordan es la cuestión del tipo de control que poseemos sobre nuestros propios cuerpos. Es evidente que nuestra química corporal controla en gran medida el modo en que vivimos, pero has de llegar a comprender algo fundamental para nuestra condición humana: SI QUEREMOS TENER CUERPOS MÁGICOS HEMOS DE TENER MENTES MÁGICAS. La química de nuestro cuerpo se ve siempre afectada por el modo en que decidimos pensar. Las úlceras en un cuerpo muestran una alteración de la química corporal, sin duda, pero hay que ir al origen del problema para entender cómo se producen los milagros. No discuto la presencia de esos diminutos organismos en nuestros cuerpos, lo único que quiero es que te des cuenta del enorme poder que tienes en la mente para contener esos organismos o reeducarlos a fin de que trabajen para ti y no contra ti.

4. Mi familia es responsable de mi personalidad

«Nunca podía escapar de las garras de mi madre.» «Mi madre era agobiante y mi padre nos abandonó cuando yo era todavía un niño.» «Todas las chicas de la familia somos así, no hay nada que hacer.» Estas y otras miles de excusas similares forman parte de una gran mentira. Este tipo de pronunciamientos constituye precisamente la clase de ideas interiores que te impedirán llegar a experimentar cambios milagrosos en tu personalidad. Mientras estés convencido, aunque sea sólo hasta cierto punto, de que tu familia es responsable de que tú seas hoy como eres, estarás atrapado en ese ciclo. Debes saber dentro de ti que no sólo puedes elegir hoy, sino que siempre has podido elegir en relación con tu modo de reaccionar a las influencias de tu familia. Ellos no pueden crear el «tú» que experimentas, esto sólo puedes hacerlo tú mismo. La elección te corresponde siempre a ti.

Tienes capacidad de rechazar la presencia en ti de conductas, actitudes y creencias que consideres indeseables. Aunque no puedas eliminar las influencias que formaron una parte tan importante de tu niñez, tú y sólo tú debes decidir si van a persistir. Cultiva el conocimiento interior de que tu familia y tu papel dentro de tu familia influyen hoy en ti en la medida en que tú creas que influyen. Si no aceptas la responsabilidad total por el modo en que ellos están presentes en tu vida impedirás que se produzcan en ti cambios de personalidad milagrosos. Si el control lo tienen otros tú serás su víctima, aun cuando parezcan estar dirigiéndote por un curso positivo. Debes convertirte en productor, director y actor en el desarrollo de la historia de tu vida.

5. *No puedo escapar a mi cultura ni a mi tiempo*
Ésta es la mentira que te empuja a creer que tus hábitos y costumbres son resultado de esa misteriosa «cultura» que está siempre matizando y dando forma a tu vida. La idea de la influencia de la sociedad forma parte de la ilusión de que eres conformado por esa más grande y mejor fuerza social. «La sociedad pone las reglas y todos somos víctimas de esas prácticas.» «Vivimos en una cultura que enseña la obediencia, y yo no soy más que una de esas almas obedientes que piensan y actúan como actúa y piensa el rebaño.» «¿Cómo se puede avanzar cuando el Gobierno y el hermano mayor están siempre diciéndote lo que puedes y lo que no puedes hacer?» Éstas son declaraciones que reflejan una visión interior de impotencia.

Si crees que la cultura determina quién eres o qué clase de persona vas a ser en definitiva, ésta será tu realidad. Por otro lado, todos aquellos que han sido diferentes en el mundo han sido unos innovadores. Un innovador no mira las normas culturales y dice: «Eso es todo lo que puedo hacer». Mira por el contrario para adentro y deja que su conciencia y su compromiso con un propósito decidan en quién se va a convertir. Ni la sociedad ni la cultura entran siquiera en su consideración personal cuando decide cómo llevar adelante su propósito de servir. Si quieres seguir tu inclinación y hacer algo distinto en la vida, pronto aprenderás que no puedes seguir al rebaño. Podemos aplicar aquí esta antigua máxima: «Si sigues al rebaño acabarás pisando excrementos». Utilizar la cultura o la sociedad como excusas sólo impedirá que efectúes cambios milagrosos en tu personalidad. No puedes depender de la dirección y aprobación de un amorfo *ellos* que decida qué vas a ser *tú*. No puedes echarles la culpa a ellos por lo que tú no has llegado a ser.

De nuevo, todo se reduce a tu responsabilidad personal y a lo dispuesto que estés a consultar a tu propia conciencia espiritual, ese yo superior e invisible que fluye a través de ti. Nada de ahí fuera puede controlar lo que está ahí dentro, la relación es al revés. Según pienses, así serás. Tu pensamiento es tuyo y tiene su origen en ti. La sociedad en la que te hallas no es más que el escenario sobre el cual tú representas tus propios milagros.

Éstas son las cinco falsas creencias que forman la gran mentira con la que se te ha bombardeado desde tus primeros momentos de conciencia. Si alguna de ellas te resulta familiar y si sigues utilizándola como justificación para tu falta de autocrecimiento, debes iniciar un programa destinado a superar estas ilusiones. Todo ello se desarrolla en ese lugar invisible de tu interior, donde tienes la elección de librarte de estas creencias enfermizas de manera permanente cultivando ideas nuevas y transformadoras que sustituyan a las que tenías antes.

CÓMO SUPERAR LA GRAN MENTIRA

«¡Soy un milagro!» Repite esto una y otra vez para ti mismo hasta que esté firmemente implantado en tu mente. Asómbrate de ti mismo. Producir milagros en tu vida es consecuencia de saber interiormente que eres ya un ser milagroso. Cuando sabes y sientes el milagro que eres empiezas también a saber y sentir que nada es imposible para ti. Empiezas a darte cuenta de que no necesitas ya seguir aferrado a esas cinco excusas subrayadas arriba, y, en su lugar, recurres a tu nueva conciencia. Para superar la gran mentira que te dice que esas falsas creencias son verdades necesitarás equiparte con nuevas creencias que te den poder. Debes llegar al conocimiento de que puedes elegir la vida que deseas vivir. Puedes elegir convertir tu vida en una grandiosa obra de arte en constante evolución. La clave está en tus pensamientos, la fabulosa parte invisible de tu ser que es tu alma espiritual.

Has venido a este mundo albergado por un tiempo en un cuerpo limitado. Pero tienes también una mente ilimitada. Esa mente tuya no tiene fronteras ni forma y es infinitamente capaz de crear cualquier tipo de milagro que decida crear si se la honra y celebra debidamente. Puede ocupar una forma enferma, crecer en una familia conflictiva, hallarse en una personalidad tímida y depresiva, tener una conducta tambaleante, un coeficiente intelectual medio o de genio y un montón de fobias y temores si quiere, e incluso puede elegir creer que no tiene elección en la cuestión y convencer a los demás de ello.

O bien puede elegir otra cosa. Puede utilizar esa fuerza infinita e invisible para crear una persona milagrosamente llena de propósito. Con un pensamiento de realidad mágica puedes dejar atrás la vieja hipnosis condicionante y ver que hay quienes han superado condiciones aparentemente insuperables. Podrás entonces utilizar tus pensamientos para saber que si una persona puede dejar atrás la esquizofrenia, otra puede superar las manías y las depresiones y otra puede convertirse en médico aun cuando se le haya dicho que era disléxico o incluso retrasado, entonces, sea cual fuera la fuerza que fluye a través de ellas y permite estos milagros, tú puedes también aprovecharla y utilizarla para convertirte en la persona que deseas ser. El pensamiento de realidad mágica dice: «Lo creo, lo sé, y accederé a mis poderes espirituales para hacerlo. ¡Ésta es mi intención!».

Si estás del lado de la creencia en las limitaciones, estoy seguro de que creerás que todo esto es simplemente un optimismo poco realista. Verás todo el sufrimiento del mundo y lo que parece «la misteriosa ira de Dios hacia nosotros» y elegirás pensamientos tales como «Mira a todas esas personas atrapadas en sus circunstancias, que tienen terribles dolencias mentales, que viven en situaciones familiares abominables. No hay esperanza para ellos y tampoco la hay para mí. Las personas no podemos dejar de ser quienes somos. No tenemos elección».

¡Así sea! Puedes aprender a ser optimista o puedes aprender a ser pesimista. Mi filosofía al respecto está expresada de manera muy simple: «¡Nadie sabe lo bastante como para ser pesimista!». ¡Nadie!

Sólo hemos empezado a utilizar la conciencia del poder del mundo invisible en que estamos inmersos. Nuestras mentes, nuestros pensamientos, nuestras almas, empiezan ahora a ser reconocidos por esos científicos progresistas de los que ya he hablado. Un corazón empieza a latir en el útero de una madre a las seis o siete semanas de la concepción, y lo que llamamos vida está en camino. Y ello es un total misterio para las «más grandes» mentes del planeta. ¿Dónde estaba antes esa vida, qué fuerza misteriosa e invisible estaba presente en la unión de esos dos ápices de protoplasma humano que determina cada pliegue, cada pelo, cada célula hasta la muerte de ese cuerpo? Y ¿dónde estaba esa fuerza invisible antes de que empezara esa vida?, y ¿qué ocurre con ella después de cerrarse el paréntesis? Es todo ello un misterio, y todo ello desconocido. ¿Cómo podemos, pues, elegir ser pesimistas frente a lo que desconocemos?

En cuanto a mí, yo conozco el poder de esa fuerza y estoy convencido de que se la puede canalizar para crear milagros en nuestra propia personalidad. Puedes elegir el camino de la realidad mágica y ser el tipo de persona con el que habías soñado en convertirte o puedes optar por albergar la duda y crear una vida basada en esta duda. Martin Seligman, amigo y colega, lo dice con estas palabras en su magistral libro *Learned Optimism*:

> Puede parecer que una actitud pesimista esté profundamente enraizada, de tal modo que parezca permanente. Sin embargo, yo he comprobado que se puede escapar al pesimismo. De hecho, los pesimistas pueden aprender a ser optimistas, y ello no a través de mecanismos poco conscientes como puedan ser silbar una cancioncilla o pronunciar cantinelas sino aprendiendo un nuevo conjunto de habilidades cognoscitivas.

Se hace hincapié en la palabra cognoscitivas, que equivale a pensar. Y esto es precisamente lo que puedes hacer y harás para crear tu personalidad mágica con todas sus características únicas. Se supera la gran mentira —es decir, la idea de que no se puede evitar ser como se es— por y a través del pensamiento mágico. Este pensamiento mágico te llevará a ser exactamente el tipo de persona que elijas para ti.

Como sabes ya, todo este programa destinado a la creación de milagros gira en torno a la simple premisa de que debes convertirte en el mundo físico en aquello que crees en tu mundo invisible. He aquí las seis claves para hacer de ti la persona que tú elijas con el fin de realizar tu heroica misión sobre esta Tierra.

1. *Tu personalidad*

¿Qué te gustaría poder decir acerca de tu propia personalidad única? Crea una fantasía en tu mente e imagina más exactamente cómo te gustaría ser. En lugar de fijarte en lo que ves ahora fíjate en lo que realmente te gustaría en cuanto a tus rasgos de personalidad. ¿Qué nivel de confianza en ti mismo te gustaría mostrar cuando te encuentras con otras personas en todas las áreas de la vida? ¿Te gustaría ser más firme en tus opiniones? ¿Menos introvertido y contemplativo, o más? ¿Más cariñoso y amable? ¿Más o menos vulnerable? ¿Más tierno? ¿Menos ansioso y nervioso? Crea en tu mente un cuadro del tipo de personalidad que según crees mejor te cuadraría.

Por el momento, sepas simplemente que todas estas imágenes interiores pueden traducirse a una conducta física, porque esto es precisamente lo que has estado haciendo todo el tiempo desde que apareciste aquí en la forma humana que ocupas. Venías imaginándote a ti mismo como alguien más o menos seguro de sí mismo, más o menos nervioso, etcétera. Aun cuando no fueras consciente de ello, así es cómo se conformó tu personalidad. Actúas constantemente de acuerdo con esas visiones interiores. Cuando sepas, y no dudes, que puedes elegir la personalidad más adecuada con el fin de realizar tu propósito aquí, y confíes en tu capacidad para ser esa persona tanto en el sentido espiritual como en el físico, crearás la realidad mágica que transformará tu vida actual. Te convertirás literalmente en esa personalidad acerca de la cual sólo podías fantasear y adoptarás conductas físicas que reflejarán tu nueva visión interior y milagrosa.

2. *Tu talento*

Imagina por un instante el talento óptimo que te gustaría poseer. Ve en ti mismo a la persona en posesión de ese bien evasivo que hemos venido en llamar talento. Se considera generalmente el talento como una capacidad innata que nos ha dado Dios y que permite a algunos alcanzar niveles más altos que a otros. Mozart tenía talento, un don místico concedido por Dios. Michael Jordan tiene talento. Baryshnikov tiene talento. Podemos estar de acuerdo acerca de quiénes son los que poseen eso que llamamos talento, pero somos incapaces de definir el concepto

Veámoslo de otro modo. El talento es en realidad una cualidad que se define a través de la comparación. Si no hubiera otros con quienes comparar a Mozart o a Michael Jordan, no existiría el concepto de talento. Si estos dos individuos se hubieran limitado a rendir o producir a su manera propia y personal, cumpliendo su propio propósito en sus áreas particulares, y los viéramos como individuos que no compitieran con nadie, no utilizaríamos un concepto como el del talento para describirlos. El talento, según esta otra definición, sería aplicable a todos.

Pero a los que nos hemos criado en Occidente nos resulta casi imposible concebir una idea semejante. ¿Cómo si no podríamos juzgar a la gente? Y juzgar es aquí la palabra adecuada. Tú lo haces contigo mismo constantemente. Te juzgas a ti mismo y juzgas los méritos relativos de tus talentos basándote en la actuación de quienes te rodean. Tu talento en una área en concreto es simplemente lo que tú crees de ti mismo y el modo en que te comparas con la actuación de otros. Has aceptado la mentira según la cual unas personas tienen más o menos talento que otras. Pero puedes hacer que tu conciencia interior pase a un nuevo nivel. Puedes empezar a decirte a ti mismo: «Tengo todo el talento que he elegido tener y, si bien admiro y disfruto con lo que hacen otros, sus acciones no me dicen nada acerca de lo que yo pueda o no alcanzar».

He aquí unas palabras de *Learned Optimism* que describen esta actitud: «Un compositor puede tener todo el talento de un Mozart y un deseo apasionado de éxito, pero, si se cree incapaz de componer música, no llegará a nada». Mozart creía ya a los cuatro años en su capacidad para componer. Baryshnikov sale al escenario convencido primero y por encima de todo de que es capaz de hacer evoluciones y moverse como un ángel volador; Michael Jordan, al saltar a la estratosfera, cree primero y sobre todo que es capaz de elevarse y su cuerpo hace entonces realidad su creencia. Más que creer, todos ellos saben que sus hazañas milagrosas fluyen de esa intención que viene del conocimiento. ¡Esto es el talento!

Es inútil decir que el cuerpo en que tú apareciste repercutirá en tu comportamiento en este mundo físico. Tu elección de brillar en cualquier área determinada se basará en tus propios intereses personales. Probablemente no tendrás interés en ser un jugador de baloncesto profesional si habitas en un cuerpo de un metro sesenta de estatura. Si, sin embargo, tuvieras interés en ello y supieras que eres capaz de conseguirlo, incluso de hacer un tapón o enceste alto en el proceso, si éste fuera tu conocimiento actuarías de acuerdo con esa creencia y la harías realidad. Y si no me crees, habla un momento con Spud Webb, que ganó el concurso de mates de la Asociación Nacional de Baloncesto con un cuerpo de esa estatura.

Tu talento, como todo lo demás de tu ser, está en función de la fuerza invisible que fluye a través de tu cuerpo. No está ubicado en tus manos ni en tus genes ni en ninguna parte de tu organismo. Está en la fuerza que fluye a través de todo tu ser.

Esto es difícil de aceptar cuando se te ha adoctrinado a fondo para que creyeras que unos tienen talento y otros no. Pero puedes hacer que los dados cósmicos caigan de otro modo y crear el nivel de talento que *tú* y sólo *tú* necesitas para realizar tu propósito aquí. Deja de estructurar tu vida como si necesitaras ser mejor que otro. Examina en cambio tu propósito en la vida y sepas entonces que tienes en este mismo instante todo cuanto necesitas por lo que se refiere al talento como para crear en tu vida el milagro que buscas.

Lee las siguientes palabras de Jane Roberts en *The Nature of Personal Reality*. Hablan de tu propio nivel de talento personal así como de todo lo demás acerca de tu realidad:

> Si estás enfermo puedes decir «Yo no quería estar enfermo»; si eres pobre, «Yo no quería ser pobre» o, si no eres amado, «Yo no quería estar solo». Y sin embargo, por razones que son sólo tuyas, empezaste a creer en la enfermedad más que en la salud, en la pobreza más que en la abundancia y en la soledad más que en el afecto.

Yo añadiría que tú puedes decir que quisieras tener más talento, pero el caso es que, por razones que son sólo tuyas, empezaste a creer en tu falta de talento más que en el talento que tienes. Cuando empieces a conocer en lugar de dudar de tu talento, descubrirás las necesarias capacidades físicas para realizar tu propósito.

3. *Tu inteligencia*

¿Cuán inteligente te gustaría ser? ¿Qué te parecería la etiqueta de genio al lado de tu nombre? ¿Te gustaría elevar tu coeficiente intelectual y poseer unas capacidades intelectuales que te permitieran superar en inteligencia a quienes te rodean? ¿Haría falta un milagro para que fueras intelectualmente más capaz de lo que ya eres? Es en esa área de un imaginario coeficiente intelectual donde muchas personas viven una ilusión. Líbrate de la creencia de que un número mágico asignado a tus poderes mentales limita tus capacidades y posibles logros como ser humano. La mejor definición del CI (coeficiente intelectual) es ésta: la inteligencia es lo que miden los tests de inteligencia.

Tú no eres un número. Eres un alma, sin número e infinita. Las capacidades de tu yo interior, que no tiene fronteras, son ilimitadas. Los analistas y especialistas de todo tipo intentan hacerte creer lo contrario, y así ponen en circulación esta forma de mistificación dentro de la cultura. «No puedes cambiar tu CI, que es algo fijo y que determina lo que puedes y no puedes hacer en la vida.» Pero piensa en esto por un momento.

Estos tests, que miden supuestamente algo abstracto llamado inteligencia, han sido ideados por gente que desea vender sus instrumentos, que desea compartimentalizar a los demás, impedir a la gente asistir a ciertas escuelas y establecerse con el fin de dar estos números a los padres. Son instrumentos materiales cuya finalidad es impedir a la gente realizar su propósito en la vida. Son unos procedimientos tontos y absurdos que dan a la gente un número externo al que aferrarse para explicar así su nivel de éxito o de falta de éxito en el mundo material

Permíteme darte dos ejemplos extraídos de mi propia vida y que ilustran este punto. Una vez fui invitado a realizar un examen en el que debía medirse mi inteligencia en análisis de lectura, y los especialistas encargados del test utilizaron varios párrafos extraídos de mi libro *Tus zonas erróneas.** Me pidieron que leyera el párrafo y luego contestara a cinco preguntas acerca de mi interpretación del texto. Leí el párrafo que yo mismo había escrito y luego me puse a contestar las preguntas. Recibí una puntuación de ochenta entre cien por las cinco preguntas. La única pregunta que no había contestado correctamente era la número 5, referente a la «intención del autor». Me rebajaron el

---

* Publicado por Grijalbo en esta misma colección.

CI porque no había sido capaz de identificar correctamente la intención del autor, cuando éste era yo.

En otra ocasión, yendo yo todavía a la universidad, me examinaron en un curso sobre poesía norteamericana moderna. El profesor dijo que mi interpretación del poema en cuestión era incorrecta y, en consecuencia, me rebajó la nota considerablemente. A la sazón el poeta vivía todavía y enseñaba en una importante universidad del Medio Oeste. Decidí escribirle enviándole mi interpretación del poema, que a mi modo de ver era profunda y «correcta». Recibí una hermosa carta en respuesta, en la que el poeta me decía que mi visión de su poesía reflejaba la suya propia. Indicaba que también yo tenía espíritu de poeta y me sugería que siguiera escribiendo yo también poesía. Cogí mi interpretación del poema junto con la carta del poeta y la llevé a una consulta programada con mi profesor de inglés, seguro de que iba a conseguir que me elevaran el «CI en poesía». El profesor se negó a subirme la nota. Su respuesta fue: «A veces, los poetas no saben interpretar sus propios poemas. Tu nota sigue en pie».

Cuando evalúes tu propio CI ten muy en cuenta ejemplos de este tipo. Recuerda que no hay accidentes en este universo perfecto. Debes saber que tu propósito está más allá de cualquier posible evaluación hecha a través de mediciones científicas. Debes tener por seguro que la capacidad de una persona para resolver el esquema de rima de un soneto isabelino o la capacidad de otra para comprender las formulaciones matemáticas son sólo lo que son. No hay necesidad de comparaciones ni de escalas graduales.

Tu CI es una ilusión. Puedes darle la vuelta a esa cifra de manera drástica dándole la vuelta a lo que presentan los tests. ¿Acaso es la persona capaz de poner a punto un automóvil menos inteligente que la persona que sabe resolver una ecuación de segundo grado? ¿Es el maestro de la clase, que con su traje y su corbata explica cuestiones medioambientales desde un punto de vista intelectual, más inteligente que el joven ecológicamente concienciado que decide aprender de primera mano viviendo en el bosque? ¿Quién puede decidir cuál es nuestro CI? ¿Por qué hay que etiquetar a todo el mundo en nuestra cultura con un número más, un número que va a ser mal interpretado tanto por la persona que lo recibe como por aquellos que lo emiten?

Posees toda la capacidad que puedas necesitar para hacer realidad tu propósito. Tu inteligencia es infinita. Debes darte cuenta de lo absurdo de esta asignación de un coeficiente a las personas. La inteligencia tiene que ver con la mente, y la mente no tiene fronteras. Pero los números de CI nos hablan de fronteras. No hay modo de cuantificar algo que carece de dimensiones. Si deseas experimentar el milagro de poseer una inteligencia a nivel de genio, da la vuelta a esas voces interiores que te han convencido de tus limitaciones debido a tu intelecto.

Hace unos veinte años, en *Tus zonas erróneas*, hice una nueva definición de la inteligencia. Aún hoy defiendo esa definición: «Vale más como barómetro de la inteligencia una vida eficaz y feliz vivida cada día y en cada momento de cada día». ¡Tú eres un genio! Cuando sabes que posees la capacidad intelectual de crear tu propia felicidad y cuando sabes a quién o qué consultar, eres tú también un genio.

Por supuesto, puedes mejorar tu capacidad para realizar cualquier tarea intelectual. Puedes mejorar tus capacidades en matemáticas y en lectura. Puedes aprender cualquier cosa a la que dediques el intelecto. Lo que hayas o no hayas aprendido hasta este momento tiene que ver con las elecciones que hayas hecho y no con una incapacidad innata determinada por un número asignado por aquellos que tienen un profundo interés propio en el juego de los números. No olvides esto en relación con tu nivel de inteligencia y haz que ocupe un lugar primordial en tu mente infinita, sin fronteras ni cifras. Eres primero y sobre todo un ser espiritual. Y a eso no puedes ponerle un número.

4. *Tus hábitos y costumbres*

¿Te gustaría poder cambiar algunas de las cosas que haces una y otra vez pero que no te hacen bien? ¿Te gustaría librarte de hábitos autodestructivos? ¿Librarte de costumbres que te desagradan y de las que te sientes víctima? Utiliza tus poderes mágicos de persuasión interior y pon en cuestión todo cuanto te concierna. Tu personalidad está formada por los centenares de modos en que habitualmente llevas los asuntos físicos cotidianos de tu vida.

Si llevas una existencia de televisión e inactividad que te desagrada, pero de la que no eres capaz de librarte, puedes crear el milagro que buscas. Puedes dar la vuelta a tus hábitos cotidianos rutinarios y dejarte envolver totalmente por la vida sean cuales fueren tu nivel de ingresos o tus circunstancias. Recuerda que las circunstancias no hacen al hombre sino que lo revelan.

En un barrio situado a unos kilómetros de mi casa existe el mayor índice de desempleo del estado de Florida. Aproximadamente el setenta y cinco por ciento de sus habitantes están sin trabajo. Y, sin embargo, cuando paso por el barrio en el coche observo vidrios rotos en el césped, basura por todas partes, la hierba sin cortar y las casas sin limpiar o sin pintar. ¿Por qué? Si el setenta y cinco por ciento de la gente está sin trabajo, ¿no sería lógico ver a esas personas recogiendo al menos la basura y los cristales rotos con tanto tiempo libre como tienen? Y no es así. Las ves sentadas sin hacer nada. Las circunstancias de sus vidas han revelado el modo en que han decidido vivir. No cuesta nada recoger y limpiar, pero ello no se hace porque esos hábitos se han convertido en el modo de actuar frente a sus circunstancias. ¡Tus hábitos te revelan! Nos hablan del modo en que has decidido vivir tu vida y utilizar tu poderosa mente. La misma fuerza invisible que discurre por aquellos que recogen los cristales rotos y se las apañan para trabajar y mantener a sus familias discurre por aquellos que hacen la elección opuesta. Esa fuerza está en todos nosotros. Algunos la aprovechan y otros la hacen a un lado y luego culpan a sus circunstancias de los hábitos y costumbres de sus vidas.

Ser desdichado es un hábito. Estar deprimido es un hábito. Ser perezoso o limitado es un hábito. Estos y otros muchos rasgos de personalidad son consecuencia del modo en que se utiliza la mente. Hay muchas personas, incluido este autor, que han pasado una gran parte de su vida con muy poco por lo que se refiere a posesiones materiales y, sin embargo, no hicieron de la depresión un hábito. Son muchos los que atraviesan por tales circunstancias y hacen un hábito elegir la felicidad frente al desespero, que es un proceso interior y no exterior. Y aquellos que se las apañan para escoger hábitos de autoayuda son casi siempre quienes trascienden sus circunstancias de penuria y crean para sí una vida de mayor abundancia.

Sean cuales fueren los hábitos y las costumbres que tú obedeces ciegamente, podrás cambiar en un instante cuando te conviertas en un ser espiritual en primer lugar y material en segundo lugar. Tienes el poder de cambiar las cosas que no te funcionan, lo que has venido en llamar hábitos o costumbres problemáticos. Si crees esto y lo sabes en tu interior, verás cómo tu yo físico sigue automáticamente un nuevo curso. Aprender a pensar independientemente de esos hábitos constituye la esencia para superar los rasgos de personalidad que ya no te son útiles. No tienes por qué permanecer condicionado e hipnotizado en tu estado actual si ello no sirve a tu propósito.

Quizás hayas adoptado el hábito de permitir que otros influyan en ti o jueguen contigo o de ser criado de los demás dejando con ello de cumplir tu propio destino. Éstos son hábitos que has adoptado al enseñar a los demás en tu vida qué es exactamente lo que estás dispuesto a soportar. Puedes librarte de los hábitos que tienden a permitir a los demás que te manipulen. Puedes librarte de «rasgos de personalidad enraizados» que no están en absoluto enraizados de verdad. Son simplemente hábitos que has elegido para ti. Para crear un milagro para ti en el que no seas víctima de otros, de tus circunstancias o de ti mismo, debes efectuar un cambio en tu mundo interior y crear, en ese espacio privado, espacio para un ser humano con un propósito y espiritualmente realizado.

5. *El envejecimiento*

Imagina para ti el milagro definitivo, una ralentización o una eliminación del proceso de envejecimiento. ¡He aquí un milagro claro y personal! Puedes causar un enorme impacto sobre el estado de envejecimiento de tu cuerpo. He aquí lo que dice mi amigo el doctor Deepak Chopra acerca del tema en su obra clásica *Perfect Health*:

> El envejecimiento parece algo tan complicado que es difícil incluso definir exactamente de qué se trata. Una célula típica del hígado realiza quinientas funciones separadas, lo que significa que tiene quinientas posibilidades de estropearse. Todas estas posibilidades constituyen los modos en que puede envejecer. Por otro lado, la idea de que el envejecimiento es algo complejo tal vez sea equivocada. A pesar de las mil olas que la mueven, la marea oceánica constituye un solo fenómeno empujado por una sola fuerza. Lo mismo puede decirse del envejecimiento del ser humano, aun cuando lo veamos en forma de centenares de olas; dolores y molestias sin relación, nuevas arrugas en torno a los ojos y marcas más profundas en las comisuras de la boca e innumerables problemas más.

Intenta captar esta nueva perspectiva expuesta tan brillantemente por el doctor Chopra en el capítulo titulado «Aging Is A Mistake» (Envejecer es un error). Si bien todo el mundo sucumbe al proceso de envejecimiento, la pregunta que hay que hacer es ésta: ¿es inevitable? El doctor Chopra señala que el DNA, que controla todas las funciones celulares, es prácticamente invulnerable al desgaste. Ha sobrevivido sin siquiera un ápice de envejecimiento durante seiscientos millones de años como mínimo. La materia prima básica de tu ser no tiene edad. Y, sin embargo, envejecemos. ¿Por qué?

Los antiguos sabios llamaban al proceso de envejecimiento un error del intelecto. El envejecimiento es el hecho de olvidar cómo hacer las cosas bien dentro de una célula. No es algo normal, sino un modo de ser aprendido. El error del intelecto está en identificarse exclusivamente con el cuerpo físico y llegar a pensar que hay que experimentar el proceso de envejecimiento. La mente empieza a prepararse para el envejecimiento en cuanto es capaz de intelectualizar. Lo has visto siempre a tu alrededor y has leído acerca de él, y eso es todo cuanto sabes. Preparas, pues, tu cuerpo para su propia autodestrucción.

La salida de esta trampa, la realidad mágica de que dispones, se halla situada, como todo lo demás, en tu yo invisible. En tu mente. Puedes en verdad negarte a permitir que un anciano entre en tu cuerpo. Es éste tu garaje, que utilizas temporalmente para aparcar tu alma. Puedes dar la vuelta a tu perspectiva interior y, literalmente, incidir en todas y cada una de la células de tu cuerpo. Tu yo invisible, tu mente, no se halla situada sólo en tu cerebro. Es tu conciencia espiritual y se halla en cada célula de tu ser. Digamos que el mundo está en ti y que, si puedes trabajar en tu mente en un sentido realmente mágico, podrás incidir con gran fuerza en el proceso de envejecimiento de las células formadas por el indestructible DNA. Si, en el momento en que lees estas palabras, estás lleno de dudas acerca de que eso vaya a serte posible, entonces, por supuesto, tu duda afectará a todas y cada una de las células de tu cuerpo incluida la memoria que tiene el DNA para renovarse.

Es en tu mente, allí donde actúa la magia de esa inteligencia invisible, donde debes examinar tus actitudes en relación con el envejecimiento. ¿Tienes pensamientos de viejo? ¿Crees que debes andar encorvado y más despacio, y perder la memoria, y tener aspecto de viejo? Porque es en estas formulaciones invisibles donde programas el funcionamiento de tus células. Esa inteligencia invisible es perfecta, no tiene edad. Puedes empezar a replantearte tu pensamiento, el de que tus células individuales se deterioran. Y si utilizas tu mente de una manera nueva, con vistas a desarrollar un nuevo conocimiento interior, quizá seas capaz de incidir en ese proceso que has venido considerando como ineludible. He aquí otra cita extraída de *Perfect Health* y que no puedo resistirme a incluir:

Si llevas tu mente a un nivel de funcionamiento que esté más allá de la edad, esa misma cualidad incidirá en tu cuerpo. Éste envejecerá más lentamente porque así se lo dicta tu mente, al nivel más profundo. Al verte a ti mismo libre del envejecimiento, lo estarás de hecho.

No rechaces esta idea, deja que penetre en ti y ve si encuentras en ella algún sentido para ti y para los cincuenta billones de células todas ellas trabajando en perfecta armonía para mantenerte con vida en ese cuerpo humano tuyo sin edad.

6. *Tu salud emocional*

Tus posibilidades en cuanto al modo de vivir desde el punto de vista emocional son infinitas. El problema que tenemos muchos de nosotros es que nos hemos limitado a unas pocas opciones en el reino emocional de nuestra condición humana. Cuando experimentamos temor, por ejemplo, nuestra mente es capaz de producir —literalmente— moléculas que se presentan en forma de adrenalina. Sí, un impulso mental produce algo en el cuerpo que es de naturaleza física. Tiene sustancia y es mesurable, y su origen está en la mente. Éste es el milagro del funcionamiento de la mente. Nuestros pensamientos producen manifestaciones físicas que hemos aprendido a llamar emociones. Las moléculas que forman tus emociones derivan de manera directa de tu mundo mental. Las sustancias químicas que aparecen en tu cuerpo son creadas realmente por la mente invisible. Es éste en realidad el milagro del que vengo hablando a lo largo de todo este libro, sólo que es más patente en el mundo de las emociones. Sí, tú y tu ente invisible podéis crear el mundo físico que deseéis crear. Sí, tu mente es capaz de incidir en cosas del mundo físico. Sí, puedes crear milagros en tu vida a través del empleo mágico de tu mente.

Tus emociones son manifestaciones físicas de tus pensamientos. La alegría que experimentas está situada en tu cuerpo físico, y las sustancias químicas presentes cuando experimentas júbilo pueden ser identificadas y cuantificadas. Lo mismo puede decirse del miedo, del estrés, de la ira, de la rabia, de los celos, de la depresión, de las reacciones fóbicas, etcétera. Son todos ellos cambios químicos que tienen lugar dentro de tu cuerpo. Fabricas estas sustancias químicas en tu propia farmacia cuántica, que empieza por tu mente. Esta mente es capaz de fabricar literalmente a partir de la nada miles de «drogas» que aparecen en tu cuerpo. ¿Necesitas un antidepresivo o un tranquilizante? No es preciso que acudas a la farmacia. Tu mente puede crear exactamente lo que tu cuerpo necesita.

Estás constantemente creando moléculas que denominamos de diversas maneras y que hemos venido en llamar emociones. Cuando empiezas a curar tu ser interior y a consultar de manera constante a esa voz interior, alteras, digo alteras, tu sistema inmunológico. El doctor Dean Ornish publicó un *best-seller, Reversing Heart Disease* («Cómo invertir el curso de las enfermedades cardíacas»), que trata, exactamente, de invertir y no sólo de detener los síntomas. El doctor Ornish y yo hemos aparecido repetidas veces en los medios de comunicación, y he quedado enormemente impresionado ante la persona y ante su labor pionera. Fue para mí una sorpresa agradable ver que su revolucionaria obra hacía hincapié principalmente en el yo interior y en cómo enseñar a la gente a trabajar su propia fisiología eliminando las inquietantes señales que envían a su sistema inmunológico desde la mente. Para dar la vuelta a la posibilidad de la enfermedad cardíaca, según él, hay que aprender básicamente a superar las tendencias de nuestra mente a crear enfermedades.

Las reacciones emocionales de ira, estrés, tensión, miedo, etcétera, tienen su origen en la mente. Estas reacciones crean desequilibrios químicos y auténticas toxinas que producen el deterioro del cuerpo. El modo de curar estas dolencias no es atacar esas sustancias químicas enviando un nuevo ejército de medicamentos preparados por los laboratorios sino trabajar sobre la maquinaria farmacéutica original causante de los desequilibrios químicos. Es éste el modo de curarnos de prácticamente todas las enfermedades, y es también el camino para la comprensión de nuestro propio estado emocional.

Tú eres el creador de tus emociones, que tienen su origen en tu pensamiento. Esas reacciones emocionales son en realidad de naturaleza física. Cualquier emoción que elijas con tu pensamiento tomará carta de residencia en tu cuerpo. Es muy importante que entiendas esto. Una vez te hayas dado cuenta de que eres tú quien elige los temores, los niveles de ansiedad, las fobias, los niveles de éxtasis y demás, podrás ser también quien cree cualquier milagro que desees experimentar en este mundo de las emociones. Es posible que no sepas con certeza cómo decides crear las moléculas tóxicas que aparecen en tu mundo emocional. Sin embargo, el simple hecho de reconocer que lo decides *tú* pone en marcha los cambios fisiológicos que deseas experimentar.

Un viejo dicho indio expresa muy bien estas ideas: «Si deseas saber qué es lo que pensabas ayer, mira tu cuerpo hoy. Si deseas saber cómo será tu cuerpo mañana, mira lo que piensas hoy». Las emociones aparecen en nuestro cuerpo en forma de manifestaciones físicas de nuestros pensamientos. Ten esto en mente mientras nos dirigimos al camino de la realidad mágica.

Estas seis categorías constituyen el inventario de variables de personalidad que tú controlas en tu mente invisible. Tus actitudes en relación con tu personalidad, tu talento, tu CI, tus hábitos, tu envejecimiento y tus emociones son el bagaje interior que llevas contigo a dondequiera que vayas. Tus creencias al respecto son sólo tuyas. Tú has seleccionado todas tus actitudes interiores hacia cada una de estas categorías.

El mayor obstáculo que se opone a la remodelación de tu personalidad y a su conversión en la obra de arte que deseas será el de superar tus temores y dudas. Vives en todo momento con estos temores y dudas, compañías que te han impedido hacerte responsable de la creación de una vida mágica para ti.

Antes de pasar a las estrategias que puedes utilizar para producir cambios mágicos en tu vida, creo importante estudiar el mayor de todos los temores, el miedo que es al parecer omnipresente en todos nosotros.

Tu relación con tu propia muerte

Una idea que llevas contigo durante toda la vida y desde tus primeros años es la conciencia de tu propia muerte. Una pregunta que parece tenernos a todos perplejos es: «¿A dónde iré cuando muera?». Muchos de nosotros tenemos una relación no resuelta con la muerte. Conocemos a personas que han muerto. Hemos visto a otros coquetear con la muerte. Sabemos que hemos de morir algún día. Pero no por ello deja de ser la muerte un misterio eterno. A fin de crear una vida de realidad mágica deberás liberarte del temor y la ansiedad que rodean este misterio de la desaparición del propio cuerpo.

El miedo a la muerte puede ser un gran inhibidor en tu vida. Puede impedirte vivir con plenitud y puede hacer que el tiempo que pases aquí en esta forma humana sea de ansia y enfermizo. Para salir de este dilema hay que hacer frente al miedo de manera directa. Como en todo lo que he dicho en este libro, hacerle frente significa mirarlo desde dentro.

Tu miedo es un pensamiento. Es invisible. Si vives abrigando ansiedad por tu muerte, procesarás todo cuanto has visto y oído acerca de la muerte de esta manera: convirtiéndola en algo permanente. La muerte, en este proceso del pensamiento, es simplemente el final. El gran vacío. Tú eres un accidente cósmico y la vida es una gigantesca enfermedad terminal. No hay nada antes, no hay nada después. De hecho, ¡esta idea sí que da miedo! Pero algo en tu interior, en ese espacio invisible, te dice que no puede ser así. Sabes que hay una parte de ti que es inmune a la muerte, puesto que la muerte tiene que ver con el final: tu alma invisible y sin dimensiones no está sujeta a delineaciones como puedan ser principios y finales. Sabes que tu vida en sí es invisible, que simplemente está ubicada en tu cuerpo físico. Es con esta conciencia que debes familiarizarte a fin de trascender tu miedo a la muerte. Hay una inmortalidad esencial que constituye el derecho de nacimiento de todo ser humano. Para comprender esto debes empezar por refutar tu total identificación con tu cuerpo. Todos los maestros espirituales santos (y algunos que no han sido tan santos durante gran parte de su vida) nos han dejado este mensaje. El *Bhagavad Gita* habla de esta vida con estas palabras:

> Así como un hombre abandona las ropas gastadas y adquiere otras nuevas, cuando el cuerpo está gastado el Yo que vive en su interior adquiere otro nuevo.

El traductor Eknath Easwaran, que ha dedicado gran parte de su vida al estudio del *Bhagavad Gita*, dice a propósito de estas palabras:

> Para un ser tan iluminado... la muerte no es más traumática que el hecho de desprenderse de una vieja chaqueta. La vida no puede ofrecer más alta realización. La meta suprema de la existencia humana ha sido alcanzada. El hombre o la mujer que se da cuenta de que Dios lo tiene todo y no carece de nada: teniendo esto, no se desea más; ningún pesar, por gravoso que sea, puede sacudir a este hombre. La vida no puede amenazar a una persona así y no lleva en sí más que la oportunidad de amar, de servir y de dar.

Piensa en lo que nos dice Easwaran aquí y también en las palabras del *Bhagavad Gita*. Alcanzamos la meta suprema de la existencia humana cuando pasamos a estar en paz con nuestra propia inmortalidad y vemos la muerte no como un final o un castigo sino como un despertar, una recompensa, un regreso al infinito que rodea este paréntesis en la eternidad.

En la tradición cristiana, Jesucristo nos habla de la inmortalidad: «... y ésta es la vida eterna en la que tú conocerás en ti al único y verdadero Dios». Todas las tradiciones religiosas hablan de llegar a conocer la propia inmortalidad alcanzando una espiritualidad y un sentido del propósito. En todas las épocas del hombre, desde los comienzos de la historia escrita de todas las tradiciones religiosas humanas, ha habido creencias similares en torno a la inmortalidad. Todas ellas hablaban de la existencia de un mundo invisible que forma parte de la personalidad de cada ser humano y de que el propósito de la vida en el propio cuerpo físico es descubrir a Dios, u otro nombre que queramos darle y que represente la inteligencia invisible que impregna toda la vida. Pero el que yo te hable de ello o el que los maestros espirituales te lo transmitan a través de sus diversas tradiciones religiosas no hará desaparecer tu ansiedad. Debes llegar a saberlo en tu interior, y eso es algo que puedes conseguir por ti mismo.

Aunque he citado algunas de las tradiciones espirituales y me he dejado otras cientos debido a limitaciones de espacio, quizá te interesen también las palabras de alguien que no poseía ninguna instrucción religiosa. Alguien que, de hecho, pasó toda su vida en pos de cosas nada espirituales. Había sido jugador de rugby, un duro chico de la calle, un adicto a la cocaína durante muchos años según él mismo confesaba y, en general, un tipo a quien interesaban muy poco las cuestiones espirituales. Su nombre es Gary Busey, un actor norteamericano mejor conocido por su caracterización de Buddy Holly en la película acerca del cantante de rock and roll muerto a la edad de veintidós años.

En 1988, Gary Busey casi murió en un grave accidente cuando iba en su motocicleta, al causarse heridas en la cabeza que lo llevaron al borde de la muerte. Éstas son las palabras de Gary aparecidas en un artículo de Luane Lee publicado en el *Long Beach Press* del 28 de febrero de 1991:

La gran tragedia no es la muerte, sino lo que muere en tu interior cuando estás vivo. La segunda parte de mi vida empezó el 4 de diciembre de 1988. Pasé al otro lado. Fui a parar a una estancia llena de luces. Yo no era más que el cordón que vive en mi columna vertebral y que alberga el alma. Tres platos de luz vinieron hasta mi rostro para decirme que me hallaba en un hermoso lugar de amor. Y yo era amor. Podía marcharme con aquella energía y abandonar este cuerpo. O bien podía volver a este cuerpo y reanudar mi destino. A mí me tocaba elegir.

Éstas no son las palabras de un gurú de la nueva era, sino de un curtido tejano que vivió al borde toda su vida hasta su encuentro con el otro lado. Según se le describe en el artículo, Gary es hoy un hombre tranquilo y reflexivo que no intenta impresionar ni convencer. A sus detractores, a quienes su transformación parece increíble, les responde:

> No se trata de creer o no creer. La verdad está más allá de las creencias. Ocurrió. Es todo cuanto puedo decir. Yo estuve allí. Que eso lo crean o no no importa, porque es la verdad.

Y este ex junkie, que hablaba siempre intercalando imprecaciones, concluye su entrevista con estas palabras: «La palabra más importante que se ha inventado jamás es la palabra "amor"».

Yo he oído miles y miles de historias como la de Gary Busey. Mi propia cuñada, Marilyn Dyer, me habló de su visita al otro lado después de un accidente automovilístico ocurrido hace unos veinte años. Nunca ha temido a la muerte desde entonces. Sabe lo que vio, y era algo gozoso y lleno de dicha. Algunos la creen, otros se muestran escépticos. Así sea. La doctora Elisabeth Kübler-Ross* y el doctor Raymond Moody han escrito volúmenes acerca de lo que ha venido en llamarse EBMs (experiencias al borde de la muerte). Hay un acuerdo casi universal entre aquellos que han estado al borde de la muerte. Todos hablan de luces y de dicha y de la ausencia de sufrimiento. Una eterna y amorosa acogida. Puedes creerlo cuando lo leas o mostrarte escéptico. La elección te corresponde siempre a ti.

La razón básica de tu ansiedad en relación con la muerte es el hábito de toda una vida de creer que tu cuerpo eres tú. Cuando aprendas que eres en realidad una mente consciente que habita un cuerpo empezarás a ver lo absurdo de esa identificación total con tu cuerpo. Pronto desarrollarás en ti una actitud de interés afectuoso por tu cuerpo, acompañada de un sentido de identificación distante.

---

* *Sobre la muerte y los moribundos*, publicado por Grijalbo.

Si preguntas «¿A dónde iré cuando muera?», refiriéndote a tu alma, la respuesta es que no mueres. La muerte es un concepto que tiene relación con un final. Para que haya un final tiene que haber fronteras y, evidentemente, tu yo sin dimensiones no tiene fronteras. Tu inmortalidad es algo con lo que te familiarizas cuando te conviertes en un ser espiritual con experiencia humana. Si identificas todo tu yo con tu cuerpo, deberás replantear la pregunta y decir: «¿A dónde irá mi cuerpo cuando muera?». Tratas aquí una vez más de dos personas. El «mi» supone un propietario o poseedor, y el «cuerpo» representa aquello que se posee.

Ese cuerpo en el que habitas lleva «muriendo» todos los días desde que apareciste aquí. Pierdes parte de él todos los días, y lo renuevas completamente al mismo tiempo. Ninguna de las células físicas que tenías hace unos pocos años está presente hoy en ti. Es un proceso de renovación y sustitución. La parte de tu cuerpo que muere debe ser sustituida por tejido vivo. Unos kilos de tu cuerpo mueren cada día y son eliminados y vuelven a la tierra en diversos procesos fisiológicos. Pides luego al suelo que te proporcione el material renovador que te mantenga con vida. De no haber estado muriendo físicamente cada día, y si tienes cincuenta años, pesarías muchísimas toneladas. El proceso de la muerte en el mundo físico es que te permite vivir.

Los minerales que forman tu cuerpo se utilizan como parte del perfecto sistema de reciclado que es el universo físico. Eso no eres tú. Los pocos minerales que queden serán utilizados para el mismo proceso en última instancia. Pero en tu alma no hay minerales ni tu alma tiene forma, y ello significa que es inmune a la muerte.

Todas las noches duermes y tu cuerpo conoce el descanso. Es un momento de renovación. Con este período de descanso construyes un nuevo cuerpo. Lo haces porque estás gastado después de la actividad del día. Finalmente, tu cuerpo actual se gastará (a menos que resuelvas el error del envejecimiento) del todo y pasará a un estado de descanso. Pero ¿y tu alma? Ah, ¡he aquí el gran misterio! Me encanta este pasaje de *God Will Work with You, Not for You*, de Lao Russell:

> Por todas partes en la naturaleza ves renacer las rosas, los árboles y la hierba. El año pasado cogiste una manzana de esta rama. Este año contemplas otras manzanas allí de donde cogiste una el año pasado, y el año siguiente y el otro podrás coger también otra. Y si abres una verás esa manzana que vas a comer envuelta en las semillas de otras manzanas

todavía por nacer y que repetirán los cuerpos de manzanas que nacieron hace mucho. Es el eterno proceso de la naturaleza, la repetición de la vida eterna que divide esta vida eterna en eternas repeticiones de la vida. Las llamamos vida y muerte, pero son ambas expresiones opuestas de la vida. ¿No es maravilloso saber esto? ¿No es maravilloso saber que cada día que vives en el mundo visible de los cuerpos cada uno de tus pensamientos y acciones se ve también simultáneamente repetido y registrado en el mundo invisible de la mente?

Conforme te despliegues en la dirección espiritual e invisible de la que vengo hablando todo a lo largo de este libro, perderás poco a poco tu sensación de realidad corporal. Adquirirás una nueva realidad avivada, con una gran veneración por el cuerpo físico en el que vives. Esta realidad te dice que eres capaz de crear moléculas reales y físicas con tu mente consciente, que hay un proceso constante de renovación de tu cuerpo físico y de creación de tu mundo físico por parte de tu mente.

Llegas por fin al mundo de la realidad mágica, donde puedes crear acontecimientos milagrosos en el universo material con tu mente invisible. Si bien los otros dirán que son milagros, tú sabrás que es tu mente consciente pero invisible que hace lo que ha estado haciendo siempre, crear tus propias experiencias físicas, sólo que ahora serán experiencias de dicha y de propósito.

A medida que despiertes más y más desaparecerá tu preocupación por lo que pueda ocurrirle a tu cuerpo y sustituirás esta preocupación por el conocimiento. Tu meta será poner tu cuerpo y tu mente en equilibrio con las leyes universales de Dios, consciente del milagro que eres, y librarte de toda idea absurda en relación con la muerte. Descubrirás que aquellos que han muerto no han desaparecido en absoluto. Simplemente están renovándose, como has venido haciendo tú.

Cómo poner realidad mágica en tu personalidad

Tu personalidad, con todos los componentes que he citado en este capítulo, es creación tuya. Puedes crear un milagro en ti mismo haciendo de esa personalidad todo cuanto seas capaz de imaginar para ti en tu mente omnisciente y todopoderosa. He aquí algunos de los pasos que puedes poner en práctica a fin de manifestar a partir de hoy mismo tu nuevo modo de ser.

• *Elimina toda duda acerca de la clase de persona en que puedes convertirte.* Vives en el mundo de la mente. Todo cuanto sabes acerca de ti mismo en tanto que ser físico corresponde a un equivalente mental o a una creencia que tú tienes. Si percibes carencias en tu personalidad, ello es debido a que tienes en tu sistema de creencias el equivalente mental de una carencia. A esto se lo llama duda.

Recuérdate constantemente a ti mismo que todo cuanto has llegado a ser es consecuencia de todo lo que has pensado. Tu intelecto, tus niveles de confianza en ti mismo, tus dotes, tus temores y tus hábitos, son todos ellos manifestaciones a nivel físico de una equivalencia mental. El modo de cambiar estas equivalencias consiste en pensar de manera tranquila, constante y persistente en el tipo de persona que en verdad quieres llegar a ser. Estos pensamientos serán las semillas que plantarás en el mundo físico. En última instancia, crearás moléculas en tu mundo físico que se correspondan con tus imágenes mentales. Del mismo modo que creas moléculas ulcerosas con tu pensamiento, puedes crear lo que desees si eliminas la duda y la sustituyes por la fe.

• *Deja de utilizar en tu mundo material frases que reflejen aquello que no quieres ser.* Si te llamas a ti mismo limitado, torpe, tonto, temeroso o débil estarás bloqueando las posibilidades creadoras de milagros que buscas. Si tu milagro consiste en ser como no has sido nunca debes dejar de poner esas viejas cintas.

Inicia un proceso de afirmaciones que reflejen una conciencia de confianza en ti mismo y de fuerza hablando de tu capacidad sin límites para aprender cualquier nueva capacidad intelectual y dándote cuenta de los temores que has superado. Haz hincapié en tu capacidad, tanto en las conversaciones con los demás como contigo mismo. Recuerda que lo que piensas y hablas se convierte en acción. Si hablas de tus debilidades y las defiendes, estarás también pensando en ellas. No olvides que lo que dices a los demás, aun cuando parezcas hacerlo de maneras poco significativas, constituyen reflejos de ese equivalente mental interior. Si quieres que haya una expansión de la confianza en tu vida deberás hablar de tu confianza y mencionar ejemplos de ella. Si quieres que aumenten tus temores habla a los demás de esos temores y de todos los detalles macabros, que te ayudarán a convencerte de tus debilidades. Esto parece muy simplista, pero es el modo de crear una auténtica transformación mágica en tu personalidad. Mantén en tu mente esa zona de seguridad en ti mismo y conságrate a permitir que esos nuevos pensamientos milagrosos desarrollen su equivalente material en tu mundo cotidiano.

• *Céntrate en aquello que defiendes y no en aquello que combates.* Por ejemplo, no pienses en que debes dejar de abrigar resentimientos ya que, si lo hicieras, estarías pensando en el resentimiento y en consecuencia te comportarías así en el mundo material. Piensa en cambio en aquello que deseas ver aumentado. Piensa en la salud, en la armonía, en el amor y en el bienestar corporal y actuarás de acuerdo con ese pensamiento. Si te consideras falto de talento o intelecto, no digas «No voy a considerarme ignorante ni falto de talento», porque, en tal caso, estarías pensando en la ignorancia y reforzando el equivalente mental de las limitaciones. Utiliza en cambio tu mente para concentrarte en imágenes tales como ésta: «Poseo cuanto necesito para realizar mis sueños. No tengo límites y formo parte de la perfección de este mundo físico. No soy un error, soy una necesidad divina». Este tipo de imágenes cambiarán de manera espectacular tus conductas equivalentes en el mundo físico. Actuarás de acuerdo con una nueva imagen de ti mismo basada en posibilidades, y verás cómo realizas milagros que antes te parecían imposibles.

• *Recuérdate todos los días que eres un ser con un propósito.* Cuando vivas con un propósito y des de ti mismo con gozo, tu personalidad reflejará esa dicha. Manifestarás el talento y el intelecto necesarios para hacer realidad tu propósito. No será necesario que luches ni que te hagas un plan detallado de metas y objetivos. Tu capacidad para hacer realidad cambios en tu propia personalidad está intacta. No vas a adquirir inteligencia, talento, capacidades o confianza en ti mismo a partir de fuera de ti mismo. Éstos son componentes que se hallan ya en ti. Lo que necesitas es cambiar y pasar a tener un propósito, a un estado en el que te sientas inspirado e importante. Cuando éste sea tu estado mental, todo lo que necesites en cuanto a características de personalidad saldrá a la superficie.

Recuerda que tu personalidad no te la han dado ni tu familia ni tu cultura. ¡Tú la has creado! Has hecho realidad exactamente la personalidad que necesitabas para hacerte cargo de la tarea de tu vida hasta este punto. Y ahora puedes cobrar nuevas energías en el viaje de tu vida. No tienes por qué seguir viviendo y utilizando una y otra vez aquellas viejas variables si es que ya no te sirven. Mantén tu sentido del propósito y no operarás a partir de carencias en tu pensamiento.

• *Confía totalmente en tu intuición día a día.* Tus voces interiores te dirán de manera insistente que posees los ingredientes necesarios para llenar de dicha tu vida. Tus conversaciones calladas e invisibles tendrán la fascinación de un debate:

—Soy capaz de bailar si quiero.
—No, siempre has sido torpe.

—Soy muy inteligente.
—No, te catearon en geometría en el instituto.

—Soy valiente.
—No, tienes miedo hasta de tu sombra.

El «yo» es tu intuición, mientras que el «tú» constituye tu experiencia física que te recuerda lo absurdo de tu pretensión de realidad mágica. Debes aprender no sólo a confiar en tus voces intuitivas sino a obedecerlas de manera regular. ¡Es tu guía divina la que habla en esas conversaciones calladas! Cuando sepas que está ahí y te niegues a creer otra cosa verás que se producen cambios milagrosos en ti.

Un día, estaba yo corriendo cuando observé a una pareja en una situación un tanto lastimosa. De algún modo, se habían quedado fuera del coche de alquiler, que estaba cerrado y con el motor en marcha. Intentaban frenéticamente forzar la portezuela y entrar en el coche en marcha para dirigirse al aeropuerto, a unos veinte kilómetros de allí. Había varias personas intentado ayudarles, entre ellas dos empleados de un camión de seguridad. Me fijé en ellos, y mi intuición dijo: «Seguramente podrías ayudarlos». Pero seguí corriendo, sin hacer caso a mi voz interior.

De regreso de mi carrera, cuarenta minutos más tarde, vi a la pareja rodeada de la misma gente e intentando todavía sin éxito entrar en el automóvil en marcha. Volví a pasar corriendo por delante de ellos, y la voz interior habló aún con más fuerza «Vuelve, estoy seguro de que puedes ayudarles a solucionar su problema». Seguí corriendo unos cien metros hasta que no pude seguir haciendo caso omiso de mis súplicas interiores. Volví al coche y le dije a la mujer, que era presa del pánico, que podría abrirle el coche ya que esto me había ocurrido a mí varias veces. Yo no tenía ni idea de lo que podía hacer, pero sabía que estaba allí para ayudarlos y que era capaz de conseguirlo.

Habían intentado abrir con una percha doblada la cerradura de la portezuela, lisa y ahusada, diseñada para repeler este tipo de forcejeos. Dije a la mujer: «El coche está en marcha y tiene un cierre eléctrico, lo que hay que hacer es tocar el botón eléctrico de la ventanilla con un palo largo». Me volví, y allí al lado en el suelo estaba el palo adecuado. Cogí la llave de mi cuarto y abrí la ventanilla sólo lo suficiente para que la mujer pudiera hacer pasar el palo por la abertura y tocar el botón pertinente. Mágicamente, la ventanilla se abrió y ambos partieron hacia el aeropuerto.

Abandoné la escena asombrado por el poder de mi voz intuitiva y con el compromiso de no volver hacer caso omiso de ella. La voz era fuerte y clara: «Tu propósito es ayudar, y recibirás guía sobre el modo de hacerlo, ve ahí y utiliza tu intención para hacer realidad un milagro para esta gente. Ésta es la razón principal por la que estás aquí». No tengo ni idea de quiénes eran aquellos turistas de Maui, pero sé que de un modo espiritual estoy conectado a ellos. Mi voz interior, mi guía divina intuitiva me proporciona la oportunidad de manifestar capacidades que a menudo ni siquiera sé que poseo. Cuando llegué a aquel lugar y me anuncié como experto en entrar en coches cerrados, quedé tan sorprendido como ellos ante mis palabras, pero, de algún modo, sabía que podía ser útil, y, por supuesto, cuanto necesitaba estaba allí. No necesitaba ir a una escuela de cerrajeros, poseía ya el talento y las capacidades necesarios para hacer realidad mi propósito.

• *Sabe que hay un secreto enterrado en lo hondo de tu yo invisible.* Éste te dice: «No necesitas otra cosa, eres cuanto necesitas. Tu personalidad es divina, deja que salga al exterior y no la juzgues más. Tienes múltiples talentos, ten un propósito y todas tus dotes estarán a tu disposición. Eres brillante, y las capacidades intelectuales que necesitas para tu propósito saldrán a la superficie». Debes abandonar la idea de que eres un error o de que, de algún modo, estás menoscabado.

Lo que eres es cuanto debes ser. Tu diseño interior y exterior está en perfecto equilibrio con todas las cosas del universo. Es posible que te hayas convencido de lo contrario; si es así, haz de ésta tu nueva realidad. Tu perfección no cambia, pero tu falta de fe en esa perfección sí, y lo que creas acerca de ti mismo es aquí de una importancia capital. El secreto que hay en el centro de tu ser es el de que lo eres ya todo: no hay accidentes ni imperfecciones, simplemente una obra maestra divina cuyo deterioro has permitido en tu mundo interior. Entrégate a ese secreto y tendrás todo cuanto necesitas para vivir una vida con propósito. Combátelo y la angustia mental definirá tu vida.

• *Haz un inventario de las conductas y características que mostrabas cuando niño, pero que no son ya aplicables a tu vida adulta.* Te chupabas el dedo, y ya no lo haces. Pegabas a tus hermanas cuando te sentías frustrado, y ya no lo haces. La comida te chorreaba por la barbilla y metías el dedo en el pastel de chocolate, y ya no lo haces. Te tambaleabas y caías cuando intentabas andar, y ya no lo haces. Te intrigaban las fracciones y los decimales, y eso ya no te ocurre. La lista podría ocupar volúmenes. Haz que estas palabras, «Y ya no lo haces», ocupen un lugar destacado en tu conciencia.

Tu vida está en continuo estado de cambio. Aprendes constantemente cómo no debes comportarte y qué nuevas dotes o capacidades intelectuales y variables de personalidad debes utilizar. Las de antes no te sirven ya. Por supuesto, has aprendido a no pegar a tu hermanita cuando ella te coge las cosas. No defenderías esa conducta con frases tales como ésta: «Siempre he sido así, soy agresivo por naturaleza». ¡Ya no lo haces! Utiliza esta conciencia a fin de desarrollar otros aspectos de tu personalidad. La palabra clave en esta conciencia es saber. Ya no dudas, sabes. Has sustituido tu vieja conducta por un conocimiento. Y seguirás efectuando este tipo de sustituciones a lo largo de toda tu vida cuando te halles en el camino espiritual.

Ahora ya no se me ocurre decirme a mí mismo: «No tengo el talento necesario para hacer tal cosa», del mismo modo que no digo: «Soy inferior, nunca aprenderé a andar. Creo que seguiré andando a gatas durante toda mi vida». Ya no digo: «Soy incapaz de escribir un libro acerca de cómo hacer realidad milagros y de la realidad mágica», del mismo modo que no digo: «Sé que nunca seré capaz de sumar, no entiendo los números». Hoy ya no digo: «Los nuevos desafíos me dan miedo», del mismo modo que no se me ocurre decir: «Tengo miedo del hombre del coco cuando se apaga la luz».

Sabes lo tonto que es seguir con esas viejas racionalizaciones. Ya no lo haces. Confía en que vas a conseguir tener en tu personalidad las variables necesarias para crear cualquier cosa que necesites para ti, y ya no te aferrarás a esas descripciones infantiles que hacías de ti mismo a una edad temprana.

• *Crea un inventario de intenciones para ti.* No una lista de deseos, sino un inventario de lo que tienes intención de crear en tu interior. El tipo de persona en que deseas convertirte, junto con los ingredientes necesarios para crear esa persona, todo ello está dentro de tu poder. Debes saber esto en primer lugar. Luego, cambiar tu actitud en cuanto a las intenciones. «Tengo la intención de manifestar el talento e intelecto necesarios para convertirme en el tipo de persona con propósito que estoy destinado a ser.» Esta forma de compromiso interior con tu propia excelencia es la materia de la que surgen los milagros.

Empezarás a tener mejor memoria si tienes la «intención» de que sea así. En lugar de centrarte en las cosas que olvidas concentrarás tu mente en todo aquello que eres capaz de recordar. «Ese día fui capaz de recordar el nombre de aquella persona sin problemas. Mi memoria está en verdad mejorando.» «Hice ese ejercicio de yoga sin esfuerzo por primera vez. Estoy manifestando un nuevo talento.» «Aguanté firmemente frente a aquel vendedor abusivo. Me estoy creando una nueva confianza en mí mismo.» Utiliza la mente para concentrarte en tus intenciones y no en aquello que eres incapaz de manifestar. De este modo, pasarás del deseo a la acción y utilizarás al mismo tiempo tus intenciones para producir cambios de personalidad milagrosos.

• *Empieza a actuar en el mundo físico como si esa persona que tanto te gustaría ser estuviera ya aquí.* Aun cuando te hayas convencido a ti mismo de que toda tu vida has tenido miedo de las muchedumbres, de que eres una persona enfermiza o de que careces de las dotes intelectuales precisas para relacionarte con ciertas personas, empieza a actuar como si la persona milagrosa que te gustaría ser estuviera ya aquí. Sí, esto es lo que digo, ¡finge!

Sal a la calle y, sin decirle en ningún momento a nadie que en realidad eres por dentro una masa temblorosa de jalea, actúa confiadamente en una situación determinada en la que nadie te conoce. En ese momento presente de tu vida, sin tener en cuenta aquello de lo que te hayas convencido mentalmente, eres esa nueva persona milagrosamente confiada en sí misma. Haz el papel que desees desempeñar. La actuación tiene lugar en el mundo físico. El deseo es la voz interior.

Nadie en este planeta es mejor a los ojos de Dios que tú. Dentro de ti fluye constantemente ese espíritu divino, y descubrirás un sencillo secreto: puedes hacer cualquier cosa que desees hacer. ¡Cualquier cosa! La clave está en el deseo, ese concepto sin dimensiones e invisible que reside dentro de ti. Si en verdad lo deseas y puedes imaginártelo para ti, podrás hacerlo realidad.

En mi caso, el camino hasta esta verdad ha sido el de actuar como si aquello que en mi interior deseaba estuviera ya materializado. Cuando solicité el ingreso en la escuela para graduados sabía que las puntuaciones de mis pruebas en los exámenes de ingreso no estaban precisamente en lo más alto de la escala. Y sin embargo, a lo largo de todo el proceso de admisión me comporté como si estuviera ya en las clases. Cada entrevista era para mí una oportunidad para comportarme así. Y a pesar de que lo tenía casi todo en contra, fui admitido. Lo había visto ya en mi mente y sabía que sería así.

Cuando fui admitido, me enteré de que sólo un pequeño porcentaje de los alumnos admitidos completaban realmente el plan de estudios y la tesis. Pero yo me veía completando el plan de estudios, y me veía haciéndolo en tres años. Así me comporté en todo momento. Anuncié desde el primer momento, siempre que surgía el tema, que iba a completar mi doctorado antes de cumplir los treinta años, en tres años de estudio a jornada completa (al mismo tiempo que tenía un trabajo a jornada completa y me ocupaba de las niñas). El 4 de mayo de 1970, seis días antes de mi treinta aniversario, aprobé el examen oral final. Yo sabía ya antes en mi mente que iba a ser así y actué como si fuera una realidad mucho antes de que se manifestara en el mundo físico. Utiliza esta técnica: imagínalo primero y luego actúa de acuerdo con esa imagen para que el hecho en sí se materialice. Es infalible.

• *Aprende a representar previamente quién deseas ser en tu mente antes de llevar nada a la acción.* Por ejemplo, si crees que careces del talento necesario para cantar o pintar entra primero en tu interior y vívelo de manera espiritual, y luego pruébalo en tu mundo material. Imagínate delante de un caballete, creando una obra de arte del mismo modo que lo haces en sueños. Que fluya, sin esforzarte y sin juzgar. Juega a ser ese asesor espiritual de tu mundo físico de manera regular. Canta con una entonación perfecta en tu imaginación, regodéate en la fantástica sensación de gozo que recibes al no reprimir nada y simplemente soltar tu canción. No pienses en nadie del mundo físico ni de cuál podría ser su reacción. Simplemente permítete este viaje interior al talento.

Así es como se crea el milagro de un talento que nunca creíste posible para ti. Lo vives primero de manera espiritual; es decir, lo vives en tu mente: tu coeficiente de inteligencia, tus hábitos, tu personalidad, tu salud y tu valentía. Presta la mayor atención posible a tu dimensión interior y no olvides que todo cuanto has creado acerca de ti mismo como ser físico tiene dentro de ti ese equivalente mental. Es en esta dimensión donde debes aceptar de manera total tu propia grandeza. Sin juzgar, sin límites, tan sólo permitiéndote nadar en un océano de infinitas posibilidades interiores. No es necesario que compartas estas representaciones previas interiores con nadie, pueden constituir tu propio viaje privado. Te llevarán a la realidad mágica si les eres fiel incondicionalmente.

- *No olvides que si te has juzgado carente en alguna variable de personalidad seguirás manifestando esa carencia mientras tu mente se concentre en ella.* Nunca se tiene bastante de lo que no se desea. Tu imagen de ti mismo seguirá acosándote. Seguirás con tus dotes intelectuales inferiores mientras sigas convenciéndote a ti mismo y convenciendo a los demás de tus limitaciones. Todo cuanto de ti consideras como una carencia seguirá siéndolo y cada vez más hasta que sepas algo distinto acerca de ti. Y lo que puedas saber acerca de ti debes elegirlo tú. Si puedes elegir lo que vas a saber acerca de ti mismo, ¿por qué no van a ser cosas positivas en lugar de negativas? Si has llegado a hacer de ti las valoraciones que haces, ello se debe a tus elecciones. Ten esta sencilla idea a mano y te será muy útil para crear milagros en tu vida.

- *No pidas opiniones acerca de tu personalidad.* No pidas ningún tipo de valoración de nadie. Deja de fijarte en las pruebas de coeficiente de inteligencia para determinar tus capacidades. Fíjate en cambio en la divina conciencia de tus capacidades ilimitadas. Olvida lo que puedan decir otros en relación con tu talento o con tu aptitud para algo, consulta siempre a tu propio observador personal o a tus guías invisibles, que forman parte de tu conciencia intuitiva. Otros quizás hagan valoraciones «realistas» de tus capacidades, pero a ti no te interesa conocer sus opiniones, ya sean éstas negativas o positivas.

Te basta con saber y perseguir tus propios intereses. Si te encuentras con obstáculos, pues bien. Bendice esas trabas en tanto que lecciones enviadas por Dios y, luego, sigue adelante por tu camino. Utiliza las palabras de desaliento de otros como recordatorios de tu decisión de dar un propósito a tu vida en tu sueño. No pidas nada de nadie. Sé cortés cuando te den su opinión, dales afectuosamente las gracias por su consideración y luego métete en tu interior.

Yo, personalmente, he aprendido a eludir los tirachinas y las flechas que me dedican en mi posición pública. Tengo millones de libros y cintas en el mercado. A algunos les encantan, mientras que otros tienen la opinión contraria. A mí me basta escribir y hablar a partir de mi posición de propósito, sabedor en mi interior de que me hallo en el camino adecuado. He aprendido a hacer caso omiso de las reseñas y a ser fiel a mi propósito. No intento complacer a nadie con mi trabajo. Simplemente hago lo que creo que debo hacer, siempre con la idea de que mejoro la vida de los demás y realizo una tarea divina. Si mi trabajo te ayuda a ti y a otros, me alegro. En caso contrario, me alegro de todos modos de hacerlo. No me interesa el resultado de mis esfuerzos. No son los resultados lo que me motiva. Me motiva mi conciencia interior de tener una misión heroica y serle fiel, sea cual fuere el resultado. Irónicamente, desde que he conseguido dar un propósito a mi vida escribo y hablo con mayor fluidez que nunca. Te animo a que conozcas esta ironía. No pidas nada y recibirás mucho. Pero si tu propósito es recibir, vivirás una vida de constante deficiencia.

• *Desarrolla tu propio programa de excelencia personal primero en tu mente, y luego empieza a ponerlo en práctica en tu vida cotidiana.* Imagínate haciendo ejercicio, comiendo más verduras y fruta, bebiendo más agua y menos gaseosa y alcohol, reduciendo tu ingesta de sustancias nocivas, asistiendo a clases de yoga, leyendo libros aleccionadores, escuchando cintas sobre el crecimiento espiritual y físico y sentado tranquilamente, meditando. Hazte una imagen de ti mismo en la que te veas con estas nuevas conductas e imagina los resultados deseados. Imagínate más delgado, con la respiración menos fatigosa, con una presión sanguínea y un índice de colesterol más bajos, más ligero y sin edad en lugar de envejecer, atractivo y satisfecho de ti mismo. Cuando tengas de manera regular estas imágenes mentales empezarás a ponerlas en práctica en tu régimen cotidiano. Empezarás a hallar tiempo para estar sano y feliz. Encontrarás que tu cuerpo responde de manera hermosa y milagrosa a tus equivalentes mentales.

• *Utiliza regularmente la meditación para crear la armonía y la paz interiores que te permitan convertirte en la personalidad más adecuada a tu propósito magnífico y divino aquí en este planeta y en este momento.* Mientras meditas, experimenta mentalmente tu propia muerte. Imagínate entrando en la luz y desechando las ropas que has venido llevando y que llamabas tu cuerpo. Desde esta perspectiva, mira atrás a todo aquello a lo que tienes apego y date cuenta en tu meditación de lo absurdas que son en realidad estas ataduras. Podrás ver desde esta perspectiva que no puedes poseer nada, que es igual de absurdo tener apego a las cosas de tu vida que aferrarte a los personajes y manifestaciones físicas de tu sueño una vez has despertado. Despierta en tu meditación y date cuenta de que tu yo eterno y sin forma está libre de ataduras y de preocupaciones. Morir mientras se está vivo constituye una experiencia enormemente iluminadora, una experiencia que elimina tus temores y te enseña quién eres en verdad. Descubrir esa fuerza invisible que hay en ti te permitirá tratar este mundo físico en el que apareciste con veneración pero sin ataduras. Esto te dejará libre para tener un propósito en lugar de perseguir recompensas y resultados.

• *Utiliza tus meditaciones para verte libre de las etiquetas que tú mismo te has colocado y liberarte de las grandes mentiras que te hablan de tu incapacidad para cambiar ciertas cosas de ti.* Dedícate de manera apacible a pensar que eres perfecto y tienes cuanto necesitas para vivir tu propósito. Activa meditativamente tu conocimiento de que no necesitas otra cosa para experimentar cambios milagrosos en tu personalidad. Permítete experimentar la sensación de que lo eres ya todo, incluido un milagro.

Mientras contemplas todos los mensajes contenidos en estos cuatro capítulos acerca de cómo crear realidad mágica en tu vida, piensa en estas palabras de Hermann Hesse y trabaja día a día para hacerlas aplicables a tu propia realidad personal:

No hay otra realidad que la contenida dentro de nosotros. Por ello, muchas personas viven una vida tan irreal. Toman por realidad las imágenes externas a ellos y nunca permiten que se afirme su mundo interior.

Tus milagros son una labor interior. Acude allí para crear la magia que buscas en tu vida. Ésta es en verdad tu única realidad.

7

La realidad mágica y tu salud física

Nuestros cuerpos son nuestros jardines, y de
ellos nuestra voluntad el jardinero.

WILLIAM SHAKESPEARE

Este libro hace hincapié en tu capacidad única para crear realidad
mágica en tu vida. La premisa central es el hecho de que nos convertimos en aquello que pensamos durante todo el día y de que esos días
se convierten en nuestra vida.

Yo soy de la creencia de que las limitaciones físicas de tu cuerpo
te han sido enseñadas. Se te ha enseñado lo que éste puede hacer y
cómo, con qué frecuencia se pone enfermo o es dañado, en qué medida es difícil conservar una salud perfecta, cuándo aproximadamente
va a morir y qué enfermedades y adicciones puede o no superar. Se te
ha sometido a lo que constituye un adoctrinamiento sobre tus propios límites en tanto que ser físico. Este capítulo te ayudará a desprenderte de casi todo lo que se te ha enseñado, ya que para entrar en
el jardín mágico de los milagros hay que incidir en el desarrollo de
una conciencia de la posibilidad en lugar de una conciencia de la imposibilidad. Para crear los milagros que buscas en tu cuerpo físico deberás seguir algunas estrategias nuevas.

No voy a hablar de qué alimentos debes comer, qué programa de
ejercicio debes adoptar, qué información sobre dietética debes tener
en cuenta, cuánto debes descansar, qué vitaminas y minerales debes
utilizar, etcétera. No menosprecio la importancia de estas cosas, al

contrario. Presto gran atención a todas ellas, y tú también deberías hacerlo. Evidentemente, tú sabes que las verduras te sientan mejor que los caramelitos. No es preciso que te digan que es mejor hacer ejercicio que estar tendido todo el día en el sofá si quieres alcanzar una salud y beneficios físicos óptimos. Sabes que una alimentación adecuada supone comer más fruta y menos grasas y azúcares, y beber agua en abundancia.

Si necesitas saber más acerca de la nutrición adecuada, el ejercicio y los programas o dietas de salud más adecuados, podrás encontrar muchos y excelentes libros en la biblioteca o librería locales. Personalmente, mis favoritos son *Perfect Health* y *Unconditional Life*, del doctor Deepak Chopra, y *Fit for Life*, de Haney y Marilyn Diamond.

Y sin embargo, ¿cómo es que, disponiendo de tantísima información, muchos de nosotros estamos atrapados por las limitaciones físicas, y por qué son tan pocos los que alcanzan una salud física óptima? Es en esta área donde he decidido dirigirme directamente a ti.

Yo sé que tú eres ya un milagro físico a la espera de salir a la luz. Estoy totalmente convencido de que puedes tenerlo todo por lo que a tu cuerpo físico se refiere y de que no tienes por qué conocer las limitaciones que caracterizan tu modo de vida. También sé que tú sabes lo que debes hacer al respecto. No necesitas otro libro de dietética ni otro vídeo de ejercicios.

Lo que necesitas es la capacidad de trasladar lo que tu mente ya sabe a la realidad física. Y esto se logra mediante una concordancia con los principios expuestos en la primera parte de este libro. Ha llegado el momento de que hablemos concretamente de tu cuerpo físico y de que te pongas en marcha por el camino de los milagros en tu salud y en tus logros físicos.

DEFINICIÓN DE TU MILAGRO

Al abordar el tema de la realidad mágica para ti en tanto que ejemplar físico de perfección, ten en cuenta en primer lugar el cuerpo en el que apareciste. No vas a pedir medir un metro noventa cuando elegiste aparecer aquí en un cuerpo de un metro sesenta. Lo que quieres no es ese cuerpo de un metro noventa de estatura, y lo sabes. ¡Quizá la próxima vez!

Por ahora, al considerar qué es lo que constituiría un auténtico milagro para ti en relación con tu ser físico, pregúntate simplemente aquello que para ti reviste verdadera importancia. ¿Qué aspecto te gustaría en realidad que tuviera tu cuerpo? ¿Qué te gustaría, desde un punto de vista realista, que tu cuerpo fuera capaz de lograr? ¿Qué venenos querrías ver desaparecer para siempre de tu cuerpo? ¿Qué curaciones te gustaría ver realizadas para poder vivir en verdad el milagro?

Después de hacerte estas preguntas, prueba el siguiente y terrible ejercicio. Permanece en pie delante de un gran espejo y cierra los ojos. Imagina ahora exactamente qué es lo que te gustaría que este cuerpo físico fuera capaz de lograr, qué aspecto te gustaría que tuviera, hasta qué punto te gustaría verlo sano y libre de adicciones. Sin abrir los ojos, implanta firmemente esta visión en tu conciencia. Ahora, abre los ojos y mira con atención el cuerpo que tú has creado. Sí, digo que tú has creado. ¿Sabes que eres capaz de hacer realidad tu visión interior, o dudas de ello?

Si eres como la mayoría de personas, dudarás de tu capacidad para crear tu milagro. Casi todas las personas con las que he hablado acerca de esta cuestión de los milagros y de su cuerpo físico la definen en tanto que realización de un sueño que para ellos está remotamente dentro del reino de la posibilidad, pero que, llegado el momento, creen imposible.

Cuando te dediques a la tarea de examinar qué es lo que constituiría un milagro para tu vida en esta área, haz que esta idea ocupe el primer lugar en tu mente: CUALQUIER COSA QUE HAYA SIDO LOGRADA POR CUALQUIER OTRO SER HUMANO EN EL REINO FÍSICO ESTÁ DENTRO DEL CAMPO DE LA POSIBILIDAD. Esto sirve para recordarnos que la ley universal que permitió la aparición de un milagro en un ser humano y en un momento determinados no ha sido revocada. No temas imaginar para ti algo que jamás haya sido logrado, aun cuando en este momento no tengas confianza en ser capaz de hacerlo realidad en el cuerpo que ocupas en la actualidad. (¡De acuerdo con esto, tendrías que transformar tu cuerpo para hacer que sucediera!) En este punto, permítete simplemente imaginar qué es lo que constituiría una realidad mágica para ti y haz que esto ocupe un lugar destacado en tu mente.

La definición de tu milagro constituye el primer paso para convertirlo en tu realidad. Quizá sea el de hacer que tu cuerpo tenga el aspecto y dé la sensación que tuvo y dio en otro tiempo, aun cuando hayas perdido esa sensación mágica y no lo hayas visto así desde hace mucho. Quizá tenga relación con una enfermedad que te gustaría eliminar de tu cuerpo pero de cuya curación por ti mismo dudas. Quizás esté en la superación de una adicción o de una serie de adicciones a sustancias tóxicas que han venido dominando tu vida. Quizá te gustaría completar un triatlón, correr dos kilómetros, atravesar a nado el lago o cualquier cosa que siempre haya parecido estar fuera de tu alcance.

Yo no te pido que atravieses andando el lago, que vueles por encima de las copas de los árboles ni que cambies la forma de tu nariz con el pensamiento mágico. Lo que te pido es sólo que tengas muy claro en tu mente qué es lo que constituiría un milagro para ti, y sólo para ti. Crea en tu mente esta visión y, por unos minutos mientras lees este capítulo, deja a un lado tu incredulidad y tu escepticismo y permítete realizar este viaje hacia la realidad mágica.

Recuerda que tu cuerpo no es más que el envoltorio físico que alberga la parte invisible de tu ser que llamamos tu alma o tu yo interior. El modo en que funcione ese cuerpo, su estado relativo de salud y todas tus capacidades surgen de la mente. Según pienses, así serás. Así, consideremos qué es lo que necesitas hacer con tu mente a fin de crear una realidad mágica en el reino de tu cuerpo físico.

CÓMO CONVERTIRSE EN UN ALUMNO DISPUESTO

¿Recuerdas el antiguo proverbio zen que yo citaba al comienzo de este libro? «Cuando el alumno esté preparado, aparecerá el maestro.» Si deseas ver una transformación milagrosa de todo tu ser físico, un cambio a una salud y a logros supremos que en otro tiempo creías imposibles, debes hacer que tu mundo interior, ese yo invisible que llamamos tu mente, pase del estado de «desear que fuera así» a una intención de disposición a prestar atención a cualquier cosa que te encuentres y que pueda serte útil en tu empeño.

Pasa a ser un estudiante de tu cuerpo físico. Decide mentalmente que, a pesar de la salud o de las capacidades físicas actuales, eres ya un milagro. Estás en posesión de un cuerpo dotado del fluir universal de la vida. El solo hecho de poder contemplar un estado tan apasionante es ya en sí un milagro. Podrías ser una piedra, un bloque de cemento o una tomatera y, sin embargo, estás lleno de algo que te permite respirar, tocar, gustar, ver y contemplar y estar vivo en el universo.

Si te comprometes a ver tu yo físico con asombro, maravillado, y eres capaz de saber en lo más profundo de tu ser que el deseo de tu yo invisible es el de que el cuerpo en que habita sea lo más sano posible, serás un alumno preparado. Sin embargo, si en realidad sólo te engañas a ti mismo al pensar así y, en algún lugar de ese yo invisible que ocupa tu cuerpo, estás lleno de dudas y dices: «Me gustaría llevar al máximo mi forma física y conocer esta realidad mágica, pero sé que no podré conseguirlo porque nunca he podido antes y, básicamente, soy débil y voy a ceder a la menor tentación que se presente», entonces no eres un alumno preparado. Por el contrario, tienes mucho que hacer en ese reino invisible que es tu misma esencia aquí en el mundo material. Supongamos que esa duda acuciante sigue ahí y que estás en posición de desear experimentar la realidad mágica en el cuerpo físico que ocupas pero abrigas serias dudas acerca de tu capacidad para ello. Qué ocurrirá si éste es tu caso? (un caso en realidad muy frecuente).

La respuesta está en este proverbio zen: «Cuando el alumno esté preparado, aparecerá el maestro». Tu duda mental es garantía de que no vas a recibir la guía ni la asistencia que necesitas. Dicho de otro modo, te has negado a permitir la aparición de los maestros que pueden ayudarte en este empeño. No es que los maestros no estén ahí o no estén dispuestos a ayudarte. Lo que ocurre es que eres incapaz de permitirles venir en tu ayuda. Tus dudas mentales, esas ideas que dirigen la máquina que llamamos tu cuerpo, alejan la realidad mágica. Si esto es lo que creías, estarás sustituyendo la realidad mágica por tragedia real. No lo dudes, tú creas la ausencia de realidad mágica con intenciones que ponen en duda tus capacidades. Las herramientas que has utilizado para crear tu yo físico son tus pensamientos, tanto aquellos que se te han impuesto como aquellos que has decidido como tu modo de procesar tu universo. Yo presumo que tu talante es todavía el del hombre que duda ya que, de otro modo, habrías experimentado ya esa realidad mágica de la salud perfecta. A ti te corresponde examinar el modo de darles la vuelta a esas ideas a fin de tener la oportunidad de crear realidad mágica en tu ser físico.

La doctora Elisabeth Kübler-Ross, en un pasaje de *Healers on Healing*, explica cómo tuvo que rechazar algunas de las cosas que se le habían enseñado a lo largo de su carrera:

> En uno de mis talleres, un hombre enorme que debía de pesar unos ciento cincuenta kilos fue repentina e inesperadamente presa de una in-

tensa ira homicida. Vi que debía salvar a una mujer que estaba demasiado cerca de él. Di un paso adelante y la aparté pero, al hacerlo, el hombre me golpeó los dedos de los pies desnudos con toda su fuerza con una manguera de goma (que, según la propaganda, servía para aplacar la ira) y me los aplastó.

No pude evitar centrarme en el dolor. Me envolví el dedo gordo del pie con la mano y, sin hacer caso del dolor, concentré toda mi energía en aquel hombre enfurecido para empujarlo aún más a desfogar su ira a fin de que la llevara al máximo y se le pasara. De repente, se le pasó y el grupo quedó a salvo.

Yo me preguntaba por qué estaba sentada en una posición tan extraña, tirando de mi rodilla derecha y sosteniéndome el dedo gordo. Al recordar lo ocurrido, aparté la mano para mirarme el dedo esperando lo peor. Con gran sorpresa por mi parte, vi que no había señales de herida. Ésta se había curado al instante.

He vivido otras experiencias de curaciones físicas espontáneas en situaciones de emergencia. En todos los casos, la razón por la que pude curarme fue que no tuve tiempo para pensar. Como médico, me han enseñado a creer que estas curaciones instantáneas son imposibles. Pero ocurre que en las emergencias, cuando debemos concentrarnos totalmente en la situación y no tenemos tiempo para pensar, no bloqueamos nuestro potencial innato para la autocuración, potencial que, en mi opinión, poseemos todos. Si desarrolláramos una mayor confianza y fe en nuestra propia capacidad curativa interior, las curaciones físicas espontáneas se producirían con mayor frecuencia.

Si bien este pasaje se centra en la curación física, las conclusiones de la doctora Kübler-Ross son aplicables a todos los aspectos de nuestro bienestar.

Si eres un alumno que está realmente dispuesto a estar preparado, asumirás la responsabilidad por todo cuanto has creado. El estado de salud relativo de tu cuerpo, tu atractivo físico, las adicciones o los hábitos nocivos que sirven para impedirte experimentar una salud perfecta: éstas son las consecuencias de tus intenciones a lo largo de una vida. El primer paso consistirá en aceptar la responsabilidad total por todo esto. Luego, examina de nuevo el modo en que has utilizado tu mente hasta llegar a crear el cuerpo físico que alberga tu alma en este glorioso viaje espiritual de nuestra condición humana

A fin de eliminar esa fastidiosa duda y trascender ese viejo modo de pensar y de crear tu cuerpo físico, observa con toda honradez su funcionamiento y a continuación comprométete a un período de prueba con vistas al cambio. Una vez hayas implantado firmemente un nuevo modo de procesar la creación de tu vida física empezarán a presentarse tus maestros como lo han hecho siempre, sólo que ahora estarás en condiciones de aceptar la ayuda que puedan prestarte.

SIETE PASOS PARA MANIFESTAR REALIDAD MÁGICA EN TU SER FÍSICO

Puedes aprender a desarrollar una mayor confianza y fe en la capacidad de tu cuerpo para curarse y permanecer sano. ¿Cómo? Empieza por pasar revista a las siete creencias para alcanzar la realidad mágica que ofrezco en el capítulo 1, aplicadas a tu propio cuerpo físico.

1. *Reconoce la existencia de una fuerza vital invisible en tu interior*
¿Te has dado cuenta de la todopoderosa fuerza vital invisible que hay dentro de ti? Aun cuando nunca puedas experimentarla con tus cinco sentidos, aprende a utilizarla cuando intentes comprender el funcionamiento físico de tu cuerpo. Cuando establezcas contacto con esta fuerza vital de una manera positiva y llena de fe empezarás automáticamente a actuar de acuerdo con lo que esa fuerza interior te dicte. Por ejemplo, si te has convencido a ti mismo de que eres incapaz de tener una buena forma física, de que eres incapaz de realizar ciertas tareas como son el nadar o el correr largas distancias o de que eres enfermizo e incapaz de trascender las enfermedades que aquejan a tu familia, ésta será la dirección que habrá tomado tu cuerpo. Probablemente otros te han enseñado a creer en tales afirmaciones y a ti no se te ocurre otra cosa. Cada día miras tu cuerpo, ves un cuerpo fofo o débil y te dices a ti mismo lo desgraciado que has sido al haber heredado unos huesos grandes o genes que no te permiten tener buena salud. Luego, la fuerza vital que está siempre presente en ti actúa reforzando tus pensamientos.

A fin de ser un alumno preparado, empieza por reexaminar esas voces interiores y, cuando menos, empieza a desafiarlas con fuerza. Del mismo modo que la doctora Kübler-Ross tomó conciencia de la increíble capacidad del cuerpo para curarse a sí mismo instantáneamente, deberás tú también convencerte, al menos mentalmente, del poder de tu cuerpo para curarse y reforzarse.

2. *Debes saber que tus pensamientos tienen su origen en ti*

Líbrate de la creencia de que no controlas tu cuerpo. Shakespeare, en la cita que incluyo al comienzo de este capítulo, hacía referencia a nuestra «voluntad». Sí, tu voluntad es el jardinero que atiende el jardín que llamas tu cuerpo. Esa voluntad es totalmente invisible y, sin embargo, tiene su origen en ti y sólo en ti. Permítete a ti mismo utilizar esa voluntad invisible de tal modo que abra tu mundo físico a lo que parecía imposible. Sepas que tus pensamientos tienen su origen en ti y que controlan todas tus experiencias físicas. Aunque quizá no puedas crear un físico de atleta de categoría mundial que te consiga una medalla de oro olímpica sí tienes la capacidad de ser grandioso, divinamente sano y capaz dentro del cuerpo que ocupas.

Si en verdad tienes fe y actúas a fin de curar tu cuerpo de enfermedades y estados que creías más allá de tu control, descubrirás la realidad mágica. Pero la disposición a utilizar la confianza y el conocimiento sólo te llegarán a través de tu pensamiento. Y cuando poseas ese conocimiento, creas en él y acudas a él a menudo en el modo que yo sugiero aquí no podrás volver a dudar.

3. *Toma conciencia de que no hay límites*

Empieza por reforzar dentro de tu mente la confianza en que no existen dentro del mundo físico límites para que consigas realidad mágica en tu vida. No hay nada que te impida convertir tu enfermedad en buena salud. ¡Nada! Si cuando lees estas líneas te dices: «Se equivoca, no sabe cuál es mi estado», eso será lo que utilizarás en la creación de tu cuerpo físico a medida que sigas leyendo. Tus límites serán aquello que defiendes y en lo que crees, y sólo podrás actuar según tu pensamiento, aun en la creación del cuerpo físico que ocupas. Este cuerpo está en constante recreación, en todos y cada uno de los momentos de tu vida. Las herramientas para su recreación y para la reproducción de las nuevas células que van a sustituir a las viejas están dentro de tu yo invisible, de tu mente. Te diga lo que te diga un equipo médico, sea lo que fuere que experimentas a través de la adicción a sustancias tales como la nicotina, la cafeína o el alcohol, sea cual fuere el desorden alimentario al que tan religiosamente te aferras, todas estas condiciones de tu cuerpo, todas ellas, pueden ser invertidas de manera milagrosa. Pero sólo si sabes y comprendes que las limitaciones que vives son consecuencia de un pensamiento y de una fe limitados. Lo menos que puedes hacer, en lugar de seguir aferrado a tus limitaciones, es dar la vuelta al modo en que vas a procesar tus ideas en relación con tu cuerpo. Es posible, sólo posible, que esas limitaciones físicas que conoces y experimentas sean consecuencia de tu pensamiento.

A medida que te vayas librando de tu pensamiento limitado, los maestros que durante largo tiempo han estado ausentes de tu vida empezarán a aparecer y a guiarte en el camino hacia los milagros. Pero recuerda que el pensar que has de tener limitaciones equivale a poner delante de ti una barricada que no permitirá la aparición en tu vida de esos maestros.

4. *Debes saber que tu vida tiene un propósito*

Es muy probable que tu cuerpo físico haya estado tan carente de propósito como tu yo no físico. Todo en esta Tierra tiene un propósito, incluida tu llegada aquí como ser humano. Todo forma parte de la perfección de este universo inexplicablemente divino y perfecto. Debes dar también un propósito a tu cuerpo.

La pregunta «¿Qué me enseña esto?» debes ahora aplicarla a tu yo físico. Procura de manera seria descubrir la lección que hay en tu incapacidad para lograr ciertas tareas, en el descalabro físico que estás experimentando o en la adicción a sustancias de la que eres objeto. Podrás entonces pasar de centrarte en el sufrimiento a aprender cuanto puedas de tus enfermedades, tus accidentes o tus adicciones. ¿Recuerdas este método? Lo he descrito en el capítulo 1 como camino de iluminación a través de los resultados. Es el camino que antecede al del propósito. Primero viene el sufrimiento, luego los resultados y, en tercer lugar, el propósito. Cuando tienes un propósito no necesitas ya centrarte en la lección porque sabes que tu vida entera es para dar y servir y ofrecer a los demás. Cuando sepas de verdad que tu vida tiene una misión grandiosa y heroica te habrás puesto del lado del ser espiritual con experiencia humana temporal. En consecuencia, para realizar tu misión y ser fiel a tu propósito, proporcionarás automáticamente a tu cuerpo el máximo de estímulo y amor que puedas reunir con vistas a la realización de tu propósito.

Verás que deseas hacer ejercicio con frecuencia, y lo harás con amor y apreciando la perfección representada en tu cuerpo. Acariciarás tu cuerpo físico en tanto que vehículo que alberga tu alma y te asombrarás ante su perfección y su belleza. En ningún momento lo juzgarás ni tendrás pensamientos malsanos al respecto, porque sabrás en tu corazón que tu propósito es de amar y servir y esto significa tener pensamientos armoniosos y generosos hacia todos y todo, incluido tu cuerpo. Cuando te pongas del lado de tu propósito, lo mismo hará tu cuerpo.

Será para ti un gozo alimentarlo adecuadamente, eliminar las sustancias nocivas, curarlo de manera natural y apreciar su perfección. ¡Tu vida tiene un propósito! No olvides estas palabras, tan importantes. Cuando sepas esto y actúes y vivas cada día de acuerdo con ello, los maestros empezarán a aparecer con regularidad y a guiarte hacia la realidad mágica en tu ser físico.

5. *Supera la debilidad dejándola atrás.*

Empieza a acostumbrarte a dejar atrás los hábitos autodestructivos en lugar de intentar vencerlos mediante el pensamiento o la manipulación. Te sorprenderá la rapidez con que eres capaz de abandonar hábitos negativos cuando te pones en concordancia con tu yo espiritual. Es como atravesar una verja que lleva a un jardín de salud y felicidad. Lo que parece tan difícil cuando piensas en función de las limitaciones, es ahora milagrosamente fácil de conseguir. Cuando dejes atrás tus viejos modos de pensar, atrás quedarán también tus viejos modos de ser.

Yo quedé asombrado al descubrir con qué facilidad dejaba la nicotina y la cafeína. Cuando supe sin condiciones que no deseaba ya que estos venenos entraran en mi cuerpo y cuando creí que dejarlos no tenía por qué ser difícil, me liberé fácilmente de estas sustancias. En conjunto, ¡procesé lo que yo pensaba acerca de las adicciones! Cuando creí en mí mismo y vi en mi alma y en mi cuerpo algo divino y precioso, me convertí automáticamente en un ser capaz de crear el milagro de poner fin a mis adicciones. Y, créeme, pasar de ser una persona que fumaba en cantidad y consumía litros de bebidas excitantes al día a ser una persona libre de tales sustancias, resultaba maravilloso.

He tenido ante mí tentaciones innumerables veces, pero en ningún caso me he sentido tentado. He dejado atrás esa parte de mi vida y debo esforzarme mucho por recordarla y creer que en un tiempo fui adicto a tales sustancias.

Son conductas que quedan en el pasado. Regresar a ellas es exactamente igual de imposible que volver a andar a gatas cuando sabemos caminar. Dejarás atrás esos impedimentos a tu viaje de manera automática cuando decidas recorrer los pasos que aquí te indico.

6. *Examina aquello que crees imposible y luego cambia tus creencias*

Si, por ejemplo, crees que el cáncer es incurable, deberás saber que esta posición tuya carece de verdad. Si te consideras relegado a una vida de adicción, enfermedad o malestar, reexaminarás esa creencia y empezarás a aplicar en su lugar el pensamiento mágico.

Las palabras «Es imposible» simbolizan pensamientos. La idea de imposibilidad no constituye una realidad separada de nuestros pensamientos. En un sentido técnico, en el pensamiento, que no tiene dimensiones ni forma, nada es imposible. Verás que tu cuerpo, que ante ti parece una masa sólida, es al examinarlo más atentamente un espacio vacío, o conciencia. De hecho, hemos visto ya que el espacio vacío domina toda materia y, cuanto más potente es el microscopio, mejor podemos ver que, de aquí al infinito, la materia se compone de espacio vacío. Y recordarás, como lo describía en palabras poéticas Robert Frost: «El secreto que está en el centro y sabe».

En el curso de tu vida, no olvides que todas las células del universo, incluidas las de tu cuerpo, están formadas por una fuerza invisible. Olvida el modo en que se pronuncia su nombre o cómo se escribe, olvida la etiqueta. Sepas que está ahí y que nada es imposible en esa dimensión, incluida tu capacidad para utilizar esa fuerza vital y hacer de tu vida en un sentido físico cuanto desees que ésta sea. Los milagros sólo podrán tener lugar cuando te hayas librado de ese concepto de lo imposible y te permitas experimentar la magia de creer.

7. *Ve más allá de la lógica.*

Deja de apoyarte con tanta fuerza en tu mente racional como guía. La mente racional nos hace jugarretas y nos engaña. No podemos explicar de manera lógica nuestra mente, dónde está situada, dónde estaba antes de que apareciéramos aquí en esta forma ni a dónde va cuando nos vamos nosotros.

Hay una larga lista de cosas que desafían la explicación racional. ¿Qué es un pensamiento? ¿Cómo se relacionan entre sí los pensamientos? ¿Cómo pueden saber las madres lo que piensan sus bebés? ¿Qué es lo que permite a los gansos volar en formación sin haber sido preparados para ello? ¿Cómo puede un salmón volver a su lugar de cría? El hecho de que un corazón empiece a latir en el útero de la madre a las seis o siete semanas de la concepción es un total misterio para los más grandes científicos racionalistas del planeta. Si ni siquiera podemos iniciar una explicación de qué es la vida, y mucho menos de por qué pensamos, ¿por qué hemos de apoyarnos con tanta fuerza en ese aspecto racional y cerebral de nuestra condición humana en cuanto a lo que podemos o no lograr?

Todas y cada una de las células de tu cuerpo contienen la fuerza energética del universo en ellas. En lugar de percibirte a ti mismo como un ser humano en la inmensidad del universo, intenta hacer lo contrario. Intenta imaginar que el mundo está dentro de ti. El mundo y toda su magia están presentes y a tu alcance en cada una de las células de tu cuerpo. Si intentas explicar los milagros a través de la lógica y el análisis racional, verás que pronto vuelves a pensar en la imposibilidad de todo esto. Quedarás atrapado en tus viejos esquemas, impotente y sin esperanza ni posibilidades a las que recurrir.

Permítete el lujo de creer en la divinidad de tu propia alma. Permítete saber que cada uno de tus pensamientos constituye un milagro que no puede ser explicado mediante un discurso lógico y científico. Sabe que tú, cuerpo y alma, eres un milagro y que nada de lo que puedas imaginar en tu mente es imposible. Incluso la creación de la vida misma procede de esa dimensión imposible del pensamiento.

Éstos son lo siete pasos que conducen a la realidad mágica y a los que hemos pasado revista con el fin de aplicarlos a tu yo físico. El camino hacia la creación real de ese nuevo yo, como en todo cuanto se pueda aprender, empieza y termina en tu yo invisible, en ese lugar sin límites donde se ponen en movimiento originalmente todas tus acciones: en tu mente mágica.

CÓMO CREAR MILAGROS DE SALUD Y CURACIÓN

José Silva, fundador del método de Control Mental Silva, es un hombre al que admiro desde hace mucho tiempo. Yo he utilizado durante muchos años el método de Silva para la representación de imágenes, que me ha ayudado a superar enfermedades y accidentes y a evitar operaciones quirúrgicas. Conseguí curarme una hernia que me habían aconsejado me operara. Evidentemente, tengo una gran fe en el poder de la mente para curar y ayudarnos a crear estados de salud cada vez más elevados.

La siguiente cita ha sido extraída del prólogo del soberbio libro de

Silva *You The Healer*. Estoy totalmente de acuerdo con lo que dice el autor. Este hombre ha ayudado a millones de personas a utilizar la mente para crear una salud perfecta. Te insto a que busques sus libros y cintas e incluso a que asistas a sus sesiones de preparación, que se celebran por todo el país:

- No tienes por qué vivir en la enfermedad.
- No tienes por qué morir debido a mala salud.
- Tu estado natural es el estar sano.
- Tienes derecho a vivir una vida perfectamente sana hasta el día mismo en que mueras de causa natural.

Hay una gran fuerza en estas palabras. ¿Qué otra cosa podemos desear en lo que concierne a nuestro cuerpo físico? Simplemente estar sanos, contentos, plenamente vivos y libres de enfermedad. Y sin embargo, muchos de nosotros están muy lejos de lograrlo.

Hace unos años, mi esposa y yo pasamos una temporada en la isla de Bali, en Indonesia. Nos fascinó el modo en que las gentes de allí se relacionaban. Tenían muy poco en cuanto a posesiones materiales y vivían por lo general de unos ingresos familiares medios de menos de cincuenta dólares al mes, pero esto no parecía importarles mucho. Era una gente que observaba un silencio muy notable, aun en el caso de las familias numerosas cuyos hijos dormían en suelos de tierra bajo techos de paja, y se miraban a los ojos y no a la cartera. Pero lo que no vimos hasta regresar a casa fue lo poco saludables que parecemos los occidentales en comparación con los balineses.

Al llegar a San Francisco para coger otro avión que debía llevarnos a la costa Este, Marcie y yo nos miramos al mismo tiempo al subir al avión y sentarnos, y nuestra reacción fue idéntica. El aspecto de la mayoría de los pasajeros nos chocó. Casi todas las personas que nos rodeaban mostraban pruebas de ansiedad en la piel y en los ojos y parecían estar excesivamente gordas. No habíamos visto nada de esto en Bali donde, aunque la gente vivía en la pobreza, abundaban los alimentos sanos debido a su situación en un exuberante clima de bosque de lluvia del ecuador. No vimos a ninguna persona excesivamente gorda ni a nadie que no pareciera estar en forma físicamente.

Nos sorprendió el que nuestros compañeros de viaje parecieran incapaces de mirarse a los ojos, como un ejemplo de la inclinación occidental a ver en el otro la cartera y las posesiones. Esta actitud, combinada con las pruebas de deterioro físico, ofrecían un marcado contraste con las gentes que habíamos visto en Bali. Me pareció evidente que tanto los balineses como los occidentales mostraban pruebas físicas de su esquema mental interior.

Y sin embargo, la mayoría de los pasajeros del avión no habría pensado ni por un instante que su aspecto físico tuviera nada que ver con lo que pensaban por dentro. Si se les hubiera preguntado por qué se sentían tan mal o tan fatigados, o por qué tenían tantos resfriados o ataques de gripe, o por qué dedicaban tanto esfuerzo y dinero a tomar calmantes y antibióticos, probablemente habrían atribuido estas cosas al estrés de los tiempos modernos. Pero no tiene por qué ser así. Tu salud y tus capacidades curativas se hallan dentro de ti y sólo dentro de ti.

Silva presenta numerosos casos de personas a las que se les dijo que tenían dolencias físicas que estaban más allá de su control. Habla por ejemplo de un hombre que era cuadripléjico desde hacía dieciocho años, con parálisis total de un lado del cuerpo y el otro paralizado en un ocho por ciento. Se le había diagnosticado esclerosis múltiple, una enfermedad progresiva incurable. Este hombre aprendió a llegar al estado alfa del que hablo en la sección sobre meditación del capítulo 3.

En su primer día de preparación, el hombre observó cierta sensación en el dedo meñique. A partir de ahí, empezó a fijarse metas físicas que tenían su origen en el recién hallado poder curativo mediante imágenes a través del estado alfa de conciencia superior. A los ocho meses de preparación diaria mediante meditación alfa, pudo conducir un coche, aun cuando seguía moviéndose en silla de ruedas. Decidió entonces que quería subir escaleras y andar solo. En catorce meses de deliberada preparación mental, creó su milagro y subió aquellas escaleras.

Lo que aquí importa es la medida en que esto tiene una relación específica contigo. El mensaje que deseo impartir es el de que tú eres capaz de imaginar para ti el más elevado estado de salud física dentro de los confines de tu mente. Y estas imágenes, estas películas mentales, constituyen la materia misma a partir de la cual se hacen los milagros.

Son numerosísimas las historias de personas que han conseguido hacer realidad milagros de curación física. Uno de los libros más profundos sobre el tema que yo he leído es *The Cancer Conqueror*, de

Greg Anderson. Se trata de una parábola basada en las verdades aprendidas por Greg durante sus dos brotes de cáncer en que salió del hospital supuestamente para morir. Después de que le dijeran que no iba a vivir más de treinta días, la experiencia de Greg lo ha llevado a sentir un nuevo respeto por el poder del espíritu humano en la superación de la enfermedad. Si bien el libro se presenta en forma de parábola, su historia personal es real y representa un dramático testimonio de lo que yo estoy diciendo acerca de la manifestación de milagros. No se trata de ese enfoque del milagro según el cual hay que esperar a que las cosas se solucionen. Como dice Greg, «te conviertes en conquistador del cáncer no porque haya una remisión... te conviertes en conquistador del cáncer porque eliges ser una nueva persona».

Descubrió en qué medida el temor, la ira y el pesar afectan el sistema inmunológico. Descubrió también que el amor incondicional, la paz interior, dar amor, reducir las expectativas propias en cuanto a los demás y sintonizar con el poderoso efecto de la meditación y la imaginación constituían las semillas para derrotar al cáncer que se expandía en su cuerpo. Tuvo que cambiar el conjunto de su conciencia desde una actitud no espiritual a otra espiritual y, en el curso de este proceso, consiguió restablecer de manera mágica su propia capacidad curativa. Se trata en verdad de un viaje increíble. Te recomiendo que leas este maravilloso libro y se lo des a leer a cualquier conocido a quien hayan diagnosticado un cáncer.

Sin embargo, la clave para hacer milagros no está en la lectura de un libro ni en escuchar las palabras de otra persona. La clave está en saber, cuando se te dice que tienes algún tipo de dolencia física, que puedes o bien prepararte para el sufrimiento o bien prepararte para la curación. Mi intención aquí no es hacer un comentario de desprestigio en relación con el colectivo médico. De hecho, la medicina ha avanzado enormemente en la erradicación del proceso morboso de muchos estados físicos. Además, en los últimos años, se ha investigado intensamente en la práctica acerca del poder de la mente y de cómo enseñar a las personas a utilizar su yo interior en el tratamiento de sus enfermedades.

Una de las personas a quienes más admiro, alguien a quien considero como un amigo querido y un alma gemela, es también un fantástico doctor en medicina. Se trata de Deepak Chopra, autor al que ya he hecho referencia. Entre sus apasionantes libros están *Perfect Health*,

Quantum Healing, *Unconditional Life*, *The Return of de Rishi* y *Creating Health*. Analiza las siguientes palabras del doctor Chopra en *Perfect Health* en las que habla de cómo convertirse en curadores o en lo que yo llamo hacedores de milagros:

> Sin embargo, una verdad primaria sale a la luz cuando profundizamos en la patogénesis de la enfermedad: toda enfermedad es resultado de una perturbación en el fluir de la inteligencia. Cuando la gente habla de inteligencia se refiere casi de manera automática al intelecto y a la capacidad para manejar conceptos. Sin embargo, la inteligencia no se halla simplemente en la cabeza. Su expresión podemos hallarla al nivel subcelular, al nivel celular o tisular o al nivel del sistema nervioso central... Si bien podemos situar todos estos niveles de inteligencia, no podemos situar la inteligencia en sí. La inteligencia impregna todos sus niveles de expresión; es omnipresente en nosotros y universal por naturaleza. La inteligencia es la mente... su ámbito abarca el cosmos. Sería erróneo creer que funciona sólo a partir del interior de los confines del cerebro. En este sentido, todos los procesos malsanos tienen su origen en este estadio más amplio de la mente. Y lo mismo ocurre con la salud.

Es ésta una idea inquietante para los no iniciados en la creencia en los milagros y en la realidad mágica. Tu salud es el resultado de una inteligencia que se halla en todas y cada una de la células de tu cuerpo, y esta inteligencia no es ni visible ni identificable. Esta inteligencia invisible no es de carácter local. No se halla ubicada sólo en tu cerebro, sino en cada una de las células, en cada neurona, en cada hormona y en cada anticuerpo que forman parte de ti. Tu esencia misma es en realidad esa inteligencia invisible. A fin de crear para ti una salud perfecta es necesario que comprendas que la mente es el lugar donde lo procesamos todo y decidimos acerca de la realidad física que vamos a vivir.

No debes sentirte culpable en relación con tus dolencias, ya que la culpa no hará más que inmovilizar tu sistema inmunológico y contribuir a bloquear tu capacidad para alcanzar un mejor estado de salud. En lugar de sentirte culpable, prueba a hacerte esta pregunta: «¿Qué lección puedo sacar de esta enfermedad o de esta falta de salud? ¿Qué me enseña esto?». A continuación, dedícate a aplicar tu nueva conciencia en relación con el poder de la mente a alterar ese estado debilitador que antes habías aceptado como tu destino.

El doctor Abraham Maslow dedicó una gran parte de su vida al estudio de lo que llamaba autoactualizadores. En *El cielo es el límite** yo hablaba extensamente acerca de las cualidades de estas personas. Una característica que llamaba la atención al observar la vida de estas personas tan especiales era el hecho de que, enfrentados a problemas aparentemente insuperables, buscaban siempre la solución en su interior. Aquellos que vivían gozando de una gran salud y bienestar encontraban dentro de su mente la respuesta a sus problemas existenciales. Se negaban a buscar fuera de sí mismos la culpa o el elixir mágico de la curación.

En *Creating Health*, Deepak Chopra dice lo siguiente: «La posibilidad de pasar a un plano superior es muy real para todo el mundo. No requiere fuerza, esfuerzo o sacrificio. Apenas hay que hacer otra cosa que cambiar de idea acerca de lo que es normal». He preferido no incluir una larga serie de casos de personas que han superado enfermedades incurables ya que no es ésta la finalidad de este libro. Te escribo a ti, a esa inteligencia invisible que impregna tu cuerpo. Si no crees en tu capacidad para crear un milagro en tu salud física, ni un millón de historias de ese tipo iban a convencerte. Si crees en ella, no es preciso que te recuerde a otros que te han precedido en este camino.

Por ahora, cuando explores el reino de los milagros en cuanto a tus capacidades físicas, ten presente la visión de lo que para ti constituiría un milagro curativo personal. Al término de este capítulo ofrezco unas ideas para adecuar tu mente a los milagros en tu cuerpo.

CÓMO CREAR MILAGROS EN TUS CAPACIDADES FÍSICAS

¿Qué cosas son las que siempre has soñado lograr pero que para que sucedieran haría falta un milagro? Una vez más debes desplazar tu conciencia interior a un lugar de posibilidades ilimitadas. Y, al igual que antes, te aguarda un milagro en este campo de tu vida. ¡Te lo prometo!

Cuando yo tenía veintiocho años, la idea de correr una maratón de cuarenta y dos kilómetros era algo simplemente inaudito para mí. Habría hecho falta un milagro para que, en aquel momento de mi vida, yo fuese capaz de correr durante casi cuatro horas sin parar. Sin

* Publicado por Grijalbo en esta colección.

embargo, he corrido desde entonces siete maratones y he superado la marca de los quince años corriendo un mínimo de doce kilómetros al día sin fallar ni uno sólo. El milagro de ayer es la realidad de hoy. El milagro de hoy será la realidad de mañana.

¿Cómo corrí entonces cuarenta kilómetros sin parar? Teniendo en mente el pensamiento de que podía hacerlo y, luego, negándome a dudar de ello o a tenerle miedo. El resto fue fácil. No fue necesario que me dieran instrucciones ni que otra persona me mostrara el camino. Una vez fijé la idea en el pensamiento, lo único que tuve que hacer fue adoptar la posición necesaria para que la visión no se evaporara. El cuerpo hace lo que se quiera que haga con ese omnipresente jardinero del que hablaba Shakespeare: la voluntad.

También es importante señalar que, en este momento en que estás sentado leyendo estas palabras, has creado la realidad a la que tu cuerpo físico puede aspirar en esta fecha. Todo cuanto eres capaz o incapaz de lograr fluye de lo que hemos decidido dentro de esa esfera invisible que llamamos mente, donde tienen su origen todos nuestros pensamientos y donde en última instancia tiene también su origen nuestra realidad física.

La siguiente historia apareció en el *Maui News* del domingo 23 de junio de 1991, en la sección de deportes. La firmaba Hal Bock, comentarista deportivo de Associated Press.

La declaración merece al menos un redoble de tambor, aunque Jim Law no lo dice de manera dramática, sino como lo más natural del mundo.

—No sé si seguiría vivo hoy de no ser por los Juegos para Veteranos.

Ni más ni menos. Una simple cuestión de vida o muerte. Law es profesor de psicología en la universidad Johnson C. Smith de Charlotte, Carolina del Norte. Hace cinco años, a la edad de sesenta, iba a participar en los Juegos para Veteranos —no en un ejercicio agotador, sino en la modalidad de ping-pong— y acudió al doctor para que le hiciera un chequeo rutinario. Se enteró entonces de que su índice de colesterol era de 322.

Trescientos veintidós.

Lo normal es por debajo de 200, el límite de peligrosidad de 200-239 y el alto riesgo por encima de 240.

Jim Law daba 322 y sabía por qué.

—Helados, comidas rápidas, carne roja, tabaco —dijo—. Todas las cosas sabrosas. Y un estilo de vida sedentario.

Se parece a la dieta del norteamericano medio.

Convenientemente alarmado, Law empezó a hacer ejercicio y a comer como era debido. Empezó a correr y se pasó de las grasas a la fruta y de la carne roja a las verduras verdes. Perdió rápidamente diez kilos y su colesterol descendió a la cifra totalmente aceptable de 188. Pero la cosa no había acabado aquí.

—En cuatro meses, bajé hasta 127 —dijo—. Empecé a sentirme mejor al perder peso. Si no hacía ejercicio, me sentía mal. Seguí adelante porque era una buena causa: yo.

Aurelia, la esposa de Law, tiene sesenta y tres años y corre con él.

—Un día, en una carrera, se puso a resoplar y resollar —dijo él—. Un hombre de unos setenta y tres años la cogió del brazo y dijo: «No se preocupe. Lo único que tenemos que hacer es llegar antes de que se ponga el sol».

Mucho mejor le va a Law. Corriendo los 100, 200 y 400 en los Juegos para Veteranos de 1989 ganó tres medallas de oro y consiguió tres récords para su grupo de edad. Sus mejores tiempos al aire libre son 12,71, 26,10 y 59,39, los primeros de ellos récords norteamericanos y el tercero récord mundial.

¿Hasta dónde llega su celo en esta competición? Los corredores veteranos están divididos en grupos de cinco en cinco años. Al día siguiente de cumplir los sesenta y cinco, Law estaba ansioso por probar en la siguiente categoría y condujo mil kilómetros para poder participar en un acontecimiento deportivo.

Imagina: un hombre de sesenta y pico que transforma totalmente su vida. A partir de la perspectiva del exceso de peso y de un índice de colesterol que marcaba «pánico», se puso a trabajar en su mente y creó para sí una vida que en otro tiempo sabía era imposible. Cuando sabía que era imposible actuaba de acuerdo con su pensamiento y comía helados y veía televisión. Cuando supo en su mente que era posible otra cosa, actuó en consecuencia y se produjo así un milagro en su vida.

Posees la capacidad interior de imaginar para ti cualquier cosa que entre dentro del reino de la realidad mágica. ¡Cualquier cosa! Una vez tengas esa visión, serás capaz de utilizar las instrucciones que se ofrecen a lo largo de todo este libro para hacer de ese milagro tu realidad. Y recibirás toda la guía divina que necesites en el proceso. Esto es aplicable a prácticamente cualquier cosa que puedas imaginar para ti como logro que ahora *parece* imposible. La misma estrategia que sirve para hacer realidad milagros en tus logros físicos sirve para todas las demás áreas de tu vida. Sólo podrás tener acceso a la realidad mágica si abandonas la duda y el temor y te conviertes en un ser espiritual.

Déjame que te cuente una experiencia que viví en este área, la de llegar a un nivel que no había conocido nunca antes, algo que a mí me parecía imposible alcanzar hasta que me convertí en un auténtico ser espiritual con experiencia humana.

Estaba jugando un partido de tenis con un tenista muy bueno; llevábamos batallando el uno con el otro bajo el ardiente sol durante más de tres horas. Yo había ganado el primer set y Tom el segundo; entonces, empezó a ocurrir algo muy extraño. Sentí que había a mi lado en la cancha de tenis una presencia que me decía algo. Yo llevaba ya años haciendo meditación y estaba totalmente convencido de que se podía acceder a la guía divina o a lo que solemos llamar intuición. Naturalmente, nadie es capaz de definir de manera explícita el conocimiento interior o la intuición, pero todos sabemos de qué hablamos cuando se mencionan.

Empezó a ocurrir algo muy extraño. Yo no conseguía apuntarme un solo tanto, aunque estaba jugando excelentemente. Tom parecía hallarse en lo que los tenistas expertos llaman una «zona» y otros llaman «flujo», algo de lo que hablo en el capítulo 5 (otros lo llaman estar inconsciente). No se perdía uno solo de mis lanzamientos y hasta las pelotas que le daban directamente a él a una gran velocidad cuando se retiraba para protegerse rebotaban de algún modo en su raqueta y aterrizaban en mi campo dándole el tanto a él. Era como si mi guía invisible se estuviera riendo de mí, y pronto me puse a reír yo también estruendosamente ante lo que estaba ocurriendo.

Tom lanzó una pelota alta que pasó por encima de mi cabeza en dirección a la valla. Yo levanté la mirada y vi que iba a caer fuera del terreno al menos dos metros. De repente, saliendo de la quietud, un viento inexistente un momento antes levantó la pelota muy por encima de mi cabeza y, literalmente, la devolvió en una ráfaga haciéndola aterrizar limpiamente en la línea de base trasera y dándole un tanto a Tom. Yo estaba desconcertado. Esta especie de milagro estaba ya produciéndose juego tras juego, y una voz interior decía: «Anímate, Wayne, no te lo tomes tan en serio. No es para tanto. Relájate y diviértete, y verás cómo no pasa nada».

Supe que no estaba allí solo y que se me estaba enseñando una valiosa lección. Perdí cinco juegos consecutivos al comienzo del tercer set pero, de algún modo, sabía que si no perdía la compostura, dejaba de luchar y de sentirme frustrado y enviaba mi amor y mis felicitaciones a Tom todo iría bien. El marcador estaba en 0-5, y yo había jugado excelentemente.

Cuando cambiamos de campo para jugar el set definitivo, oí literalmente esto: «Medita para llegar al final del partido. Desentiéndete y trata este juego como si fuera una meditación». No pude creer la transformación que se produjo. Me desentendí de todo mi mundo físico, literalmente de todo. El entorno, el sol, la gente congregada viendo el partido, la cancha, mi raqueta, todo. Entré por completo en mi mente y empecé a repetir mi *mantra*. Mi cerebro pasó inmediatamente a alfa y sentí aquella increíble ligereza del ser que he descrito antes al hablar de la meditación. Ni siquiera veía a mi contrincante. Pasé realmente a ser uno con la pelota. Todo dio la vuelta. No fallaba un solo disparo. Me sentía capaz de volar, aun cuando llevábamos horas jugando bajo el sol. Sentía las piernas fuertes y tenía el conocimiento interior de que era capaz de recoger cualquier pelota.

Al cambiar de campo me limité a repetir mi *mantra* una y otra vez en silencio y sentí una maravillosa euforia. Gané siete juegos seguidos sin perder más que unos tantos.

Terminado el partido, Tom vino y me dijo: «¿Qué te pasaba? Incluso parecías diferente. Nunca te había visto tan concentrado, tan confiado y tranquilo. Ni siquiera me sabe mal haber perdido después de haber llegado a 5-0, porque yo he jugado bien, pero, de algún modo, tú has estado sublime durante siete juegos seguidos».

Esta experiencia ocurrió hace unos años. Yo no estaba solo, y sabía que estaba teniendo lugar algo mágico. Fue la misma lección que tuve que aprender aquel día cuando meditaba debajo del árbol e intentaba hacer que la flor se desprendiera de la rama. «No exijas nada, suéltate y estáte dispuesto a permitir que ocurra un milagro sin ningún tipo de insistencia, y entonces vendrá a ti todo cuanto necesites.» Cuando desistí, la flor aterrizó en mi mano y me dio el mensaje que necesitaba. Creo que esto es cierto en cuanto a todo aquello que se pueda desear lograr en la vida. Prodiga amor y armonía, pon tu mente y tu cuerpo en paz y deja luego que el universo funcione de la manera perfecta en que sabe hacerlo. Durante aquellos siete juegos, mi cuerpo estuvo en total armonía con mi mente. Sustituí la duda y el temor por el conocimiento y la confianza y pude así rendir a un nivel superior al que hubiera logrado nunca, y ello porque vi aquel partido de tenis más como una meditación que como un encuentro.

Esos momentos milagrosos que algunos llaman «zonificación» o estar inconsciente pueden alcanzarse en cualquier área de la vida y forman parte de una filosofía inmemorial, como atestiguan las palabras de Lao Zi escritas hace más de dos mil años:

> *Incluso la mejor voluntad del mundo, cuando es forzada,*
> *no consigue nada.*
> *La más grande rectitud, cuando es forzada,*
> *no consigue nada.*
> *La mejor forma, cuando es forzada,*
> *no sale como es debido...*

Tus grandes logros físicos todavía por venir son en verdad milagros para ti según los contemplas hoy. Entra en la apacible soledad de tu mente. Accede a esa parte superior de ti mismo y sepas que no estás solo. Deja de competir con los demás y utiliza la mente para permitir que tu yo físico suba a su nivel más alto. Sigue las pautas para la creación de un esquema mental milagroso que ofrezco al término de este capítulo.

ALGO ACERCA DE LAS ADICCIONES Y LOS MILAGROS

Si has pasado una parte de tu vida sometido a una adicción a algo nocivo para tu cuerpo, estoy seguro de que, en tu pensamiento, liberarte de esa sustancia o de esa actividad constituiría un milagro. Si has sido víctima de un desorden alimentario o ha habido un tiempo en que sabías que tu cuerpo estaba en mala forma debido a alguna mala conducta por tu parte, un milagro sería para ti verte libre de ese estado. Si has sido adicto a la nicotina, a la cafeína, a la marihuana, a la cocaína, al alcohol o a drogas aún más duras y simplemente te ha sido imposible dejar de depender de esas sustancias, verte limpio y físicamente libre de ellas constituiría en verdad tu milagro en el reino físico.

La mayoría de la gente se ha creado un sistema de defensa para sus adicciones particulares, defiende sus hábitos y pelea por ellos. Llega a intentar convencer a los demás de que su adicción no es en realidad un problema, de que podría abandonarla si quisiera o transformar sus vidas si así lo decidiera. «¿Para qué vivir si no se puede disfrutar?», es su credo defensivo. En efecto, los adictos (entre los que puede incluirse a casi todo el mundo a uno u otro niveles) quieren que los demás crean que no tienen ningún problema.

Pero sí, en ese lugar invisible donde la verdad nos golpea en el rostro a pesar de todas las negativas de cara al exterior, todo adicto sabe que tiene un problema y que haría mejor no siguiendo envenenándose. Cree que necesita más valor o fuerza o voluntad de cambiar.

Puedes servirte de toda la ayuda que esté a tu alcance, ingresar en los grupos de apoyo adecuados, conseguir la mejor atención médica y psicológica del mundo y, a pesar de todo, cuando cambia tu viejo hábito y experimentas el milagro que representa librarte de una adicción debes hacerlo solo. Debes tomar la decisión en tu mente y luego ponerla en práctica en el mundo material y físico. Nadie más puede hacerlo por ti. Y tú tampoco lo harás si te ves solo en tanto que ser físico. La decisión ha de salir de ese lugar interior e invisible.

Es importante que recuerdes una vez más que la ley universal que ha permitido a alguien superar una adicción seria no ha sido revocada. No importa hasta dónde hayas llegado, tienes en ti la capacidad de hacer de tu vida un milagro y librarte de la adicción.

He aquí una carta que me dirigió hace un tiempo una mujer que decidió volver al camino de «la salud» y crear un milagro. Cuando el alumno estuvo de verdad preparado, apareció el maestro. Esta historia no es ficción. He conocido a Kathy y he aparecido con ella en la televisión nacional, donde tuvo el valor de contar su historia a millones de telespectadores.

Querido Wayne,
Después de leer tus libros, escuchar tus cintas (¡TODAS ELLAS al menos mil veces!) y por fin tener la oportunidad de oírte hablar en persona el pasado mayo aquí en Seattle, estoy preparada para escribirte. Preparada, digo, porque la primera vez que oí una cinta tuya hace años busqué cuanto pude encontrar tuyo o que hablara de ti a fin de alimentar la penosa «pasión» que sentía por ti, pasión que se convirtió en asombro y asombro que se convirtió en admiración, y esta admiración a su vez se convirtió en la conciencia de que, sea por lo que fuere, has pasado a ser un mentor en mi vida. No deseo aburrirte con los detalles del modo en que me salvaste literalmente la vida, estoy segura de que recibes cartas como ésta a centenares... pero quiero que sepas de dónde vengo, que comprendas hasta dónde he llegado y el impacto que produjiste en mi vida.

En 1982 terminaba un año de mi vida que me había arrojado a lo más hondo de mi realidad. Yo era una prostituta ansiosa de vodka y cocaína, me había casado a los diecisiete años y divorciado a los veintidós, había sufrido cuatro abortos y había intentado suicidarme dos veces. Precisamente en esa época conocí a mi actual esposo, que sentía una fuerte atracción por las prostitutas y tenía una fuerte adicción a la cocaína. Empezamos a alimentar uno las pesadillas del otro y nuestro desespero se duplicó. Nos pusimos a transitar por la vía rápida, poniéndonos «a tono» durante días y días con bebida y drogas. Recuerdo que una mañana desperté y pensé para mis adentros: «No voy a vivir para ver mis treinta años. Voy a morir».

Un día, había ido yo a una librería a comprar un libro para el cumpleaños de mi hermana cuando observé unos casetes expuestos en una estantería. Por alguna razón, me intrigaron aquellas cintas que decían «cómo cambiar tu vida». Vi tu rostro en la carátula de una de las cajas y me dirigí hacia ella. Sé que esto debe de parecer extraño, pero a partir de aquel momento mi vida cambió totalmente. Compré todas las cintas tuyas que tenían en la tienda y también todos tus libros. Pedí a mi esposo que las escuchara y las escuchamos juntos día sí y día no. ¡Encontré la serie Nightingale/Conant, y las pedí todas! Poco a poco nuestras vidas empezaron a cambiar. Sin necesidad de acudir a un centro de desintoxicación, a Alcohólicos Anónimos o a un grupo de apoyo, hemos pasado del alcohol y de las drogas ya hace más de cinco años.

¡Llevamos una vida que antes nos parecía totalmente fuera de nuestro alcance, incluso en nuestros sueños más fantásticos! Tenemos una bonita casa, una corporación que se ocupa de dos compañías individuales, y estamos en la actualidad empezando una familia. ¡Controlamos totalmente nuestras vidas y nos sentimos sin límites! Ansiaba verte personalmente, y te vi el mes de mayo pasado. Quería darte las gracias. Es imposible explicar cómo alguien a quien no había visto nunca llegó a tener tanta fuerza en mi vida, pero esto en realidad no importa. El caso es que nuestras vidas han cambiado para siempre y que he aprendido que no hay nada más flexible que el espíritu humano y que quizá no sepamos nunca qué es lo que nos empuja en una dirección u otra (buena o mala). ¡Quiero darte las gracias desde el fondo de mi corazón por hacer lo que estás haciendo! «Sacar a la calle» una información más necesaria de lo que puedas imaginar. ¡Estás cambiando las vidas de miles de personas, Wayne! Gracias por escuchar a tu yo superior y compartir su voz con nosotros.

Te saludo personalmente con afecto,

KATHY

Para Kathy, que es ahora una madre hermosa y satisfecha y una mujer de negocios feliz y de éxito, que tiene un matrimonio y una relación espirituales, su vida es un milagro. ¿Quién habría podido pensar allá en 1982 que este resultado pudiera ser posible? Los milagros en tu mundo físico, ya se trate de la autocuración o de alcanzar una salud física óptima, de librarte de una adicción o de alcanzar un logro largo tiempo anhelado, dependen todos ellos del modo en que tú, en tanto que ser espiritual, decidas utilizar tu mente invisible y la guía que tienes a tu alcance.

He aquí algunas sugerencias concretas para hacer de esto tu propia realidad personal en un breve repaso al esquema mental necesario para la creación de milagros.

CÓMO HACER REALIDAD MILAGROS EN TU REINO FÍSICO

La fórmula para permitir la aparición de milagros en tu vida incluye un papel activo para reprogramarte a fin de crear lo que antes creías imposible, así como el uso de las siguientes pautas para un esquema mental milagroso adaptadas a partir del capítulo 3.

• *Resérvate los juicios y la incredulidad practicando las afirmaciones.* Como parte de tu agenda diaria, practica las siguientes afirmaciones que te ayudarán a eliminar las dudas y los juicios que te impiden pasar al siguiente nivel en el plano físico:

Me hallo en el proceso de creación del milagro que merezco.
Estoy dispuesto a abandonar aquello que me ha inhibido hasta la fecha.
Confío en que no voy a estar solo y en que voy a recibir guía cuando esté preparado.
Estoy preparado.
Sé que poseo la capacidad de lograr cualquier cosa que mi mente pueda concebir.
Estoy dispuesto a hacer lo que haga falta para convertir mi sueño en realidad.

Utiliza estas afirmaciones y otras similares expresadas por ti mismo. Dichas en voz alta y repetidamente, te ayudarán a eliminar la incredulidad.

• *Crea una zona de realidad mágica escuchando atentamente a tu cuerpo y todo cuanto éste te diga.* Es ésta tu zona de realidad mágica privada, que no tienes por qué compartir con nadie más. Si te sientes fofo, enfermo, cansado, ansioso o aletargado o tienes dolores o cualquier otro síntoma físico, deberás decirte a ti mismo: «¿Qué es lo que me dice mi cuerpo? ¿Qué lección he de sacar de esto?». Limítate a escuchar y toma nota de lo que oyes. No pasará mucho tiempo antes de que recibas el mensaje que te da tu cuerpo.

Hazme hacer ejercicio. Aborrezco estar aquí sentado poniéndome fofo.

Presta atención. Deja de meterme tanta comida.

Aborrezco el azúcar y por eso te doy dolores de cabeza.

Me encanta que me des grandes cantidades de agua limpia y filtrada. Eso me ayuda a eliminar toxinas.

Utiliza en mí esos aceites y esas cremas que dan frescura a mi piel.

¡Basta ya de drogas, por favor! ¿Por qué crees que respondo con resacas, resuello, aletargamiento, obnubilación, hablar gangoso, ansiedad, aumento de la presión sanguínea, taquicardia, congestiones, tos y demás?

Escucha a tu cuerpo y éste te dirá exactamente lo que necesitas saber. Cada una de las células de tu cuerpo tiene en sí una inteligencia universal e infinita. Alimenta esa inteligencia, venérala y trátala con la santidad que merece. Los milagros serán tu recompensa.

• *Afírmate en tanto que persona sin límites practicando nuevas áreas de actividad.* Observa qué es lo que estabas absolutamente seguro de no poder lograr hace un año. Digamos, por ejemplo, que se trata de poder correr un kilómetro sin parar. O de pasar un año entero sin un resfriado o veintiún días sin tomar una copa. O bien de pasarte una semana con una reducción del cincuenta por ciento de la consumición de grasas. Estos ejemplos son muy específicos, pero no necesitan serlo para que tengas el esquema mental que te haga ser capaz de ir más allá de limitaciones impuestas por ti mismo.

Escoge una limitación y observa en realidad en tu mente cómo la superas primero un día y luego otro. Créate tu propio desafío personal, pasar a un nuevo nivel. Un kilómetro, un día, un año, pero todo de día en día. Te sorprenderán los resultados, que empezaron con un pensamiento. Verás cómo acabas creyendo que no hay nada que no puedas lograr si lo decides en tu mente y crees en ello. Éstos son los circuitos interiores que mueven al hacedor de milagros.

• *Confía en aquellas corazonadas e intuiciones que tienen que ver con tu cuerpo físico.* Presta atención a todo cuanto parezca ser una inclinación enorme y poderosa dentro de ti. Escucha y sigue esos dictados interiores. Tus voces interiores te dirán a quién debes eludir, a quién debes buscar, qué leer, en quién confiar, qué comer, cuándo hacer ejercicio y cuándo descansar. Por supuesto, desearás buscar la ayuda de otras personas enteradas, pero cuídate de aquellos que te digan lo que no es posible para ti. Al menos, ve su negatividad como una gran lección para ti y utiliza esta lección para ir más allá de los límites que están intentando imponerte. Sepas que no estás solo y confía en que vas a recibir la guía adecuada. Llénate de asombro y maravíllate ante la enormidad y el misterio de los mensajes que te transmite tu yo no físico en relación con tu yo físico. Verás que experimentas los milagros de los que yo te hablo.

• *Empieza a confiar en el secreto que está centrado en el centro y sabe.* Aunque quizá no hayas accedido todavía a tu yo superior, éste forma parte de ti. Confía en la inteligencia callada e invisible que fluye a través de tu forma. Acude a ella a menudo en meditación y pregunta simplemente: «¿Cómo puedo dar mi vida a los demás?» o «¿Cómo puedo ser útil?». «Guíame para convertirte la persona mejor y con un propósito más claro posible.»

Descubrirás que, a fin de dar de ti mismo en una vida de propósito, desearás ser todo lo sano, positivo y confiado en tu propia divinidad que sea posible. Esto te ayudará a ponerte en el camino que lleva a los milagros físicos y la realidad mágica.

Después de cada sesión de meditación siempre me siento capaz de lograr cualquier cosa y estoy lleno de un amor y un asombro enormes hacia todo lo que me encuentro en el universo físico. Observo la forma, el color y la belleza de los árboles, y me siento literalmente pleno también. Estoy asombrado ante el hecho de estar vivo y deseo tratar bien mi cuerpo. He estado en contacto con un lugar interior de mi ser que es todo amor y armonía, y este lugar me permite ir más allá de cualquier cosa que me pudiera parecer posible lograr hasta ahora. Desde que medito y me pongo en contacto con el secreto que está centrado en el centro y sabe he reducido en gran medida las grasas de mi cuerpo y he vuelto al peso que tenía cuando me gradué en la enseñanza secundaria en 1958. Me siento libre de enfermedades y sustancias adictivas y me veo alcanzando cotas más altas que nunca. Mis charlas y mi escritura han alcanzado nuevos niveles y jamás en mi vida me he sentido mejor.

Y todo esto porque estaba dispuesto a saber que soy mucho más que un cuerpo con un alma. En tanto que alma con un cuerpo sé que puedo vivir de manera más saludable a fin de que mi alma tenga un recipiente exquisito para su heroica misión. Creo que lo mismo es posible para ti. Sé que puedes hacer que se produzcan milagros en tu cuerpo, pero para ello debes entrar en tu interior y establecer contacto y luego todo lo demás se pondrá en su lugar.

- *Sustituye la duda y el temor por el conocimiento y la confianza.* En todo cuanto examines de tu vida física y en todo cuanto te gustaría ocurriera en tu vida, sustituye por un breve período de tiempo la duda y el temor por el conocimiento y la confianza. Todas tus dudas son obstáculos que inhiben tu entrada en el reino de la realidad mágica. ¡Debes saber y confiar! Y dejar que las dudas que te presentan otros sirvan para solidificar tu propio conocimiento.

Observa las vidas de los que dudan y pregúntate si es ése el modelo que deseas en cuanto a lo que puedes conseguir. Observa luego las vidas de los que saben y mira la diferencia. Los que saben están ahí llevando vidas diferentes: hacen ejercicio, están sanos y sorprenden al mundo con sus logros espectaculares. Los que dudan suelen estar sentados por ahí en su acostumbrado papel de críticos.

- *Afirma que tu intención de llevar una vida sana crea tu realidad.* Una vez hayas enfocado nuevas ideas, tengas una imagen clara de lo que vas a lograr y creas en tu capacidad para hacer que esto se haga realidad, pon la primera, que es en lo que consiste la intención. Reafirma tu intención de llevar una vida sana. «Estoy sano y soy capaz de conseguir lo que me he propuesto.» «Voy a curarme.» «No voy a fumar hoy.» Esto es la intención.

Mi esposa Marcie lo hace, y con asombrosos resultados. Un día le diagnosticaron un nódulo en el tiroides que, según decían tres doctores, había que operar. ¿Su respuesta? Una intención, «Voy a hacer que ese nódulo disminuya de tamaño y voy a expulsarlo de mi cuerpo», y no un deseo. Nada podía disuadirla de lo contrario. No hubo tortura, ni siquiera preocupación por su parte. Una simple intención y, a continuación, la puesta en acción de esta intención. Pasó una semana en el centro de salud Ayunedic del doctor Chopra en Lancaster, Massachusetts, aprendiendo cosas acerca de la dieta y del modo en que ésta afecta al tiroides.

El nódulo ha desaparecido ya casi. Los doctores siguen manifestando incredulidad ante este milagro. Y todo porque las voces interiores de Marcie le dijeron qué debía hacer para curarse.

• *Experimenta el* satori *en tu cuerpo.* El despertar instantáneo está al alcance de tu mano. No va a hacer falta un largo período de sufrimiento para que consigas milagros en tu cuerpo. Una vez sepas en tu interior que estás en el camino acertado, te hallarás en posesión de la voluntad y la fuerza que necesitas. Debes estar abierto a la posibilidad de que esto ocurra en cualquier momento. Haz que brote la inspiración repentina: «En verdad puedo hacerlo». Serás entonces una nueva persona y mirarás atrás a lo que antes te decías. El viejo adicto no sólo ha desaparecido sino que no lo puedes encontrar ya en tu mente. La persona que sufría siempre resfriados y fiebres ha desaparecido por completo, transformada en un instante por un destello de conocimiento. Se cruza la puerta en un momento presente que constituye la auténtica unidad operativa de tu vida. Debes estar preparado para ello, y atento. Y hacerle caso cuando llegue.

Yo he dejado atrás muchas conductas autodestructivas sin siquiera esforzarme. Tomé la decisión en un instante y, cuando el instante palpitaba todavía, yo estaba ya fuera de mi cuerpo viéndome hacer aquellas declaraciones. ¡*Satori*! El despertar instantáneo que está a tu alcance y entrará en tu vida. Tiene lugar primero en tu mente y a continuación lo pones en práctica sin esfuerzo en cualquier actividad física que necesites realizar. Los milagros son algo instantáneo. ¡Debes estar preparado y dispuesto!

• *¡Compórtate con tu cuerpo como si éste fuera ya lo que deseas que sea!* Eso es, ¡finge! Si te ves en tu mente como una persona esbelta y capaz de nuevos y espectaculares logros, compórtate ya ahora mismo como si ésta fuera tu realidad. Cuando comprendas que eres aquello que piensas y actúas según aquello que piensas, verás lo sabio que es considerarte fantástico y fuerte. Cuanto más te introduzcas en esta forma de fe, con mayor rapidez reaccionará tu cuerpo ante la imagen.

Por otro lado, si crees que va a ser muy difícil o que tendrás que dedicar mucho tiempo para producir mejoras milagrosas en tu ser físico y que ello te va a costar grandes sufrimientos, actuarás en consecuencia. Yo apostaría a que esto es precisamente lo que has venido haciendo durante mucho tiempo. Actúa de acuerdo con la imagen que deseas en este mismo instante. Compórtate como si estuviera ya aquí. Si te ves a ti mismo en tu pensamiento como una persona saludable y atractiva y crees en ello con firmeza, cuando te sientes a comer actuarás de acuerdo con esta creencia. Ésta es la clave para hacer realidad los milagros.

• *Recuerda que tuyo espiritual tiene una importancia primordial.* Ponte del lado de tu yo espiritual como prioridad primordial y tu yo físico vendrá a continuación. Trata todo tu ser —cuerpo, mente y alma— como un gran conjunto espiritual que no puede ser separado. Tu páncreas, tus pulmones y tus ojos, todos los órganos de tu cuerpo, tienen en ellos inteligencia infinita. Sé en primer lugar un ser espiritual.

Ve por anticipado en tu mente cuáles van a ser los resultados físicos. A continuación, entrégate y deja que tu cuerpo divino haga lo que sabe hacer muy bien.

• *Recuerda todos los días que nunca se tiene bastante de lo que no se desea.* Fíjate en todas tus adicciones, grandes y pequeñas. Recuerda que, cuando vas detrás del veneno, nunca tienes bastante de lo que no deseas. Tu cuerpo no desea esa sustancia adictiva ni esa comida excesiva. Y sin embargo, nunca tienes bastante. ¿Por qué? Porque estás operando a partir primero de un yo físico y en segundo lugar de un yo espiritual. Ésta es una estrategia de sabotaje que te impide experimentar la realidad mágica. Cuanto más te envenenes más te convencerás de que eres incapaz de superar la adicción. Esto te llenará de duda y de miedo, y hete aquí incapaz de dejar atrás tu conducta adictiva.

Si es cierto que nunca se tiene bastante de lo que no se desea, será ya hora de que dejes de ir detrás de lo que no deseas y te dediques a lo que sí deseas. Cuando vamos detrás de lo que deseamos no operamos a partir de la penuria. No es necesario buscar más ni buscar milagros fuera de nosotros mismos. Cuanto necesitas para un equilibrio y una salud perfectas está ya en ti. No necesitas otro cuerpo, sino confiar en la divina inteligencia que habita en el que ya tienes.

• *No pidas nada de nadie en cuanto ayuda para mejorar*. No esperes ayuda de nadie en tu mundo físico. Si esta ayuda se presenta, acéptala y agradécela, pero debes saber en tu corazón que sólo tú experimentas esta vida humana en la forma física que llamamos tú. Todo se desarrolla en tu yo invisible, donde procesas cuanto existe en el mundo físico. Da amor a los demás, irradia tu condición divina al exterior, pero sepas que nadie puede hacerlo por ti. Y si sabes que nadie puede hacerlo por ti, lo sensato será que crees tu propia existencia milagrosa sin esperar nada de nadie.

• *Empieza a desarrollar en ti un poder auténtico que no esté ubicado en tu cuerpo físico*. Tu poder y tu autenticidad como persona no se medirán en cuanto a la duración sino en cuanto al amor que des. Éste es el auténtico poder. Busca milagros en el cuerpo físico que ocupas de modo que tu propósito sea cada vez más fuerte y no con el fin de controlar a los demás. Si tu poder radica en tu fuerza, desaparecerá en cuanto tu fuerza se disipe. ¡Ese poder no es auténtico!

A fin de conocer la realidad mágica en un sentido físico, has de desear ese milagro con el fin de poder distribuir amor y armonía donde quiera que vayas. Verás que, cuando ésta sea tu motivación, logres lo que logres en tu cuerpo y sea cual fuere el estado de ese cuerpo se tratará de un poder auténtico y no estarás ya atado a tu cuerpo como lo estabas antes. No necesitarás que éste tenga un aspecto determinado a fin de adecuarte a un nivel de belleza exterior. Tu objetivo será hacerlo sano y servidor y no fuerte y atractivo para los demás. No necesitarás emperifollarlo ni perfumarlo con el fin de atraer a los demás. Sabrás que tú no eres ese cuerpo y que la verdadera medida de tu condición humana está en el alma que habita él. Tu sentido del yo sufrirá un cambio y pasarás de estar totalmente identificado con ese cuerpo a estar identificado con tu yo invisible.

Esto te dará un poder increíble, similar al de los santos capaces al parecer de incidir en la conciencia de todo un auditorio con sólo su presencia. Busca auténtico poder y verás cómo tu cuerpo físico se apunta prestamente al viaje.

• *Medita a diario*. Por último, y esto es lo más importante de todo, medita todos los días o lo más a menudo posible. Utiliza las pautas que se ofrecen en las páginas 221-232 o cualquier otro método que elijas de entre los muchos disponibles. Acostúmbrate a entrar en tu interior y el ver cómo tu yo físico logra cuanto tú sabes constituirá un milagro para ti. Cuando crees esa imagen en tu mente y en ella lo sepas a través de la meditación, el milagro se producirá también en el reino físico. Todo deriva de la inteligencia invisible que constituye nuestra entrada espiritual en el reino físico.

Y éste es el mundo de la realidad mágica para ti y en tu cuerpo físico. Ese ejemplar físico divino y perfecto parece sólido pero, si lo ves desde una nueva perspectiva, está siempre silencioso, vacío e invisible. Tal es la fuente de tu milagro o, como decía Herman Hesse en su fabuloso *Siddhartha*: «Hay en tu interior una quietud y un santuario al que puedes retirarte en cualquier momento para ser tú mismo». Debes saber que este «tú mismo» es un milagro.

Tercera parte

Cómo irradiar realidad mágica al mundo

8

La realidad mágica y la revolución espiritual

> Nunca pongas en duda que un pequeño grupo
> de ciudadanos preocupados y comprometidos
> puedan cambiar el mundo; de hecho, es lo único
> que lo ha cambiado.
>
> MARGARET MEAD

Del mismo modo que el estado de tu vida es un reflejo de tu estado mental, el estado del mundo es un reflejo de nuestro estado mental colectivo. Todo cuanto ves en el mundo físico tiene un equivalente en las mentes de cada uno de nosotros. Actuamos según lo que pensamos, tanto personalmente en tanto que individuos como colectivamente en tanto que comunidad. Comprendiendo esto vemos que somos capaces de crear un mundo de realidad mágica del mismo modo que te he animado a crear realidad mágica en tu vida individual.

El universo en que vivimos funciona exactamente igual que el universo que hay en nuestro interior. Es una perfecta interconexión de infinitos sistemas que trabajan armónicamente creando un todo. Dentro de ti hay billones de partículas subatómicas que forman átomos, moléculas y células, huesos y arterias, y así sucesivamente hasta el sistema físico que eres tú. Todo cuanto constituye el «tú» visible que está leyendo estas palabras tiene un invisible cuántico equivalente y está creado y dirigido por esa fuerza invisible que también eres tú. Las moléculas de tu cuerpo físico poseen un componente invisible que permite su manifestación en el tú físico que está ahora ahí sentado leyendo estas palabras. Las palabras están sobre el papel, pero los pensamientos que las procesan se ubican en otro ámbito. No puedes separar ninguna parte de ti del conjunto ni puedes separar el tú del todo que constituye tu mundo físico. La interdependencia entre mente y cuerpo rige el orden cósmico. Y lo mismo ocurre con tu relación con el mundo físico en el que te encuentras.

Tú puedes ser un mensajero que reparta milagros al mundo. No precisas nada más para crear este milagro universal. Eres ya cuanto necesitas para crear un mundo de realidad mágica. Debes tener presente que el mundo, tal como tú lo ves a través de tus sentidos, existe sólo porque tú lo procesas y le das existencia. Por ejemplo, cuando por la noche te duermes abandonas por completo este mundo físico y creas otro mundo con tu pensamiento. El mundo de tus sueños pasa a ser tu realidad durante todo el tiempo en que estás durmiendo. Para ti no hay nada más que eso, nada más. Tú creas el reparto de los personajes que van a desempeñar sus papeles en tus sueños. Creas la realidad física que necesitas para tus sueños, incluso una realidad en la que puedes volar, respirar debajo del agua o desafiar al paso de los años. Creas un mundo al soñar en una dimensión de pensamiento puro sin forma que es exactamente igual de real que tu mundo de vigilia cuando no estás soñando.

Así pues, a fin de crear un mundo de realidad mágica es preciso que sepas en tu interior que ese trabajo te corresponde a ti. No debes ni puedes ceder la responsabilidad del esfuerzo a otra persona. No puedes abandonar angustiado porque otros se nieguen a ver la luz. Sepas que eres capaz de irradiar al exterior todos los mensajes contenidos en este libro y crear el tipo de mundo mágico y real que imaginas.

Si alguno de los personajes del reparto se negara a seguir tu visión, dale tu amor y pregúntate luego qué puedes hacer para que su presencia partícipe de la perfección que imaginas. Por grande que sea la tentación, debes dejar fuera de tu conciencia el juzgar o culpar. Uno de los grandes desafíos será el de no caer en la tentación de querer demostrar que tú tienes razón y ellos están equivocados. Sentándote a juzgar las cosas que percibes como equivocadas o imperfectas equivaldría a ser uno más de los que participan en el juicio, el mal o la imperfección. Las supuestas desigualdades del mundo forman en realidad parte de la perfección del universo, al igual que tu deseo de ponerles fin. Aquellos cuyo propósito no está de acuerdo con el tuyo no están equivocados; tienen su propia misión y para encontrar su camino y su propósito quizá tengan que dar muchos rodeos y realizar actos que puedan parecer destructivos. Lee estas palabras de Yogananda, en *The Essence of Self Realization*, en relación con ese propósito universal que yo presento aquí:

> Podemos, pues, resumir así el instinto fundamental de la vida: en tanto que deseo de existencia continuada y consciente en un estado de gozo perpetuo... esto hace que todos los seres revelen su naturaleza divina... las complejidades surgen porque se olvida el gozo anímico y porque las personas lo sustituyen por los fugaces placeres de los sentidos. Sin embargo, todas las cosas proceden de la Dicha o Dios. En uno u otro momento, todas las cosas deberán evolucionar y regresar a ese estado de Dicha.

Cuando comprendas estas palabras y seas capaz de vivirlas por ti mismo llegarás a saber que, en definitiva, lo que todo el mundo busca es esa dicha eterna. Las complejidades surgidas a escala personal o mundial derivan todas de la búsqueda del placer fugaz de los sentidos. Ahí podemos ver que el mundo, como lo conocemos en nuestro interior y según percibimos a los demás en nuestro interior, puede en realidad alcanzar el estado de dicha. De hecho, si retrocedes hasta el fondo de tu mente y observas atentamente desde esa perspectiva distante e invisible verás que se está produciendo en este mismo instante una revolución de dimensiones espirituales.

NOS HALLAMOS EN UNA ERA DE REVOLUCIÓN ESPIRITUAL

En 1974 era yo profesor universitario en la ciudad dividida de Berlín. Me plantaba junto al puesto de control Charlie y veía el alambre de espino y los guardias acompañados de perros asesinos que mantenían dividida la ciudad. El muro había sido construido con vistas a que durase mil años. Y, sin embargo, no es hoy más que una reliquia de un pasado antiguo y no espiritual. Ese santuario de la tiranía es sólo uno de los muchos que se están viniendo abajo sin que tengamos tiempo de día los libros de historia.

Hay una nueva conciencia colectiva en las mentes de las gentes, y una nueva conciencia espiritual se extiende por toda la humanidad. Nada puede detenerla, porque no hay nada más poderoso que una idea cuyo momento ha llegado. Una idea es un pensamiento —individual o colectivo— que, una vez extendida a las suficientes almas, se manifiesta en cambios físicos. Si el pensamiento colectivo es de guerra, odio, división o miedo, estas semillas se manifiestan en nuestra realidad física. Y en efecto, hemos visto cómo esas semillas eran llevadas por el viento durante mucho tiempo.

Vemos ahora una nueva realidad, una realidad que procede de un nuevo modo de pensar, y éste es el contexto de nuestra revolución espiritual. En consecuencia, este nuevo modo de pensar constituye un nuevo modo de ser para la humanidad. Quizá no sea lo bastante rápido como para adecuarse a tus deseos, pero avanza a la velocidad precisa y adecuada. Los líderes que están surgiendo de esta nueva conciencia se hallarán al frente de esta revolución espiritual. Tú puedes ser uno de esos líderes y formar parte del paradigma cuyo cambio estás presenciando.

Consideremos algunos de los cambios notables que se están produciendo en la actualidad. El Telón de Acero se ha desintegrado. En Europa oriental, casi todos los países cuyos gobiernos pisoteaban los derechos del individuo se han visto transformados. Los dictadores han huido o han sido apartados del poder por la fuerza. Y todo empezó con una idea que, de un país, se extendió rápidamente por toda la región.

El comunismo, que insiste en el ateísmo de sus súbditos, ha sido declarado fracasado internacionalmente. Nadie puede decir a nadie que debe hacer a un lado su naturaleza espiritual en favor de una doctrina impuesta. Los dirigentes pueden eliminar los lugares de adoración externa, pero el lugar interior, ese rincón invisible de libertad que está siempre presente en cada uno de nosotros, no puede ser objeto de legislaciones. Las voces interiores de esos seres espirituales con experiencia humana están conectadas de manera invisible.

Hemos visto aparecer milagros recientemente por todo nuestro mundo. Un dramaturgo checoslovaco, encarcelado por sus ideas radicales acerca de la dignidad del hombre, es elegido sólo unos años más tarde para la presidencia de su país.* Un hombre encarcelado en Polonia por sus ideas acerca de la solidaridad es elegido también presidente de su país. Se derriba por la fuerza a los dictadores rumanos. El pueblo de los Balcanes se declara libre de un gobierno tiránico ante un mundo atento y se esfuerza por hacerlo mediante un debate racio-

* Dimitió en julio de 1992. *(N. del E.)*.

nal en lugar de recurrir a la violencia. El dirigente máximo de la Unión Soviética declara el fin total del comunismo ante los ojos y los oídos del mundo, y esa misma unión es ya ahora una reliquia del pasado. ¿No fue hace sólo unos años cuando esos líderes pateaban en el suelo y decían «Os enterraremos»?

¡Por todas partes escenas de milagros! Demuestran que el pensamiento en forma de ideas puede extenderse como el fuego por todo el universo. Un fuego que no precisa de un vehículo físico que lleve el mensaje, sino que trasciende tales métodos mundanos. Es una idea invisible que se está extendiendo sin vehículos ni sistemas de transporte.

En China, donde residen temporalmente más de mil millones de almas, un millón de ellas se enfrentó a los tanques para mostrar su ansia de libertad. Y aunque los mensajeros puedan ser temporalmente encarcelados, no hay modo de impedir que llegue el mensaje. En Sudáfrica, todos los vestigios de *apartheid* han sido declarados ilegales. En un instante milagroso, un hombre que había sido encarcelado y mantenido oculto a los ojos del público durante más de un cuarto de siglo es de pronto liberado sin condiciones. Los negros juegan en las playas delante de carteles en los que puede leerse «Sólo para blancos». En Centroamérica, un dictador es sustituido por un ama de casa en unas elecciones populares. En Suramérica, un poeta se presenta como candidato para el gobierno del país.*

Todos estos cambios están teniendo lugar en las mentes de los individuos y se están extendiendo a otros hasta formar una conciencia colectiva. Una vez las ideas se han hecho presentes en el número suficiente de individuos pasan a ser nuestra realidad. A esta cifra se la llama masa crítica.

Según las leyes de la física, cuando los suficientes electrones se alinean dentro de un átomo formando una posición, todo el resto se alinea automáticamente de manera similar. Se llama a esto transición de fases, y puede ser observado fácilmente en un entorno de laboratorio adecuado. ¿Cuál es la fuerza invisible presente en ese átomo que permite al resto de los electrones entrar en una nueva fase? No tiene nombre al nivel subatómico ni tampoco a tu nivel de conciencia. Es invisible y, puesto que tú estás formado por esas partículas subató-

* *Sic* en el original. El autor debe de referirse a Mario Vargas Llosa, novelista, candidato presidencial en Perú. *(N. del E.)*

micas, no sería demasiado aventurado decir que posees algunas de las mismas propiedades.

Nuestro mundo está experimentando una transición de fases. La fuerza invisible que alinea los electrones dentro de un átomo, esa inteligencia espiritual que fluye a través de toda forma, está llegando a la masa crítica con un número de seres humanos lo suficientemente grande y los resultados se están manifestando en nuestro mundo. No hay modo de poner freno a esa fuerza. Algunos lo intentarán, pero serán barridos por el poder de una idea cuyo momento ha llegado. Así funciona en nuestras vidas personales y también en nuestro mundo colectivo.

Nos convertimos en aquello que pensamos durante todo el día. Cuando éramos los suficientes los que creíamos que necesitábamos armas de destrucción cada vez más potentes, creamos una conciencia colectiva que nos obligaba a actuar de acuerdo con estas creencias invisibles. Construíamos armas atómicas cada vez más pesadas y la locura de la proliferación nuclear era la muestra de la situación de nuestro mundo. Cuando fuimos los suficientes los que empezamos a creer que un holocausto nuclear iba a ser demasiado espantoso como para permitirlo, empezamos a hablar del desarme. El milagro de la cooperación como sustituto de la competición constituye la fase inicial de una transición hacia un mundo más positivo, seguro y amable. Es una idea que arraigará en el mundo físico si somos los suficientes los que nos alineamos así espiritualmente. No puede fracasar. Está en nuestros átomos y en nuestras moléculas, por así decirlo.

Los cambios en el mundo no se limitan a los nuevos alineamientos políticos y a las nuevas políticas nucleares. También una conciencia espiritual en relación con nuestro medio ambiente ha pasado a la acción. El Día de la Tierra, del que no se había hecho el menor caso durante décadas, celebró esta nueva conciencia en cuanto a la actitud hacia nuestro planeta. ¡Un milagro! La idea de que debemos tratar la Tierra con sagrada veneración se está traduciendo a realidades físicas.

Se están dictando nuevas leyes destinadas a reducir todo tipo de contaminación imaginable, junto con penalizaciones para quienes violan estas nuevas leyes. Se están produciendo masivamente automóviles que no contaminarán la atmósfera. Los fumadores no pueden ya contaminar el interior de los aviones con su nicotina. Sabíamos desde hacía décadas que era inmoral obligar a las personas ocupantes de un entorno restringido como es el de un avión a inhalar el humo de los cigarrillos cuando habían tomado la decisión personal de renunciar al tabaco. ¿Por qué se declara esto ahora ilegal mediante leyes y normas? Una idea cuyo momento ha llegado. ¿Un milagro? Los legisladores escuchan las voces de aquellos que representan un nuevo pensamiento. Este pensamiento es invisible, pero sus equivalentes en el mundo físico son fáciles de apreciar

Estás viendo florecer por doquier los frutos de ese pensamiento. Estás viendo secciones de no fumadores en los restaurantes, donde hace tan sólo unos años ni siquiera se pensaba en esta posibilidad. Estás viendo cómo una nueva conciencia que está detrás de todos estos movimientos está saneando y revitalizando ríos y lagos, antes tan sucios que era ilegal nadar en ellos. Estás viendo cómo se dictan leyes contra el ruido destinadas a eliminar la contaminación sónica en torno a los aeropuertos e incluso en las playas públicas. Estás viendo un cambio de mentalidad en cuanto a la dignidad de los animales. Estás viendo etiquetas en todos los alimentos que adquirimos para que podamos saber cuántas grasas y cuántos aditivos consumimos. Todo milagros.

Estas nuevas leyes y prácticas tuvieron todas su origen en las mentes de la gente, y estas mentes invisibles crearon una nueva realidad para el mundo físico, una realidad de carácter más espiritual. Los derechos del individuo a vivir en paz, en armonía, con amor y propósito son todos ellos reflejos de un nuevo modo de pensar.

Todos los cambios que ves a tu alrededor y que reflejan un interés creciente por el individuo, por un mundo pacífico, seguro y armonioso y por el derecho a poder escoger la vida, la libertad y la búsqueda de una anhelada felicidad forman parte de una gloriosa revolución que se está produciendo sobre todo en nuestros pensamientos. Tú formas parte de este proceso. Cualesquiera ideas que tú tengas pueden propagarse y se propagarán a quienes te rodean. Influyes en el mundo físico con tu pensamiento; deberás estar más que convencido de ello si has leído todo este libro.

Tus pensamientos crean en tu vida penuria o prosperidad. Tus pensamientos crean relaciones felices o desdichadas. Tus pensamientos crean tu personalidad y las circunstancias físicas mismas de tu vida. Esos mismos pensamientos afectan a otras personas a tu alrededor. Los pensamientos puros de un ser espiritual afectan a las condiciones físicas del entorno; elevan literalmente la conciencia de la gente en torno a esa persona espiritual. Tú con tus pensamientos, así como los otros millones que eligen pensamientos espirituales interiores similares, estáis creando una transición de fases que ha dado el ser a esta nueva y fabulosa revolución espiritual.

Para que esta revolución, este nuevo modo de ser, se afiance y supere toda la falta de espiritualidad que por lo demás infecta al mundo deberá llegar a la masa crítica en todas las áreas de nuestra existencia. Cuando seamos los suficientes los que nos alineemos en todas y cada una de las nuevas áreas de la actividad humana, la transición de fases se afianzará también.

En 1988 se me invitó a escribir un trabajo que debía ser publicado en la revista *Time* como parte de una campaña publicitaria. Escribí una carta a las gentes que ocuparían la Tierra en el año 2088. Ni el publicista ni la revista me impusieron ningún tipo de restricciones. He aquí la carta según apareció en el número del 17 de octubre de 1988 de la revista *Time*. Refleja el mensaje que ofrezco en este libro.

Una carta a la próxima generación

Mientras preparo este mensaje a las gentes que vivirán en el año 2088 me doy cuenta de que no estoy pensando en las maravillas futuristas o científicas que disfrutáis. Mi curiosidad no es acerca de vuestra capacidad para viajar al espacio exterior. Mi curiosidad estriba en lo siguiente: ¿habéis conseguido un ser humano superior que el que habitaba en la Tierra en 1988?

Este mensaje que os dirijo gira en torno a la esperanza de que seáis más humanos de lo que nosotros somos ahora. Me pregunto si practicáis las lecciones existenciales que unos pocos de nosotros, aquí en 1988, creemos la humanidad va a dominar algún día. Me pregunto si habréis sido capaces de superar la desconfianza, el miedo y la hostilidad. Os dirijo este mensaje de esperanza en forma de cuatro preguntas. Vuestras respuestas describirán en qué punto os halláis en la evolución de este ser humano superior que ahora se agita y empieza a vivir aquí en 1988.

1. *¿Os habéis enterado de que vuestra condición humana radica más allá de los límites del cuerpo?* ¿Conocéis y vivís la idea de que una persona es mucho más que un montón de huesos, sangre, cartílagos y piel? ¿Os dais cuenta del hecho de que dentro de toda forma está presente una inteligencia invisible? ¿Aceptáis y os complacéis de manera general en el conocimiento de que las personas son mucho más que su envoltura? ¿Es «socialmente aceptable» desarrollar el aspecto invisi-

ble del ser humano como lo hacemos ahora, eligiendo el aeróbic o el *jogging* para vuestro desarrollo físico?

¿Podéis veros en tanto que seres espirituales con experiencia humana y no seres humanos que tal vez tengan experiencia espiritual? Esto es lo que quiero decir: mi niña de tres años me ofreció una comida de mentirijillas servida en sus platos de juguete de plástico. A este nivel, se trataba de una interacción física, sólo en la forma, que habría podido considerarse poco importante. A otro nivel, el invisible, la parte espiritual de la niña expresaba lo siguiente: «Papá necesita comer algo caliente, y yo quiero hacerle una cena especial. Quiero mucho a papá, y quiero cuidarlo también mucho». Mi conciencia de esa parte invisible de su ser, de esos pensamientos y sentimientos que son amor del más puro, transformó los juguetes de plástico y la comida simulada. Casi podía palpar aquellos hermosos y atentos pensamientos que estaban detrás de las acciones de mi hija.

2. *¿Habéis aprendido y adoptado la idea de que estamos todos relacionados?* Aquí en la Tierra, en 1988, parece que sabemos desde un punto de vista intelectual que vivimos en la misma casa y que, cuando se vive en un planeta redondo, no es posible escoger de qué lado se está. Pero seguimos haciéndolo. ¿Vivís en la conciencia de que todo ser humano es el «yo que somos nosotros»? ¿Ve la mayoría de gente que una célula que está dentro de un organismo sin referencia con el todo destruye a las células adyacentes y acaba por matar al ser entero al tiempo que se destruye a sí misma en el proceso? ¿Guiáis a vuestros jóvenes para que desarrollen en su interior serenidad y calma, a fin de cooperar con las células adyacentes? ¿Están vuestras naciones en paz por dentro, o siguen presentando una imagen agresiva a sus vecinos? ¿Experimentáis y veis en el año 2088 la creencia de que todos los seres humanos del planeta están interconectados igual que si fueran países vecinos, y que el ser total que llamamos ser humano no puede funcionar de manera armónica cuando los componentes se hallan en conflicto?

3. *¿Opináis en general que lo que pensáis se expande?* Al tiempo que escribo esto, algunos de nosotros alimentan estas ideas como si fueran una planta de semillero:

- El poder el pensamiento es enorme.
- Podemos crear el pensamiento.
- Del pensamiento surge la guía entera de nuestras vidas.
- Actuamos según lo que pensamos.
- Nos convertimos en aquello que pensamos en el curso del día.

- En el mundo sin dimensiones del pensamiento, todo cuanto pensamos está aquí.
- Poseemos la capacidad de convertir cualquier pensamiento en forma mediante el poder de la mente.
- El pensamiento es una energía sin forma que abarca la esencia de nuestra condición humana.
- Nuestras vidas son lo que crean nuestros pensamientos.

Estamos justo empezando a darnos cuenta de la importancia del pensamiento como la fuerza más poderosa del universo. Hay un nuevo conocimiento y una nueva aplicación de estas ideas. En lugar de estar contra el terrorismo y la guerra, hemos cambiado nuestro modo de pensar y estamos ahora *por* la paz y la cooperación. Estamos empezando a reconocer el hecho de que la guerra a las drogas, a la pobreza, al hambre y al crimen es menos eficaz que la defensa de una juventud ilustrada y educada, de un nivel de vida más alto para todos y del respeto por los derechos y posesiones del otro. ¿Comprendéis el hecho de que aquello que pensamos se convierte en acción? Y por lo tanto, que cultivar el pensamiento positivo tiene como resultado una sociedad más sana, más feliz y más pacífica. ¿Os dais cuenta de que estar en contra de algo nos debilita mientras que estar en favor de algo nos da fuerza?

4. *¿Habéis descubierto ya el otro lado de la frase «Lo creeré cuando lo vea»?* En 1988 hay un despertar a la idea de que el desarrollo de un ser humano superior es un proceso que supone la comprensión de que vemos lo que creemos, y no creemos lo que vemos. ¿Ha llevado este sistema de creencias al desarrollo de un ser humano superior? En 1983 escribí una parábola en la que un ser humano superior llamado Eykis visita nuestro mundo. Trae regalos en forma de pensamientos para ayudarnos a transformarnos y a transformar nuestro planeta. Su mensaje proclama: «Lo verás cuando lo creas». ¿Os han llevado las creencias que describe Eykis a esa forma de pensar en el año 2088?

- Calidad en lugar de apariencia.
- Ética en lugar de normas.
- Conocimiento en lugar de éxito.
- Integridad en lugar de dominio.
- Serenidad en lugar de adquisiciones.

Si la respuesta es «Sí», ello es señal de que en efecto estáis creando un ser humano superior y de que se ha dado marcha atrás a la tendencia hacia la destrucción de este ser llamado ser humano. Mi conexión con vosotros es pensamiento puro, sin forma ni dimensiones, y lo mismo ocurre con el eslabón que os une a mí, al año 1988, y que avanza hacia el infinito.

TU LUGAR EN ESTA REVOLUCIÓN ESPIRITUAL

A lo largo de todo este libro he venido recordándote un tema central: TU PENSAMIENTO CREA TU REALIDAD FÍSICA. Tus relaciones con las personas de tu vida se hallan esencialmente en tu pensamiento. Si ves amor en quienes te rodean, esto es lo que se desprenderá de tu experiencia de los demás. Lo mismo ocurre con tu visión del mundo. El universo físico que ves está sólo en tu mente. Cuando desconectas tu mente o caes en la inconsciencia, el universo físico desaparece para ti. Y luego, cuando despiertas, tu conciencia, ese universo vuelve a aparecer de manera mágica. Muy simple, en realidad: si no hay pensamientos no hay mundo físico. Como escuetamente decía Walt Whitman: «La teoría entera del universo está dirigida distintamente hacia un solo individuo, y este individuo eres Tú». Sin una mente con la que procesarlo, el universo desaparece en la nada.

La pregunta más importante que debes hacerte cuando busques hallar tu lugar en esta revolución espiritual que acabo de describir brevemente es «¿Cómo veo el mundo en que vivo?». Sin perder de vista que los pensamientos los creas tú y que tu mente es el depósito de toda tu experiencia, observa atentamente cómo utilizas esa mente.

Si lo deseas, puedes negar esa revolución espiritual que yo he descrito y, en su lugar, ver un mundo que se deteriora de manera lenta pero constante hasta convertirse en un marasmo sin espiritualidad. Podrás citar índices de criminalidad, poblaciones que mueren por inanición, desastres naturales, políticos ambiciosos, jóvenes desconsiderados, aumento de la drogodependencia, etcétera, y podrás lamentarte amargamente de la degradación del medio ambiente. Si eliges utilizar así tu mente, ésta será tu experiencia del mundo en que vives. Eso es lo que verás en todos y cada uno de tus días. En otras palabras, verás lo que crees. Explicarás como si nada los cambios de carácter positivo insistiendo en que son sólo excepciones a la regla. Y para ti, esta regla será aquello que —dirás convencido— es la verdadera naturaleza del destino al que está abocada la humanidad.

No sólo tú te conviertes en aquello que piensas sino que también el mundo se convierte en aquello que tú piensas. Aquellos que opinan que el mundo es un lugar de tinieblas son ciegos a la luz que podría iluminar sus vidas. Aquellos que ven la luz del mundo ven los puntos negros simplemente como luz potencial.

¿Cuál es tu lugar en la revolución espiritual? Se están produciendo cambios fundamentales en el seno colectivo de la humanidad. Si crees que esos cambios son negativos y destructivos, éste será tu lugar. Lo pensarás, te convencerás de ello y crearás las intenciones destinadas a cerciorarte una y otra vez. Puedes, por otro lado, elegir saber que por cada acto de perversidad hay un millón de actos de bondad, que hay por ahí todo un enjambre de buenos chicos que de verdad hacen cosas importantes y que los cambios espirituales, aunque lentos, están todavía presentes y son fáciles de ver. Éste será entonces tu lugar en la revolución espiritual.

Los cambios se están produciendo primero en las mentes colectivas de los hombres y, luego, también en el mundo exterior. Estás aquí y tienes un propósito, el de ayudar a hacer que estos cambios se manifiesten con mayor profundidad y permanencia en la conciencia de toda la humanidad. Al confiar en ti mismo confías en la sabiduría que sabes te diseñó y creó a ti, y sabes que tienes un propósito y que también el universo tiene un propósito. Estás confiando en la inteligencia divina que fluye a través de ti.

Personalmente, yo procuro mantenerme al margen de las malas noticias con que se me bombardea de mil maneras distintas. Quiero participar en la solución y no en el problema. Evidentemente, sé que todavía hay guerras, que todavía se cometen crímenes y que la pobreza y el sufrimiento abundan en el mundo. Mi pensamiento no se dedica a juzgar estos problemas ni a enfurecerse por su existencia, ni tampoco a desear que desaparezcan. Mi pensamiento, que se convertirá en acción, está consagrado a hacer algo respecto a esos problemas, convenciendo a quienes ocupan los puestos de poder para que apliquen sus recursos a mejorar las cosas; enseñando y escribiendo acerca de estos principios para aquellos que más los necesitan; enviando libros y cintas a instituciones necesitadas, etcétera. Cuando me concentro en aquello que defiendo y no en aquello de lo que estoy en contra, gano en poder. Esto es cierto en cuanto a mi vida personal y también en cuanto a mi otro papel más amplio aquí en la Tierra.

Tu lugar en esta revolución adquirirá solidez si te llenas de amor.

No puedes alimentarte de tensión, ansiedad, miedo y duda. Éstas son emociones que inhiben más que dar poder. Para participar en la revolución espiritual, has de ser capaz de irradiar al exterior todo cuanto te enriquezca en tu conciencia espiritual. Tienes el poder necesario para ello si así lo eliges.

CÓMO IRRADIAR TU NUEVA CONCIENCIA AL EXTERIOR

¿Qué tienes que puedas dar? Sin dejar de tener en cuenta que tu propósito es siempre dar, amar y servir en alguna capacidad, sea cual fuere la vocación que has elegido, es primordial saber qué vas a poder dar en tu misión y en tu propósito. No hace falta una inteligencia especial para saber esta simple verdad: no puedes dar lo que no tienes. Si no tienes dinero, es evidente que no podrás dar dinero. Este principio puede también aplicarse a tu contribución a la revolución espiritual.

Si no tienes dentro de ti amor, armonía o paz, será imposible que contribuyas con estas cualidades. En consecuencia, te hallarás entre aquellos que observan cómo tiene lugar esta revolución y o bien se preguntan por qué no participan en ella o forman parte de la resistencia. Si dentro de ti hay ansiedad, estrés, miedo, ira y tensión, esto será todo lo que podrás dar. Será lo que irradiarás al exterior y, evidentemente, será lo que veas en todo cuanto te rodea. Como siempre, te corresponde a ti elegir basándote en cómo decidas procesar el mundo.

Los componentes de ansiedad, estrés, temor e ira no existen en el mundo independientemente de ti. No puedes salir de casa con un cubo y volver cargado con una porción. No existen en realidad en el mundo físico, aun cuando hablemos de ellos como si existieran. Pero sí hay gente que se comporta con estrés, con ansiedad, con ira y con miedo en el mundo. Estas acciones proceden exclusivamente de un modo de pensar. Así pues, si tienes en ti esos elementos es porque así has elegido procesar los acontecimientos y circunstancias de tu universo físico.

Aquellos que optan por alzarse en armas contra otros actúan a partir del miedo que reina en su pensamiento. La presencia de tales pensamientos se ve justificada por un sistema de procesamiento interior que verifica esa conducta. Estas personas creen que el mundo es un lugar sospechoso del que hay que recelar, tanto a nivel personal como a nivel colectivo.

Si eres una persona deseosa de terminar con este tipo de conducta, deberás cambiar esas voces interiores. Como decía Albert Einstein: «Los importantes problemas a que nos enfrentamos no pueden resolverse al mismo nivel de pensamiento con que los hemos creado». Así, todos los grandes problemas a que nos enfrentamos los seres humanos han sido creados por nuestro modo de pensar. Y un hombre considerado como uno de los intelectuales más brillantes de nuestro siglo nos recuerda que para efectuar cambios en ellos será necesario un nuevo modo de pensar.

No podemos seguir pensando en términos de división si deseamos traer la unidad a nuestro planeta. No podemos seguir pensando en términos militaristas si deseamos traer la paz a nuestro mundo. No podemos seguir pensando en términos de odio si deseamos que haya amor en la Tierra.

Cada pensamiento puesto en práctica y convertido en un acto de ayuda, propósito o amor será tu contribución. No importa lo que digan o hagan los demás: ellos tienen que realizar sus propios destinos. Cuando alguien te dirija sus críticas o su odio, sólo podrás responder con lo que lleves dentro. Si en tu interior residen la armonía y la paz porque así es como has elegido pensar, esto es lo que podrás dar. En ese momento habrás cambiado algo. Habrás lanzado un milagro al mundo e irradiado al exterior la realidad mágica que he descrito en este libro.

A medida que hagas esto a tu propio nivel personal y local verás que te expandes y llegas cada vez a más personas. Esto es precisamente lo que ha ocurrido con todos los cambios que la revolución espiritual ha producido a tu alrededor. El movimiento verde empezó en las mentes de unos individuos y es ahora un fenómeno de alcance mundial. La idea de otorgar el premio Nobel de la Paz al Dalai Lama, el líder espiritual exiliado del Tíbet, un hombre cuya vida misma refleja una conciencia espiritual y una veneración por todas las cosas vivientes, tuvo su origen en la mente de una persona y se hizo finalmente realidad. El final del *apartheid*, lo mismo que sus comienzos, fue primero una idea. Igual de poderosas son las ideas que se forman en tu mente.

Estas palabras de Michael Jackson reflejan un mensaje auténticamente espiritual: «Somos el mundo, somos los niños, somos los que hacemos un mundo mejor, empecemos pues a dar». Y son palabras que han ayudado a eliminar una buena parte del hambre y la muerte por inanición que reinan en muchas partes de este planeta.

Es verdad que tú eres el mundo y que son tus pensamientos los que cambian cosas en él. Ten veneración para con tu mente. Trata tu realidad interior e invisible con una consideración gozosa, y sepas que eres capaz de crear realidad mágica en nuestro mundo y que cada pensamiento de amor y armonía tuyo es un átomo más que se alinea con vistas a la transición de fases que está teniendo lugar de manera inevitable en el preciso instante en que lees estas palabras.

CÓMO PUEDES CREAR UN MILAGRO EN NUESTRO MUNDO

En todo cuanto acabo de decir en estas páginas acerca de la creación de realidad mágica nada hay más importante que tu entrada en contacto con la parte superior de tu ser. Al principio, probablemente rechaces esta idea de ti mismo como hacedor de milagros en el reino mundial de la realidad mágica. Sin embargo, como escribió William James: «Una idea nueva se condena primero como ridícula y luego se descarta como trivial hasta que, finalmente, se convierte en lo que todo el mundo sabe». Muchos considerarán la idea de realizar milagros ridícula o imposible y seguirán llevando vidas que reflejarán sus creencias.

Sin embargo, cada vez son más las personas que creen en su propia condición divina y confían en la sabiduría divina que las ha creado. Éstas son las que están ayudando a crear la revolución espiritual que se está produciendo en estos momentos. Cada vez son más las personas que utilizan sus pensamientos invisibles para imaginar un mundo mejor, más seguro, más limpio, más responsable y con más amor. Estas gentes causan un impacto en los terrenos político, ecológico y espiritual de nuestro planeta. Conocen la sabiduría que encierran las siguientes palabras del jefe Seattle, quien a comienzos del siglo pasado escribió una carta en respuesta a la oferta del gobernador de comprar los terrenos de la tribu. Lee la carta del jefe Seattle y considera cómo hemos tratado el medio ambiente que heredamos de nuestros antepasados. Sus palabras son probablemente más relevantes hoy que nunca:

> El presidente envía desde Washington la noticia de que desea comprar nuestras tierras. Pero, ¿cómo se puede comprar o vender el cielo? ¿O la Tierra? Es una idea extraña para nosotros. Si no somos propieta-

rios de la frescura del aire ni del centelleo del agua, ¿cómo nos los podéis comprar?

Cada trozo de tierra es sagrado para mi pueblo. Cada aguja de pino reluciente, cada playa arenosa, cada niebla en los bosques oscuros, cada prado, cada insecto con su zumbido. Todos ellos son sagrados en el recuerdo y en la experiencia de mi pueblo.

Conocemos la savia que discurre por el árbol igual que conocemos la sangre que discurre a través de nuestras venas. Formamos parte de la Tierra y ella forma parte de nosotros. Las flores perfumadas son nuestras hermanas. El oso, el ciervo, la gran águila, éstos son nuestros hermanos. Las crestas rocosas, la hierba del prado, el calor del cuerpo del pony y el hombre, todos pertenecemos a la misma familia.

El agua que brilla mientras se abre paso por las corrientes y los ríos no es tan sólo agua, sino la sangre de nuestros antepasados. Si os vendemos nuestras tierras, debéis recordar que son sagradas. Cada uno de los fantasmales reflejos de las aguas claras de los lagos nos habla de acontecimientos y recuerdos de la vida de mi pueblo. El murmullo del agua es la voz del padre de mi padre.

Los ríos son nuestros hermanos. Apagan nuestra sed. Llevan nuestras canoas y alimentan a nuestros hijos. Debéis, pues, tratar a los ríos con la bondad con que trataríais a mi hermano.

Si os vendemos nuestras tierras, recordad que el aire es para nosotros precioso, que el aire comparte su espíritu con todas las formas de vida que en él existen. El viento que dio a nuestro abuelo su primer aliento recibe también su último suspiro. El viento da también el espíritu de la vida a nuestros hijos. Por lo tanto, si os vendemos nuestras tierras debéis mantenerlas aparte y tratarlas como un lugar sagrado adonde el hombre pueda acudir a gustar el viento endulzado por las flores de los prados.

¿Enseñaréis a vuestros hijos lo que nosotros hemos enseñado a los nuestros? ¿Les enseñaréis que la tierra es nuestra madre? Lo que acontece a la Tierra acontece también a todos los hijos de la Tierra.

Sabemos esto: que la Tierra no pertenece al hombre sino éste a la Tierra. Todas las cosas están entrelazadas, como la sangre que nos une a todos. El hombre no tejió la trama de la vida, es simplemente un hilo en ella. Lo que el hombre le haga a esta trama de la vida se lo hace a sí mismo.

Sabemos una cosa: nuestro dios es también vuestro dios. La Tierra es para él preciosa, y dañarla es tratar con gran desprecio a su creador.

Vuestro destino es un misterio para nosotros. ¿Qué sucederá cuando todos los búfalos hayan sido muertos? ¿Y todos los caballos domados? ¿Qué sucederá cuando los rincones secretos del bosque estén cargados del aroma de muchos hombres y la vista de las colinas maduras enturbiada por los hilos parlantes? ¿Dónde estará el matorral? ¡Habrá desaparecido! ¿Dónde estará el águila? ¡Habrá desaparecido! Y ¿qué significará decir adiós al veloz pony y a la caza? El final de la vida y el comienzo de la supervivencia.

Cuando el último piel roja haya desaparecido junto con sus espacios naturales y su recuerdo sea tan sólo una sombra de nube que se mueve por la pradera, ¿seguirán aquí estas costas y estos bosques? ¿Qué quedará del espíritu de mi pueblo?

Amamos esta tierra como el recién nacido ama el latido de su madre. Por lo tanto, si os vendemos nuestras tierras amadlas como nosotros las hemos amado. Cuidadlas como nosotros las hemos cuidado. Guardad en el pensamiento el recuerdo de las tierras tal como las habéis recibido. Preservad la Tierra para todos los niños y amadla como Dios nos ama a todos.

Del mismo modo que nosotros somos parte de la Tierra, también vosotros. Esta Tierra es para nosotros preciosa. También lo es para vosotros. Una cosa sabemos: sólo hay un Dios. Ningún hombre, ya sea piel roja o blanco, puede estar separado del otro. Porque somos todos al fin y al cabo hermanos.

Esta conciencia que con tanto amor nos describe el jefe Seattle está a tu disposición para que la compartas y la expandas con tus pensamientos. Tú, una persona con una visión, eres como una piedrecita en la corriente que se mueve siempre hacia fuera camino del infinito, causando un impacto en todos quienes entran en contacto con ese rizo del agua que crea el mundo espiritual en el que con tanta fuerza creo.

Tú eres lo que hace que el mundo sea diferente. Tu presencia aquí es una necesidad divina. Perfecta y con un propósito. Tu mente interior, callada e invisible, rige tu mundo y el mundo en el que te hallas inmerso. Éste eres tú creando milagros. Estas palabras de san Juan de la Cruz, encontradas en *La filosofía de lo perenne* de Aldous Huxley, te darán confianza en tu capacidad para producir una realidad mágica:

Dios no reserva una vocación tan elevada (la de la contemplación mística) sólo a ciertas almas; por el contrario, Él está deseoso de que todos la abracen. Pero encuentra a pocos que le permitan realizar para ellos cosas tan sublimes. Muchos son los que, cuando Él les envía pruebas, rechazan el esfuerzo y se niegan a soportar la austeridad y la mortificación, en lugar de someterse con perfecta paciencia como debieran.

Hallarás un mundo repleto de milagros cuando abraces tu responsabilidad por su creación en lugar de rechazarla. Todo cuanto sabes del mundo está en tu mente, y tú creas los pensamientos que ocupan ese espacio interior. Son muchas las cosas que puedes hacer cotidianamente para hacer realidad el Edén que es tu derecho de nacimiento. Pero hagas lo que hagas en el mundo físico, debes saber que es movido en su totalidad por esa alma divina e invisible que se ha instalado temporalmente en tu cuerpo.

Poniéndote primero del lado de tu yo espiritual, antes que de tu yo material, irradiarás esa paz que hay en tu interior. Verás en aquellos que están todavía del lado de la guerra y la destrucción pruebas que determinarán tu propia resolución de no participar de ese modo de pensar.

No dejarás que se te disuada de tu misión sólo porque otros no estén contigo. En todas las áreas de tu vida te centrarás en aquello que defiendes.

Ni las malas noticias, ni los chismorreos, ni el hincapié que hacen los medios de comunicación en la tragedia y el pesimismo captarán tu atención. Verás en todo ello áreas que mejorar, pero tu ser interior y divino te dirá también que los actos de curación, de bondad y de amistad superan en número a los de sufrimiento.

Crearás un mundo de realidad mágica cuando tú solo decidas utilizar tu inteligencia interior, divina y milagrosa, para hacer que éste aparezca. En ti y en todos nosotros está la capacidad de ser sabios. Si ves el mundo bajo este prisma mágico, lo habrás creado. No se trata de ilusiones, es algo real para ti, muy dentro, en el único lugar que puedes vivir. He aquí a Jehovah hablando por boca de su profeta: «Si yo estoy aquí, todos los demás están aquí. Si yo no estoy aquí, no hay nadie aquí». Y lo mismo ocurre contigo. Eres la razón de ser definitiva de la realidad mágica en este mundo.

Al acercarme al párrafo final de este libro me emociono al pensar que he sido capaz de crear esta obra acerca de la realidad mágica a partir de dentro de mi pensamiento. En su escritura, pasando por todas las etapas de su desarrollo, he tenido un guía. Vivo para irradiar este sentimiento milagroso que llevo dentro, y sé que esta voz interior es capaz de crear auténtica realidad mágica en muchas formas. Pero, más que por conocer la magia que he creado en mi vida personal, con mi gloriosa familia, me estremezco por dentro ante la conciencia de que ella pueda cambiar algo en tu vida y en todo el mundo físico en que estamos inmersos. Mi cita final sobre el tema es del escritor de la antigüedad Philo [Filón el Judío, siglo I d.C.]:

> Casas, ciudades, países y naciones han conocido una gran felicidad cuando un solo individuo ha prestado atención a la Bondad y a la Belleza... Hombres así no sólo se liberan a sí mismos sino que llenan a aquellos con quienes se encuentran de un pensamiento libre.

Tú serás ese solo individuo, un ser espiritual que presta atención a la bondad y a la belleza. Sé que te llenarás y llenarás a quienes te rodean de una nueva libertad de pensamiento, la libertad de crear realidad mágica.